大数据驱动的养老保险风险管理

方法与实证

———— · 唐运舒／著 · ————

科学出版社

北京

内 容 简 介

《"十四五"健康老龄化规划》显示，在"十四五"时期，我国将进入中度老龄化社会。人口老龄化程度的加深将给我国养老保险制度的运行安全造成巨大冲击。目前我国缺少一套能够对养老保险运行安全进行前瞻性预测和科学评价的系统指标体系。针对上述问题，本书综合运用多学科理论，采用方法探索和实证研究相结合的方法，利用互联网环境下的大数据资源，将人口老龄化、养老保险运行、养老金战略储备和经济发展结合起来进行系统研究。主要内容包括养老保险运行安全机理分析、基于大数据驱动的养老保险安全测度内容与评价指标体系构建、养老保险制度运行安全的实证评价以及养老保险运行安全保障措施等。

本书可供从事社会保障研究，特别是对养老保险财务可持续性及其风险管理感兴趣的高校教师、研究生、科研人员以及相关机构的管理决策者阅读。

图书在版编目（CIP）数据

大数据驱动的养老保险风险管理：方法与实证 / 唐运舒著. —北京：科学出版社，2024.5

ISBN 978-7-03-076179-8

Ⅰ. ①大… Ⅱ. ①唐… Ⅲ. ①养老保险制度－风险管理－研究－中国 Ⅳ. ①F842.612

中国国家版本馆 CIP 数据核字（2023）第 153706 号

责任编辑：李　嘉 / 责任校对：贾娜娜
责任印制：张　伟 / 封面设计：有道设计

科学出版社 出版
北京东黄城根北街 16 号
邮政编码：100717
http://www.sciencep.com
北京中科印刷有限公司印刷
科学出版社发行　各地新华书店经销
*
2024 年 5 月第 一 版　开本：720 × 1000　1/16
2024 年 5 月第一次印刷　印张：11 1/2
字数：231 000
定价：128.00 元

前　言

社会保障体系是人民生活的"安全网"和社会运行的"稳定器",而养老保险制度不仅关乎老年人老有所养的问题,还直接关系到国家经济的发展和社会的长期稳定,是整个社会保障体系的"压舱石"。《"十四五"健康老龄化规划》显示,我国是世界上老年人口规模最大的国家,也是世界上老龄化速度最快的国家之一。"十四五"时期,我国人口老龄化程度将进一步加深,60 岁及以上人口占总人口比例将超过20%,进入中度老龄化社会。在人口老龄化极速发展的背景下,老龄人口的急剧增加和人口预期寿命的延长将给我国养老保险制度的财务收支平衡造成巨大冲击。人力资源和社会保障部 2017 年发布的《中国社会保险发展年度报告 2016》显示,黑龙江省城镇职工基本养老保险在 2016 年就出现了财务收不抵支问题,成为全国首个养老金结余被花光的省份。无独有偶,辽宁、河北、吉林、内蒙古、湖北和青海也出现了当期养老金收不抵支的情况。党的二十大报告强调,实施积极应对人口老龄化国家战略,推动实现全体老年人享有基本养老服务①。经济新常态背景下出现的养老金收不抵支的问题,会不会演化为全国整体性系统风险?财政能否承担起养老金缺口之重?这亟须构建一套能够对养老保险运行安全进行科学测度和评价的系统指标体系,对养老保险运行安全状况做出科学判断和相应的前瞻性规划,这将直接关乎养老保障制度的稳定,已上升为保障民生、维持社会稳定的紧迫课题。

养老保险制度作为社会经济系统的重要组成部分,与人口、经济、投资等相互影响,相互反馈。影响养老保险制度运行安全的因素除了制度内的参数因素之外,还包括经济增长、财政补贴、养老金投资等制度外的资源支持因素。因此针对养老保险运行安全的考察,不能囿于养老保险制度本身的收支平衡范围,必须将其放入整个宏观经济制度之中,综合考虑其与制度内外因素的相互影响后,再进行综合系统评价,才能得出科学的结论。随着移动互联网、智能终端、社交媒体、电子商务平台的快速发展,一大批具有规模性、高速性、多样性和重要价值的可用于养老保险运行安全评价的海量大数据应运而生,同时更多的主体能够实时参与到养老保险安全的评价过程中并根据评价结果进行决策。上述环境的改变为推动养老保险运行安全测度和评价理论与方法的发展带来了新机遇。

---

① 习近平:高举中国特色社会主义伟大旗帜 为全面建设社会主义现代化国家而团结奋斗——在中国共产党第二十次全国代表大会上的报告. https://www.12371.cn/2022/10/25/ARTI1666705047474465.shtml.

　　本书尝试利用互联网环境下的大数据资源，将人口老龄化、养老保险运行、养老金战略储备和经济发展结合起来进行系统研究，构建将大数据资源、云计算强大数据处理能力与传统评价方法对接的养老保险运行安全评级模型；构建将互联网环境下海量信息实时融入评价结果的、反映养老保险运行安全状况动态变化的养老保险安全综合指数，对养老保险运行风险特征及其演化轨迹进行科学揭示，实证分析出制度运行中的薄弱环节和薄弱地区，为相关决策者提供信息支持和决策参考。本书关注的主要问题包括以下几方面。

　　（1）人口老龄化影响养老保险运行安全的机理。养老保险制度的运行安全机理研究是构建养老保险安全评价测度指标的基础。该部分将在对养老保险收支精算模型分析的基础上，分析人口预期寿命延长、人口出生率下降、制度参数调整、劳动力迁徙以及养老金投资等因素影响养老保险制度安全的微观机理并将从制度参数调整、外部环境支持和参保省份的互济调节三个视角分析维持养老保险运行安全的措施。

　　（2）养老保险制度关键参数调整对养老保险运行安全的影响。一项完善的养老保险制度在面对人口老龄化冲击时，制度本身会表现出良好的自适应性，即可以通过制度参数调节维持制度的自平衡性。该部分从生育政策调整、养老保险制度缴费"双降"以及渐进延迟职工退休年龄三个方面实证分析养老保险关键参数调整对养老保险运行安全状况的影响方向和影响程度，为寻找通过制度参数调整化解养老金缺口风险的措施奠定基础。

　　（3）人口老龄化冲击下养老保险制度运行风险的度量。养老金缺口数量只是养老保险运行安全状况的一个方面，面对人口老龄化冲击，养老保险真实的安全状况还取决于面对冲击的制度调节能力以及制度外可用于弥补养老金缺口的资源数量等多种因素，需要构建将养老金缺口规模与可动用弥补缺口的外部环境以及制度本身的调节能力等融为一体的养老保险运行风险测度指标体系，对养老保险运行风险进行综合揭示。

　　（4）基于大数据的养老保险运行安全关键基础变量预测。人口老龄化背景下，人口出生率下降、预期寿命延长以及经济增长水平会直接关联参保人口和退休人口数量、养老金缴费水平和养老金发放水平，对养老保险制度运行安全产生关键影响。对于上述基础变量，预测的准确程度对养老保险运行安全评价结果至关重要。而影响上述关键基础变量的因素众多，传统的预测方法如时间序列分析法，预测误差较大。充分利用上述基础变量更多的关联信息，引入大数据分析技术对上述关键变量进行现时预测，可以获得更为丰富、客观的结果。

　　（5）养老保险安全大数据的信息融合。影响基本养老保险安全的因素众多，既包括制度内因素，又包括制度外因素；既包括通过常规预测方法获得的静态变量信息，又包括借助大数据方法获得的关键基础变量的动态信息，但最终考察养老保险运行安全时必须对上述信息进行集成综合考量。该部分将根据养老保险与宏观经济变量间的系统关系，通过构建"人口老龄化—养老保险运行—养老金战略储备—经济发展"的系统动力学模型，将经过数据挖掘后的关系养老保险运行安全的核心信息融合到一起。

（6）大数据背景下养老保险制度运行安全的客观状况评价。开展此项工作，首先需要完成基于大数据的高频舆情指数构建并进一步基于高频舆情指数完成影响养老保险安全的关键基础变量的预测。在上述工作基础上，根据构建的基于大数据驱动的养老保险安全测度指标体系和综合评价模型分典型省份完成养老保险安全状况的静态和动态评级，揭示养老保险运行风险特征及其演化轨迹，分析我国养老保险制度运行中的薄弱环节和薄弱地区。

（7）养老金战略储备的适度规模。过小规模的养老金战略储备难以抵御人口老龄化风险；相反，过大规模的养老金战略储备又会挤压财政在其他方面的支出，在缺乏合适投资渠道的情况下，基金也存在着贬值的风险。因此理论上存在一个与经济增长相协同的养老金战略储备的适度规模。为了保证在人口老龄化高峰时期到来之前有足够规模的养老金战略储备可以使用，切实发挥养老金战略储备对养老保险运行安全的保障作用，需要提前对我国养老金战略储备的适度规模、封闭期、融资规划以及释放机制进行研究并做出明确的规定和安排。

本书围绕上述问题，基于系统动力学思想，突出定量和定性分析相结合，实证研究与政策分析相结合的原则，结合新兴信息技术的发展，尝试进行基于大数据驱动的养老保险安全测度和评价方法及其应用研究。期望本书的研究能够搭建与社会保障领域同行交流的平台，同时也能为相关的管理者提供一定的参考和启示。

唐运舒负责本书框架的整体设计以及各章内容的主要研究和撰写工作，吴爽爽、李凤菊、徐永清、马雯、周巧云、黄专专、朱研参与了部分章节内容的研究工作，叶徽、赵肖宇、谢雪叶、张昕乐参与了部分章节研究结果的整理和部分内容的辅助撰写工作，谢文艳、彭佳佳、张梦丽、曹子龙参与了部分章节内容和图表的校正工作。本书为国家自然科学基金面上项目"基于大数据的养老保险运行安全测度及综合评价研究"（项目批准号：71871082）的最终成果；本书的部分内容同为教育部人文社会科学研究规划基金项目"中国养老金战略储备的适度规模及其调节机制——基于系统动力学模型的研究"（项目批准号：15YJA630063）和安徽省自然科学基金面上项目"养老保险制度安全测度方法与仿真评价研究"（项目批准号：14080851MG139）的阶段性研究成果，在此一并致谢！

限于作者的知识范围和学术水平，书中难免存在不足之处，恳请读者批评指正！

作　者

2023 年 3 月

目　　录

第1章 绪 论

《"十四五"健康老龄化规划》显示，在"十四五"时期，我国人口老龄化程度将进一步加深，进入中度老龄化社会，人口老龄化的急速发展将对我国养老保障体系造成巨大冲击。养老金缺口的逐渐增大和资金积累的地区失衡将严重威胁到我国社保制度的可持续性。人力资源和社会保障部在 2017 年发布的《中国社会保险发展年度报告 2016》数据显示，黑龙江、辽宁、河北、吉林、内蒙古、湖北和青海均出现了当期养老金收不抵支的情况。新常态背景下养老金发放的挑战，是"一时之急、一地之难"的暂时局部现象，还是会演化为整体性系统风险？财政能否承受起养老金缺口之重？目前亟须构建一套能够对养老保险运行安全进行科学测度和评价的系统指标体系，对养老保险运行安全状况做出科学判断和相应的前瞻性规划，这将直接关乎养老保障制度的稳定，已上升为保障民生、维持社会稳定的紧迫课题。保持养老保险安全的关键是对养老保险运行风险做出事前预测和科学评估。物联网、云计算与大数据等新兴信息技术在不断地影响和改变着人类社会的决策环境和评价环境，也进一步地影响着综合评价的过程与结果，移动互联网、社交媒体和电子商务平台的发展颠覆了传统评估的数据资源和评估数据的获取方式，为养老保险安全评价理论与方法的发展带来了新机遇。本章将简要介绍养老保险运行安全测度的研究以及大数据发展的背景，在此基础上，对国内外相关研究进行深入、全面、系统的总结和概括，并对全书的框架进行简要介绍。

1.1 大数据与养老保险运行安全测度概述

2019 年 2 月 22 日，中国社会科学院民族学与人类学研究所与社会科学文献出版社共同发布的《社会保障绿皮书：中国社会保障发展报告（2019）》（以下简称《报告》）指出，因为老龄化速度加快，个人账户养老缴费被用于支付当期退休者使用，结果职工个人账户为空账，养老金权益债务实际上处于隐性负债状态。此外，因为劳动年龄人口每年以三四百万的速度下降，而每年达到退休年龄的新增人口近千万，中国养老金支付面临危机。根据《报告》的测算，目前全国养老金入不敷出的问题已十分严重，部分省份的养老基金已"不够用"。2015 年养老金当期收不抵支的省份已达到了 6 个，部分中部省份（如江西、湖北）和西北地区省份（如甘肃、青海、宁夏）基金当期结余量已经很小，2016~2017 年这些省份也会出现收支赤字。《报告》预计 2018~2022 年，养老金收不抵支的省份数量将维持在 13~14 个，接近全国省级统筹单位的一半，这些省份主要分布在东北和中西部地区。其中个别省份养老金累计结余耗尽风险加大，基金结余向部分省份集中的趋势更加明显。人力资源和社会保障部新闻发言人表示，2022 年我国已有 22 个统筹单位的当期养老金征缴收入不足以支付当期养老金支出。从财政补贴来看，政府不断加大对城镇职工基本养老保险基金的补贴力度，补贴数额已经从 1998 年的 24 亿元上升到 2017 年的 8004 亿元，增长了 332.5 倍，20 年来各级财政补贴城镇职工基本养老保险的总数额为 4.1 万亿元。按照以往的增速计算，此后每年需增加的财政补贴规模在一两千亿元。而未来各地养老基金入不敷出的问题还会加剧。

　　社会保障是维护国家安全的重要经济手段，社会保障制度运行状况会影响国家经济安全能力，进而影响国家经济安全。养老保险作为社会保障最重要的组成部分，与国家安全息息相关，间接涉及经济安全。面对未来巨大的养老保险基金缺口，如果没有前瞻性的解决措施，国家必须通过财政进行兜底，从而可能会引发国家财政支付危机，最终对国家经济安全构成威胁，甚至会影响政治的稳定。从前瞻性着眼，定期对养老保险运行动态做出事前预测和安全评估，并及时采取有效措施对制度做出相应调整是保持养老保险运行安全的关键。针对人口老龄化冲击，世界银行鼓励世界各国对养老保险运行的安全性进行周期性评估，建议评估频率最好是每年一次，至少三年进行一次。然而我国对养老保险运行的安全性认识还不充分，尚未建立对养老保险运行安全进行评估的系统指标体系。目前我国社会养老保险由政府承担兜底责任，部分学者认为我国养老保险不存在破产的可能性。但不会破产并不意味着不存在风险，况且用于兜底的财政资源是有限的，存在着支付效率和机会成本问题。此外，我国地区间经济发展不均衡，部分老工业基地省份经济发展滞后，老龄化程度十分严重。在我国养老保险尚未实现全国统筹的背景下，养老保险的风险可能会在部分地区率先凸显，对养老保障制度的可持续性构成威胁。人口老龄化背景下，我国养老保险运行安全管理面临的挑战和需求凝练成一个根本的科学问题，那就是要构建一套客观揭示养老保险运行安全状况的测度指标体系和评价方法。

　　针对养老保险运行安全测度，传统文献主要通过精算模型测算的养老金缺口规模衡量，存在着一定的局限性。其一，养老金缺口数量只是养老保险运行安全状况的一个方面，面对人口老龄化冲击，养老保险真实的安全状况还取决于面对冲击的制度调节能力以及制度外可用于弥补养老金缺口的资源数量等多种因素，精算模型不能将养老金缺口规模与可动用弥补缺口的外部环境以及制度本身的调节能力等融为一体对养老保险运行风险进行综合揭示。其二，精算模型对模型参数之间以及参数与养老保险制度之间的互动、反馈不能进行有效的捕捉。养老保险作为社会经济系统的重要组成部分，与人口、经济、制度变迁等相互影响、相互反馈。随着移动互联网、智能终端、社交媒体、电子商务平台的快速发展，必然会产生有关养老保险运行安全的具有规模性、高速性、多样性和重要价值的海量大数据资源，这不仅为养老保险安全评价提供了大量宝贵的数据资源，也改变了评价所需数据的获取方式。另外，互联网提供了更加开放和实时的参与和分享环境，不仅能吸引到更多的主体参与到评价过程中，也便于评价结果的实时运用。上述改变为推动养老保险运行安全测度和评价理论与方法的发展带来了新机遇。

本书针对目前文献的上述不足，尝试利用互联网新兴技术环境下产生的大数据资源，探索构建综合考虑养老金缺口规模、可动用的外部资源程度以及制度调节能力的养老保险运行安全测度指标体系；构建将庞大的大数据资源和云计算强大的数据处理能力与传统评价方法进行对接的养老保险安全评级模型；探索构建将互联网环境下海量信息实时融入评价结果的、反映养老保险运行安全状况实时动态变化的高频养老保险收支安全指数；在上述基础上，利用构建的养老保险运行安全测度指标体系和基于大数据驱动的安全评级模型对养老保险运行风险特征及其演化轨迹进行科学揭示，实证分析出制度运行中的薄弱环节和薄弱地区，提前做出相应的战略规划，对化解人口老龄化背景下养老保险制度面临的挑战、促进养老保险事业的可持续发展乃至社会的安全稳定、增进亿万民众的福祉具有重要的现实意义。具体而言，围绕人口老龄化背景，利用大数据资源，引入大数据分析技术对养老保险运行安全的测度和评价方法进行研究，具有以下理论意义和实践指导价值。

（1）开拓养老保险安全研究的新视角。当前学术界主要通过养老金缺口规模衡量养老保险运行安全，缺少对养老保险运行安全现状进行综合量化评估的系统指标体系。本书结合我国现实情况，从整个经济系统出发，探索构建基于大数据驱动的，综合考虑养老金缺口规模、可动用的外部资源程度以及制度调节能力的养老保险运行安全测度指标体系，将养老保险运行安全与国家经济安全结合起来研究，具有重要的学术价值。

（2）丰富养老保险安全的测度理论和评价方法。养老保险作为宏观经济的重要组成部分，与人口、经济、制度变迁等相互影响、相互反馈。仅从某一视角，依据某一指标难以获得对养老保险安全性的全面客观认识。本书充分利用大数据资源，通过多学科融合，综合数据挖掘、系统动力学模型和计量经济学模型等方法，构建出将庞大的大数据资源、云计算强大的数据处理能力与传统评价方法对接的养老保险安全测度指标体系和评级模型，从多维度对养老保险的安全状况进行综合评价，将极大地丰富养老保险运行安全测度理论和评价方法，促进管理科学、社会保障、信息学、系统科学等多学科之间的交叉融合，科学意义明显。

（3）有利于促进养老保险事业的可持续发展。本书利用构建的基于大数据驱动的安全测度指标体系和评价模型，对养老保险运行风险特征及其演化轨迹进行科学的揭示，分析出我国养老保险制度运行中的薄弱环节和薄弱地区，为相应战略措施的出台赢得缓冲的时间，为养老保险制度的完善和改革提供决策支持，对保障养老保险事业的可持续发展具有重要的现实意义。

1.2 养老保险运行安全研究进展

养老保险作为社会经济系统的重要组成部分，与人口、经济、技术变革、制度变迁等相互影响、相互反馈，下面将从人口老龄化对养老保险运行和经济安全的影响、养老保险风险测度与评价以及信息技术在养老保险风险评价研究中的应用三个方面对国内外的研究动态做出分析。

1.2.1 人口老龄化对养老保险运行和经济安全的影响研究

联合国于 20 世纪 50 年代就开始关注世界性的人口老龄化问题，其在 1998 年和 2002 年的报告中，重点强调了人口老龄化对养老保险制度的影响。世界银行 2005 年的一份研究报告指出，人口老龄化导致的养老金长期财务压力已经影响到世界各国（Holzmann and Hinz，2005）。按照联合国将 65 岁及以上老年人口占比超过 7%或 60 岁及以上人口占比超过 10%作为进入老龄化社会的标准，中国自 1999 年开始进入老龄化社会。针对人口老龄化的冲击，国内学者宋晓梧（2001）分析认为，人口老龄化对社会保障制度的冲击并不仅限于养老保险基金平衡，而是全方位的，包括对医疗保险、失业保险、社会福利、社会救济以及优抚安置等都将产生不同程度的影响，现行社会保障制度难以适应市场经济特有的宏观经济波动。常根发（2001）和骆勤（2006）通过构建养老保险收支均衡模型，测算了人口老龄化对现行养老保险制度的冲击，得出必须对我国养老保险制度进行改革的结论。肖严华（2004）和姜向群（2006）分别运用二期迭代模型和人口年龄结构、抚养比指标的变化进行研究，指出人口老龄化趋势下现收现付制养老保险将难以为继，应转为混合制。蔡向东（2009）、艾慧等（2012）以及赵斌和原浩爽（2013）运用精算估计方法对我国"统账结合"的养老保险制度的收支平衡进行了测算。结果表明：从长期看，如果没有外源性融资，仅靠制度本身的资金支持，统筹账户的财务可持续性难以为继，提出政府必须建立起稳定的养老金财政补贴机制以应对潜在的缺口危机。薛新东（2012）、张瑾和黄志龙（2014）、李汉东等（2014）通过第六次人口普查数据对 2013～2030 年人口总量和结构进行预测，得出 2022 年人口总量会达到最大值，并且劳动力比重下降，人口城镇化水平放缓，而劳动人口比重的下降势必影响到养老保险的资金收入。刘学良（2014）通过建立精算评估模型对我国基本养老保险的未来收支和长期精算平衡进行了测算。分析表明，如果不对现行制度实施改革，制度在未来的发展中将会面临支付赤字。米海杰和王晓军（2014）针对人口老龄化对养老保险制度财务的冲击，建议引入制度自动调整机制进行化解。姜增明和单戈（2016）借鉴投资组合管理或偿二代资本需求在险价值（value at risk，VAR）的思想，测算出由长寿风险引起我国基本养老保险的支出增加额从 2015 年的 148.22 亿元上升到 2050 年的 7.47 万亿元，将给公共财政造成较大的支付压力。鲁蓓（2016）从居民养老保障实际需求的角度模拟测算出人口年龄结构变动对养老保障支出的影响，在三种不同的生育率假设下，通过建立人口模型，预测了到 2050 年公共财政在教育、养老和医疗卫生上的支出，发现三项支出在 2050 年以前受生育率的影响很小。汪然（2016）预测了中国的老龄化发展趋势，从养老金的财务、安全、公平和信任四个角度分析了我国的养老金危机，研究了老龄化对经济及社会养老保险支付能力的影响，提出了对应养老金改革要注意的原则性问题。何军耀和陈孟婷（2017）对我国老龄化的发展趋势、特征及对社会的影响进行了详细的分析，研究认为按照现行的退休机制，城镇职工基本养老保险金将在 2025 年出现缺口，届时养老金的支付将主要依靠财政补贴，建议通过延迟退休年龄来缓解危机。朱博兰（2018）、金刚等（2019）从东北地区养老保险基金缺口、人口老龄化的影响和财政补助压力的角度入手，提出延迟退休、控制人口流动、建立央地政府补贴分担机制以及加快养老保险制度的完善等解决东北地区养老保险财务危机的方法。朱青和刘洋（2019）围绕人口老龄化与基本养老保险的财务可持续性危机展开研究，指出在人口老龄化、减税降费和基本养老保险统筹层次不高的情况下，解决当前基本养老保险财务危机最主要的途径是落实"尽快实现养老保险全国统筹"这一政策。杨凤娟和王梦珂（2019）基于中国基本养老金支出数据，构建了养老金支出水平测度模型，利用空间计量模型研究养老金支出水平的影响因素，结论表明养老金支出水平由养老保险替代率、劳动参与率、老年抚养比、国内生产总值劳动分配系数和工资增长率等参数决定。

人口老龄化危及国家经济安全，国内外文献的主要研究思路是通过分析人口老龄化在何种程度上导致社会保障制度的财务危机，进而分析对经济增长和国家经济安全能力产生的不利影响。Diamond（1965）发展的代际交叠模型开创了养老保险现代理论研究的先河。Gruber 和 Wise（1999）研究认为人口寿命预期增加而老年人退休的年龄不断降低，给世界各国的社会保障制度财务偿付能力带来了越来越严重的压力，而社会保障制度规定本身也容易导致老年劳动力人口的减少，双方面影响国内生产总值（gross domestic product，GDP）的增长速度和经济的稳定。Wigger（2001）在内生经济增长理论框架下，阐明社会保障的政治经济作用。研究表明，尽管非累积社会保障一般而言并不危害经济增长，但是却危害民主的发展，随着人口老龄化进程的推进，这种危害效果越来越明显。Cerda（2005）的研究认为社会保障制度的财务危机是内生的，因为社会保障影响生育力和人力资本进而影响经济增长率，从而导致社会保障现收现付制的财务问题。Echevarria和 Iza（2006）认为预期寿命延长，一方面促使教育时间增加，另一方面在现收现付养老金制度下刺激人们提前退休，造成经济活动人口比例下降和人均 GDP 增长率下降。国内学者王增文和邓大松（2009）研究认为，缴费水平和财政负担能力是社会保障制度的关键环节。社会保障支出水平应与 GDP 的增长、投资、消费等经济变量相适应，从而避免发生社会保障财政支出危机而影响经济的发展和社会的稳定。

1.2.2　养老保险风险测度与评价研究

针对养老保险安全测度问题，国外文献主要集中在养老保险的隐性债务规模测算，即养老保险财务的可持续性度量方面。根据世界银行养老保险专家Holzmann（1998）的归纳，目前存在三种隐性债务的度量口径，分别为计划终止时债务（accrued-to-date liabilities）、当前参保人口债务（current workers and pensioners' liabilities）和开放系统债务（open-system liabilities）。Hagemann 和 Nicoletti（1989）、Kane 和 Palacios（1996）以及 Holzmann 等（2004）运用当前参保人口债务指标测算了不同国家养老保险封闭人群的债务负担。关于养老保险制度综合评价理论，国外经典文献当属世界银行 2005 年出版的《21 世纪的老年收入保障：养老保险制度改革国际比较》，其提出的养老保险制度改革的首要（primary）目标和附属（secondary）目标已成为当前评价养老保险制度的两类标准。其中，首要目标包括养老保险制度的充足性（adequate）、可负担性（affordable）、可持续性（sustainable）和稳健性（robust）四个方面；附属目标指养老保险制度能够促进经济发展（Holzmann and Hinz，2005）。在养老保险制度综合评价实践中，在国际上具有较强影响力的是由美世公司和澳大利亚金融研究中心共同制作完成的墨尔本美世全球养老金指数。该指数基于对充足性、可持续性和全面性三类次级指数和 40 多项指标评估得出总体数值，数值越高，养老保险体系越稳健，保障水平越高。

国内学者关于养老保险运行安全测度和评价的研究可以归纳为以下三类。第一类是通过构建精算模型测算出养老保险财务的可持续性，即通过养老金缺口规模度量养老保险的安全性。相关的代表性文献包括高建伟和丁克诠（2006）、封铁英和李梦伊（2010）、刘昌平和殷宝明（2011）、汪泓等（2011）、钱振伟等（2012）、王晓军和任文东（2013）、陈迪红和郑婉仪（2016）、何军耀和陈孟婷（2017）、杨再贵和许鼎（2017）的文献等。第二类是通过设置人口老龄化率、失业率、社保基金增值率、社保基金收支比、赡养率、统筹基金的可支付月数、个人账户赤字比、基尼系数、覆盖率、遵缴率、养老金缺口占财政收入比例等指标，通过对各指标进行加权综合，对养老保险运行风险进行预警或者对其安全性进行评价。对养老保险运行风险进行预警的代表性文献包括郑功成（1996）、何文炯等（2002）、李红岚等（2003）、曹信邦和王建伟（2004）、武萍（2009）、徐梅和黄雯（2014）、杨学理等（2016）的文献。采用类似于风险预警的思路，宋安（2006）针对社会保险制度中的人口因素、经济因素、技术因素和社会因素等风险来源，通过主成分分析法对社会保障制度进行了综合评价。郑秉文（2012）通过广覆盖、保基本、多层次和可持续等四个维度构建了养老金发展指数，分析了部分省份城镇职工基本养老保险的财务可持续性问题。郭颖（2013）则构建了由 3 个一级指标、11 个二级指标组成的包括基金筹集安全、基金管理安全和基金支付安全的养老保险基金安全评价指标体系。吴永求和冉光和（2014）用养老金待遇的标准差系数度量公平性，用养老金替代率的标准差系数度量效率，提出了养老保险制度公平性和效率的测度方法。于宁（2017）则基于公共支出评价理论，构建了基本养老保险基金支出的绩效评价指标体系。石晨曦和曾益（2019）建立了精算模型，测算了中央调剂基金的财务状况，并仿真模拟中央调剂制度，分析评价了其对各省区市基本养老保险基金可持续性、财政补贴的影响。第三类是部分学者从其他视角对我国养老保险运行风险做出的分析和评价。例如，王增文和邓大松（2009）将能够用于弥补养老金缺口的财政规模作为养老保险运行安全的测度指标，通过对未来财政支付能力与养老保险基金缺口的对比，分析财政承受的社会保障支出压力。顾海兵和刘杨（2012）在探究养老金缺口影响经济安全传导机制的基础上，建议将广义养老金缺口占财政收入的比重以及狭义养老金缺口财政承受系数作为衡量养老保险运行风险的指标，增设到国家经济安全监测评估指标体系中。王晓军（2012）对国际上两种具有代表性的公共养老金体系偿付能力评估模型进行了评析，为我国基本养老保险偿付能力评估系统的建立提供了参考。刘伟兵（2011）和路锦非（2012）分别根据墨尔本美世全球养老金指数和世界银行养老保险制度评价体系，对我国养老保险制度存在的问题进行了分析和评价，并提出了相应的对策。唐运舒和李凤菊（2017）提出了从财务收支自平衡、外部环境可支持度以及制度可调节度等方面对养老保险安全进行测度的分析框架。

1.2.3 信息技术在养老保险风险评价研究中的应用

养老保险制度作为社会经济系统的重要组成部分，与人口、经济、财政、制度变迁等相互影响、相互反馈。系统动力学从系统整体出发，可以通过建模和计算机仿真，挖掘出系统和内在机制间相互关联的因果关系。鉴于系统动力学的优点，目前已有不少学者将系统动力学运用于养老保险研究中。汪泓（2008）针对养老、医疗、失业保险构建了系统动力学预警系统，并通过计算机仿真，分析了社会保险基金运营过程中可能出现的问题。梁君林等（2010）运用系统动力学的方法模拟测算了养老保险隐性债务的规模。王宇熹等（2010）将人口精算学和系统动力学模型通过表函数有机结合，模拟了上海市 6 种情景的养老保险改革政策效果。张玉洁（2013）则通过系统动力学方法探索国家、企业和个人对基本养老保险缴费的最佳负担比例。刘颖颖（2010）把城镇职工基本养老保险系统分成人口、工资、养老金缴费发放、灵活就业人员 4 个子系统，运用系统动力学模型预测上海城镇职工基本养老保险的可持续性；庄众（2009）和王平（2012）以我国城镇职工基本养老保险为研究对象，对其未来 20 年的可持续性做了基于系统动力学模型的类似研究。吴宾和唐薇（2018）基于 CiteSpace 分析工具，对 2005～2016 年养老政策研究领域的 2115 篇核心期刊文献进行梳理，绘制出相关知识图谱，进而挖掘国内养老政策研究的五大热点主题：养老制度改革、养老服务体系建设、失地农民与农民工养老问题、农村居民养老保障、城镇养老保险与养老金待遇问题等。

随着互联网、云计算等新兴信息技术的发展，大数据为获得全量数据提供了可能，保险风险分析将进入"全量数据时代"，这将从根本上改变保险精算的理论和技术（王和和鞠松霖，2014；杨再贵等，2019；汪润泉等，2019）。彭张林等（2015）的研究认为，物联网、云计算、大数据与互联网等新兴信息技术在不断地影响和改变着人类社会的决策环境和评价环境，也进一步影响着综合评价的方法与过程，需要重点研究新兴信息技术环境下评价源数据的获取方式和利用方式，以及新兴信息技术环境下的评价过程与评价决策机制等综合评价理论与方法的新发展。邱爽和赵康（2014）认为在大数据时代，人们认识客观世界的方式会发生根本变化，以数据为基础、以风险管理为核心的保险业将受到巨大的影响。胡亚谦（2016）认为大数据自身具有的数据量大、数据类型多、数据处理速度快和真实性的特点，会对以渐进决策为主的公共决策产生深远的影响。在具体应用方面，邱玉慧等（2014）将大数据技术运用到基本养老保险待遇调整绩效评价上，认为以养老金统计平均值作为分析养老金待遇水平的数据基础存在偏颇，提出利用社会保险信息系统中参保人员的海量、微观大数据，将分散、零碎的微观数据聚合为具有更高分析价值的待遇信息，从而对养老金待遇调整的实际效果进行评价，印证了海量、微观的社保大数据在评价方面的优势。张宁（2014）认为保险公司应该在定价中充分利用公司所掌握的全部数据，让定价从"样本精算"转移到"全量精算"上来，让每个部门数据都发挥作用，通过整合和利用大数据技术，得到更精确的风险定价，从而获得更大的定价空间。此外，张鹏轩（2016）、赵健航（2016）研究了大数据在保险公司产品开发、产品营销、客户服务、风险防控、产品定价以及核保、核赔中的具体应用。可见，目前大数据分析技术无论在社会养老保险还是商业养老保险方面均得到了广泛运用，可以预见，利用大数据资源进行养老保险风险测度和综合评价将成为一个重要的研究领域。

1.2.4　目前研究的不足和启示

根据 1.2.3 节中国内外文献分析的概括和总结，人口老龄化背景下的养老保险安全和评价的相关研究取得了丰硕的成果，能够为该主题的进一步深入研究提供良好的借鉴，但尚存在着如下不足。

（1）围绕着养老保险运行安全，国内外学者对养老金供求缺口模型的研究较多，这些研究的重点是基于静态视角对养老金缺口规模进行测算，而对动态人口条件下，人口结构和经济增速变化影响养老保险运行的内在机理，养老保险制度本身的自适应性以及外围环境针对人口老龄化冲击的调节能力研究不足。

（2）当前国内学术界对养老保险运行的风险性认识还不够全面。无论是基于养老金供求缺口的研究，还是针对养老保险基金运行预警指标体系的构建，养老保险安全相关测度指标体系还主要囿于养老保险制度本身的收支平衡范畴，没有系统地考虑外部环境的支持程度和制度本身的自适应性及调节能力，缺少能够揭示养老保险运行真实安全状况的系统指标体系和综合评价方法。

（3）缺少基于互联网、云计算和大数据等新兴信息环境的养老保险综合评价理论与方法的相关研究。与养老保险运行风险相关联的互联网环境下的海量数据信息未得到充分挖掘和利用；缺乏将庞大的大数据资源、云计算强大的数据处理能力与传统评价方法对接的研究。

近些年来，以"大智移云"为代表的新一代信息技术得到蓬勃发展，新兴信息技术在不断地影响和改变着人类社会的决策环境和评价环境，也进一步地影响着综合评价的方法与过程，会对以渐进决策为主的公共决策产生深远的影响。针对养老保险领域而言，移动互联网、社交媒体和电子商务平台的发展颠覆了传统评估领域的数据资源和评估数据的获取方式，为养老保险安全评价理论与方法的发展带来了新机遇。可以预见，结合目前养老保险制度安全研究的不足，利用新一代信息技术获取大数据资源进行养老保险运行风险测度和综合评价，将会获得较传统精算模型和评价方法更为客观、详尽的结果，为养老保险制度的改革奠定基础。

1.3　本书的内容安排

1.3.1　研究思路

本书尝试利用互联网环境下的大数据资源，构建综合考虑养老金缺口规模、可动用的外部资源程度以及制度调节能力的养老保险安全测度指标体系以及将庞大的大数据资源、云计算强大的数据处理能力与传统评价方法对接的养老保险安全评级模型；采用数据挖掘与系统动力学模型相结合的研究方法，将人口老龄化、养老保险运行、养老金战略储备和经济发展结合起来进行系统研究；探索构建将互联网环境下海量信息实时融入评价结果的、反映养老保险运行安全状况实时动态变化的养老保险高频安全综合指数，对养老保险运行风险特征及其演化轨迹进行科学揭示，实证分析出制度运行中的薄弱环节和薄弱地区，为相关决策者提供信息支持和决策参考。具体的逻辑结构如图 1-1 所示。

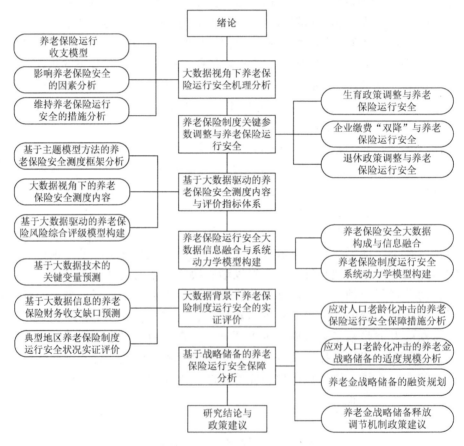

图 1-1　本书的逻辑框架结构图

1.3.2　章节安排

本书共分为 8 章，各章主要内容如下。

第 1 章为绪论。在对大数据与养老保险运行安全测度进行概述的基础上，从人口老龄化对养老保险运行和经济安全的影响、养老保险风险测度与评价以及信息技术在养老保险风险评价研究中的应用三个方面对养老保险运行安全研究进行了综述，最后给出了本书的整体研究思路和各章的内容安排。

第 2 章为大数据视角下养老保险运行安全机理分析。研究养老保险制度的运行安全机理是构建养老保险运行安全测度指标体系的基础，人口老龄化对养老保险制度最直接的冲击是对其基金收支平衡的影响。该章在分析养老保险制度收支模型的基础上，重点分析人口出生率、人口寿命、劳动力迁移、制度参数（缴费率、制度覆盖率、遵缴率等）以及结余养老金投资因素对养老金收支平衡的影响，并从制度参数调整、外部环境支持和参保省份的互济调节三个视角分析维持养老保险运行安全的措施，为构建养老保险制度安全测度指标体系奠定基础。

第 3 章为养老保险制度关键参数调整与养老保险运行安全。养老保险制度中部分参数如人口出生率、养老保险缴费率以及退休年龄等会直接影响养老保险基金的收支平衡。该章将在理论上分析上述关键参数对养老保险运行安全的影响，并选取一定时期的样本，针对上述关键参数的变化对养老保险运行安全的影响展开实证评价，分析养老保险关键参数调整对养老保险运行安全状况的影响方向和影响程度，为寻找通过制度参数调整化解养老金缺口风险措施奠定基础。

第 4 章为基于大数据驱动的养老保险安全测度内容与评价指标体系。养老保险制度的安全性不仅体现在养老金缺口数量上，还体现在针对外部环境冲击的制度适应能力和调节能力上。该章将利用大数据技术，针对现存文献，通过主题模型的方法构建养老保险安全测度框架；在上述基础上，进一步构建基于大数据驱动的养老保险风险测度内容和综合评级模型。

第 5 章为养老保险运行安全大数据信息融合与系统动力学模型构建。影响基本养老保险制度运行安全的因素众多，既包括制度内因素，又包括制度外因素；既包括通过常规预测方法获取的静态变量信息，又包括借助大数据方法获得的关键基础变量的动态信息，但最终考察养老保险安全时，必须对上述信息进行集成综合考量。该章将根据养老保险与宏观经济变量间的系统关系，通过构建"人口老龄化—养老保险运行—养老金战略储备—经济发展"的系统动力学模型，将经过大数据挖掘后的关系养老保险运行安全的核心信息融合到一起，为养老保险制度运行安全的综合评价进行方法和模型准备。

第 6 章为大数据背景下养老保险制度运行安全的实证评价。关键基础变量的实时预测是进行养老保险制度安全评价的关键。该章通过基于百度搜索的大数据技术对关键基础变量人口出生率和 GDP 增长率进行现时预测（now casting）。在上述基础上，研究将传统的评价方法与经过一定程度数据挖掘处理的大数据资源信息进行融合对接，构建出养老保险制度运行安全的评级模型，实现将互联网环境下的海量信息实时融入评价结果的养老保险安全综合指数，连续反映国家或部分典型地区的养老保险运行安全状况的动态变化。

第 7 章为基于战略储备的养老保险运行安全保障分析。保持养老保险运行安全的关键是定期对养老保险运行动态做出事前预测和安全评估，并及时采取有效措施对制度做出相应的调整。该章围绕养老金战略储备保障养老保险运行安全问题进行研究，具体利用系统动力学建模的方法对我国养老金战略储备的适度规模进行财务预测分析，并基于财务规划的思想开展相应的融资规划。在上述研究基础上，提出建立养老金战略储备转移支付地区养老金缺口的具体调节机制，防范在部分地区率先凸显的养老保险运行风险。

第 8 章为研究结论与政策建议。对本书的主要研究结论进行总结，结合研究结论，对我国养老保险运行安全提出若干政策建议。

第2章　大数据视角下养老保险运行安全机理分析

研究养老保险制度的运行安全机理是构建养老保险运行安全测度指标体系的基础。人口老龄化对养老保险制度最直接的冲击是对其基金收支平衡的影响。本章以城镇企业职工养老保险为例，在分析养老保险制度收支模型的基础上，重点分析人口老龄化背景下人口关键变量如人口出生率、人口寿命、农民工的城乡流动以及制度参数和结余养老金投资对养老金收支平衡的影响，并从制度参数调整、外部环境支持和参保省份的互济调节三个视角分析维持养老保险运行安全的措施，为构建养老保险制度安全测度指标体系奠定基础。

2.1　养老保险运行收支模型

我国目前社会养老保险体制按照参保人口类型可分为城镇企业职工养老保险、机关事业单位养老保险和城乡居民基本养老保险（并轨前为城镇居民养老保险和农村养老保险）①。城镇企业职工基本养老保险（通常简称为城镇职工基本养老保险）是我国养老保险体系最重要的组成部分，涉及的资金体量最大，因此本章以城镇职工基本养老保险为例，对养老保险制度的运行安全机理进行分析。

1995 年，《国务院关于深化企业职工养老保险制度改革的通知》（国发〔1995〕6 号）确定了我国城镇职工基本养老保险实行社会统筹与个人账户相结合的养老保险制度方案。在"社会统筹＋个人账户"的部分积累制模式下，来自企业和职工个人的当年缴费收入一部分计入社会统筹，另一部分计入职工个人账户。社会统筹资金由政府统一管理运用，个人账户基金作为个人养老储蓄。退休人员的养老金一部分来源于社会统筹，一部分来源于个人账户的积累。1997 年《国务院关于建立统一的企业职工基本养老保险制度的决定》（国发〔1997〕26 号），进一步明确了我国城镇职工基本养老保险以建立参保缴费的激励约束机制为出发点，以保障参保人员养老保险权益为目标，采取"新人新制度、老人老办法、中人逐步过渡"的方式，以参保缴费年限为基础，辅以一定的调节办法，通过计发基数、计发比例和计发月数对不同缴费人群进行养老金的计发。其中《国务院关于建立统一的企业职工基本养

---

① 2014 年 2 月，国务院决定将新型农村社会养老保险和城镇居民社会养老保险合并实施，在全国范围内建立统一的城乡居民基本养老保险制度。2015 年 1 月，国务院发布《关于机关事业单位工作人员养老保险制度改革的决定》，建立与城镇企业职工基本养老保险相统一的机关事业单位养老保险制度。

老保险制度的决定》实施后参加工作的参保人员属于"新人"；文件实施前参加工作、文件实施后退休的参保人员属于"中人"；文件实施前已经离退休的参保人员属于"老人"。养老金的收入主要来自"中人"和"新人"个人账户缴费和相应的企业社会统筹账户缴费以及累计结余基金的投资收益；支出包括"老人""中人""新人"的社会统筹基础账户支出，"中人""新人"的个人账户支出，以及"中人"的过渡性养老金支出。《国务院关于完善企业职工基本养老保险制度的决定》（国发〔2005〕38号）规定，企业和职工依法缴纳基本养老保险费，企业缴费比例一般为企业工资总额的20%（维持之前的标准），归入统筹账户；个人缴费比例调整为本人缴费工资的8%，全部计入个人账户。2016年，人力资源和社会保障部与财政部联合下发的《关于阶段性降低社会保险费率的通知》，明确部分有条件的地区实行阶段性降低缴费政策，企业缴费从20%降到19%。2019年国务院进一步颁发《降低社会保险费率综合方案》，明确从2019年5月1日起，降低城镇职工基本养老保险单位缴费比例。单位缴费比例高于16%的省份可降至16%。

　　在养老金支出方面，根据《国务院关于完善企业职工基本养老保险制度的决定》的规定，在《国务院关于建立统一的企业职工基本养老保险制度的决定》实施后参加工作、缴费年限（含视同缴费年限）累计满15年的人员，退休后按月发给基本养老金。基本养老金由基础养老金和个人账户养老金组成。退休时的基础养老金月标准以当地上年度在岗职工月平均工资和本人指数化月平均缴费工资的平均值为基数，缴费每满1年发给1%。个人账户养老金月标准为个人账户储存额除以计发月数，计发月数根据职工退休时城镇人口平均预期寿命、本人退休年龄、利息等因素确定。具体数值可参照表2-1。养老保险收支平衡精算模型具体设计如下所示。

表2-1　个人账户养老金计发月数表

退休年龄	40	41	42	43	44	45	46	47	48	49	50
计发月数	233	230	226	223	220	216	212	208	204	199	195
退休年龄	51	52	53	54	55	56	57	58	59	60	61
计发月数	190	185	180	175	170	164	158	152	145	139	132
退休年龄	62	63	64	65	66	67	68	69	70		
计发月数	125	117	109	101	93	84	75	65	56		

资料来源：《国务院关于完善企业职工基本养老保险制度的决定》。

2.1.1　养老金收入模型

　　$P_{i,x}^{m,n}$ 表示第 i 年、x 岁的城镇"中人"和"新人"的参保人数，j、h 分别为城镇职工基本养老保险缴费率与遵缴率，c_1 表示职工开始缴纳养老保险的年龄，c_2 表示职工开始领取养老保险的年龄，则 $c_2 - c_1$ 表示缴费年限。$\overline{w_i}$ 为第 i 年的城镇在岗职工的社会平均工资，则第 i 年城镇职工基本养老保险年度收入 R_i 的计算模型为

$$R_i = \sum_{x=c_1}^{c_2} P_{i,x}^{m,n} \cdot j \cdot h \cdot \overline{w_i} \tag{2-1}$$

2.1.2　养老金支出模型

1. 基础养老金支出模型

《国务院关于建立统一的企业职工基本养老保险制度的决定》规定，退休"老人"只有基础养老金，其发放标准以上年社会平均工资的一定计发比例为基础，并按社会平均工资增长率的适当比例进行调整。若 $P_{i,x}^o$ 为第 i 年、x 岁城镇退休"老人"人口数，ε 为退休"老人"基础养老金中上年社会平均工资的计发比例，g 为社会平均工资增长率，γ 为基础养老金根据社会平均工资的调整系数，φ 为人口平均极限年龄。则"老人"基础养老金支出模型为

$$E_i^1 = \sum_{x=i-1997+c_2}^{\varphi} P_{i,x}^o \cdot \varepsilon \cdot \overline{w_{i-1}} \cdot (1 + \gamma \cdot g) \tag{2-2}$$

《国务院关于完善企业职工基本养老保险制度的决定》规定，"中人"退休时的基础养老金发放标准以上年度社会平均工资和本人指数化缴费工资的平均值为基数，缴费每满 1 年发给 1%。若 $P_{i,x}^m$ 为第 i 年、x 岁城镇退休"中人"的人口数，γ、g 分别为基础养老金根据社会平均工资的调整系数和社会平均工资增长率。则"中人"基础养老金支出模型为

$$E_i^2 = \sum_{x=c_2}^{i-1997+c_2-1} P_{i,x}^m \cdot \overline{w_{i-1}} \cdot (1 + \gamma \cdot g) \cdot (c_2 - c_1)\% \tag{2-3}$$

相应地，"新人"基础养老金支出模型可以表示为

$$E_i^3 = \sum_{x=c_2}^{i-1997+c_1} P_{i,x}^n \cdot \overline{w_{i-1}} \cdot (1 + \gamma \cdot g) \cdot (c_2 - c_1)\% \tag{2-4}$$

2. 个人账户养老金支出模型

个人账户养老金发放标准为个人账户储存额除以计发月数。"中人"的个人账户储值从 1997 年开始，累计至退休前一年结束。若 δ 为个人城镇职工基本养老保

险缴费率，r 为中国人民银行一年期存款基准利率，n 为养老金计发月数。则第 i 年退休"中人"的个人账户支出模型为

$$E_i^4 = \left\{ \sum_{x=c_2}^{i-1997+c_2-1} \left[P_{i,x}^m \cdot \delta \cdot \overline{w_{1997}} \cdot \sum_{t=0}^{i-1997} (1+g)^t \cdot (1+r)^{i-t-1997} \right] \right\} \cdot 12 / n \qquad (2\text{-}5)$$

相应地，"新人"个人账户支出模型为

$$E_i^5 = \left\{ \sum_{x=c_2}^{i-1997+c_1} \left[P_{i,x}^n \cdot \delta \cdot \overline{w_{1997}} \cdot \sum_{t=0}^{i-1997} (1+g)^t \cdot (1+r)^{i-t-1997} \right] \right\} \cdot 12 / n \qquad (2\text{-}6)$$

3. 过渡性养老金支出模型

"中人"过渡性养老金发放标准以该职工退休时上年度社会平均工资为基础，视同缴费年限每满一年发给一定计发比例。若 λ 为过渡性养老金的计发系数，$x-(i-1997)-c_1$ 表示第 i 年、x 岁的退休"中人"的视同缴费年限，则"中人"过渡性养老金支出模型为

$$E_i^6 = \sum_{x=c_2}^{i-1997+c_2-1} P_{i,x}^m \cdot \overline{w_{i-(x-c_2)}} \cdot \lambda \cdot \left[x-(i-1997)-c_1 \right] \qquad (2\text{-}7)$$

综上，可得养老金收支缺口模型为

$$\text{TG}_i = R_i - E_i^1 - E_i^2 - E_i^3 - E_i^4 - E_i^5 - E_i^6 \qquad (2\text{-}8)$$

2.2　影响养老保险安全的因素分析

实现养老保险基金的收支平衡是养老保险制度可持续发展的最基本支撑点。养老保险作为社会经济系统的重要组成部分，与人口、经济、制度变迁等相互影响、相互反馈，养老保险安全与这些内外部变量的运行状况密切相关。目前养老保险运行安全最主要的风险来自外部人口老龄化的冲击。人口老龄化有两个重要的微观基础：一是因生活水平、医疗卫生等条件提高带来的人口预期寿命延长；二是由计划生育政策、个人生育意愿等因素导致的生育水平的下降。根据 2.1 节养老金收支精算模型的分析可知，影响养老金收支平衡的因素除了人口寿命和人口数量两个人口老龄化微观基础外，还包括养老保险缴费率、工资增长率、结余养老金的投资收益率等。下面将针对上述变量对养老保险安全的影响逐一展开分析。

2.2.1　人口寿命

《国务院关于完善企业职工基本养老保险制度的决定》规定，缴费年限（含视

同缴费年限）累计满 15 年的人员，退休后按月发给基本养老金。根据计发月数，部分长寿者个人账户用尽后将由统筹基金继续支付个人账户养老金。这样，统筹基金不仅要继续支付长寿者的统筹账户养老金，还要支付其个人账户养老金，形成个人账户长寿支出风险。

联合国人口司的统计数据显示，中国人口预期寿命已经由 20 世纪 50 年代的 44.6 岁上升到 2005～2010 年的 74.4 岁。联合国开发计划署公布的《2014 年人类发展报告》显示，2013 年中国人口预期寿命达到了 75.3 岁，根据《中国统计年鉴 2022》的数据，2015 年中国人口预期寿命已经达到了 76.3 岁。而《2021 年我国卫生健康事业发展统计公报》显示，我国居民人均预期寿命由 2020 年的 77.9 岁提高到 2021 年的 78.2 岁，人口寿命具体数据见表 2-2。

表 2-2　中国人口预期寿命表

年份	预期寿命/岁	年份	预期寿命/岁	年份	预期寿命/岁
1950～1955	43.8	1990	68.6	2010	74.8
1960～1965	44.6	1996	70.8	2015	76.3
1970～1975	61.7	2000	71.4	2020	77.9
1981	67.8	2005	73.0	2021	78.2

注：1950～1955 年、1960～1965 年、1970～1975 年的数据来源于联合国人口司的《世界人口展望 2019》，1981 年、1990 年、1996 年、2000 年、2005 年、2010 年、2015 年、2020 年的数据来源于《中国统计年鉴 2022》，2021 年的数据来源于《2021 年我国卫生健康事业发展统计公报》。

现行仍然有效的关于法定退休年龄的《国务院关于安置老弱病残干部的暂行办法》和《国务院关于工人退休、退职的暂行办法》（国发〔1978〕104 号）规定，国家法定的企业职工退休年龄是男年满 60 周岁，女工人年满 50 周岁，女干部年满 55 周岁。从事井下、高温、高空、特别繁重体力劳动或其他有害身体健康工作的，退休年龄男年满 55 周岁，女年满 45 周岁，因病或非因工致残，由医院证明并经劳动鉴定委员会确认完全丧失劳动能力的，退休年龄为男年满 50 周岁，女年满 45 周岁。也就是说，城镇企业职工养老保险参保人退休年龄基本是 45～60 岁。按照我国 2021 年人口预期寿命 78.2 岁计算，不同退休年龄的参保者个人账户支付完后，需要由统筹账户代为支付即个人账户长寿风险支出年限达到 6.62～15.20 年，具体测算数据如表 2-3 所示。

表 2-3　不同退休年龄个人账户长寿风险支出年限

退休年龄	45 岁	50 岁	55 岁	60 岁
计发月数/月	216	195	170	139
个人账户发完时参保人年龄/岁	63.00	66.25	69.17	71.58
个人账户长寿风险支出年限/年	15.20	11.95	9.03	6.62

城乡居民基本养老保险是我国养老保险体系的另一重要组成部分，制度设计类似于城镇职工基本养老保险，参保人的养老保险待遇由基础养老金和个人账户养老金两部分组成，支付终身。按照我国城乡居民养老保险制度的相关规定，年满 60 岁且累计缴费 15 年的参保者，按月领取养老金，每月发放的基本养老金不同地区的标准不同，个人账户养老金的月计发标准为个人账户全部储存额除以 139。也就是说平均而言，个人账户发放 11.58 年也就是老人到 71.58 岁后，个人账户资金将全部发完，而 2021 年我国人口的预期寿命已达到 78.2 岁，两者相差 6.62 年，即为个人账户长寿风险支出年限。

可以预计，随着我国人民生活和医疗条件的改善，人口预期寿命会进一步增加，如果养老保险制度维持不变，无论是城镇职工基本养老保险还是城乡居民基本养老保险，其个人账户长寿风险支出的压力都将会进一步增大，对我国养老保险制度财务的可持续性形成威胁。

2.2.2　人口出生率

人口出生率下降是人口老龄化的另一个重要微观基础。20 世纪 70 年代末，中国政府把实行计划生育，控制人口数量，提高人口素质确定为国家的基本国策。自 20 世纪 80 年代以来，国内妇女生育水平显著下降，《中国人口和就业统计年鉴》显示，全国的人口出生率从 1982 年的 22.28‰持续下降到 2013 年的 12.08‰，人口自然增长率远低于世界平均水平。随后我国政府分别在 2013 年 11 月、2015 年 10 月启动实施了"单独二孩"政策和"全面二孩"政策。从政策执行效果看，"单独二孩"政策和"全面二孩"政策在短期内对人口出生率起到了积极的促进效果，但总体效果不及预期。国家统计局的数据显示，2016 年"全面二孩"政策实行后，当年人口出生 1786 万人，2017 年下降 63 万人到 1723 万人，2018 年下降 200 万人到 1523 万人，2019 年再下降 58 万人至 1465 万人，2020 年下降 265 万人至 1200 万人，"全面二孩"政策效应持续消退。人口出生率持续低位运行，可以预见我国未来劳动人口将大幅度缩减。《社会保障绿皮书：中国社会保障发展报告（2019）》显示，我国劳动年龄人口每年以三四百万人的速度下降，而每年达到退休年龄的新增人口近千万，中国养老金面临支付危机。以城镇职工基本养老保险基金的使用为例，我国累计结余可支付时间从 2012 年的 18.5 个月逐渐下降至 2017 年的 13.8 个月，养老金抚养比（在职人数/退休人数）降至 2.65，即不到 3 个在职员工就要养一个退休员工。对过去国有企业集聚、养老负担沉重的地区，养老金支付的压力已经在明显加大。2017 年，全国有 6 个省份养老金入不敷出，15 个省份的累计结余可支付时间在 10 个月以下，黑龙江养老保险基金从 2013 年开始持续"穿底"。预计随着时间的推移，半数以上的省份养老基金将收不抵支，其中个别省份累计结余耗尽风险加大。

近年来我国人口出生率进一步下降，生育意愿大幅降低，育龄妇女规模已见顶下滑。从目前的趋势来看，未来我国老龄化速度会以较高斜率上升，"十四五"期间我国或进入中度老龄化社会（即 65 岁及以上老年人口占比超过14%）。人口出生率的持续低位运行，造成了劳动力人口的大幅度缩减，另外，前期的劳动力人口逐步到了退休年龄，过渡为非劳动力人口，从而导致我国的老年抚养比（65 岁及以上人口数与劳动年龄人口数的比值）逐步增加，具体数据如表 2-4 所示。

表 2-4　我国 1970～2019 年人口生育率和老年抚养比

年份	生育率/‰	老年抚养比/%	年份	生育率/‰	老年抚养比/%	年份	生育率/‰	老年抚养比/%
1970	12.85	—	2005	12.40	10.7	2015	12.07	14.3
1982	22.28	8.0	2010	11.90	11.9	2016	12.95	15.0
1987	23.33	8.3	2011	11.93	12.3	2017	12.43	15.9
1990	21.06	8.3	2012	12.10	12.7	2018	10.94	16.8
1995	17.12	9.2	2013	12.08	13.1	2019	10.48	17.8
2000	14.03	9.9	2014	12.37	13.7			

资料来源：《中国统计年鉴 2020》。

我国城镇职工基本养老保险和城乡居民基本养老保险实行的均是部分积累制的养老金制度。个人账户实行的是积累制，而社会统筹实行的是现收现付制。现收现付养老金制度即用当期工作一代人口缴纳的养老金支付退休一代人的养老金支出。人口出生率下降影响了我国原有的人口结构，导致养老保险制度中在职缴费人口占总人口的比重下降；而人口预期寿命的延长又同时增加了领取养老金的退休人口数，导致人口老年抚养比大幅上升。从表 2-4 可知，我国人口老年抚养比从 1982 年的 8.0%逐步上升到 2019 年的 17.8%。由此可见，人口出生率下降和退休人口预期寿命的延长共同引发了统筹账户基金的财务收支失衡，对我国养老保险的运行安全造成了冲击。

2.2.3　农民工的城乡流动

农民工是我国特有的城乡二元体制的产物，是我国在特殊的历史时期出现的一个特殊的社会群体。1978 年我国实行改革开放，在农村实行家庭联产承包责任制，使农民从土地中解放出来；而同时沿海地区工商业的快速发展和劳动力的不足，使中西部地区的大量农民短期或者长期迁移到东部经济发达地区，形成"民工潮"。

随着中国人口的老龄化，农民工群体也开始老龄化。国家统计局发布的《2020 年农民工监测调查报告》显示，2020 年全国农民工总量为 28 560 万人，比上年减少 517 万人，下降 1.8%。农民工平均年龄为 41.4 岁，比上年提高 0.6 岁。从年龄结构来看，40 岁及以下农民工所占比重为 49.4%，比上年下降 1.2 个百分点；50 岁以上农民工所占比重为 26.4%，比上年提高 1.8 个百分点，占比继续提高。我们可以预计在不久的将来，50 岁以上这部分数量庞大的老龄化农民工开始逐渐不再适合继续留在城市进行繁重的体力劳动，被迫陆续返乡养老。

1997 年，《国务院关于建立统一的企业职工基本养老保险制度的决定》颁布，开始在全国建立统一的城镇企业职工基本养老保险。在城市中谋求到工作的农民工，逐步参加了当地的城镇职工基本养老保险，这在很大程度上扩大了当地企业职工养老保险制度的覆盖面，降低了当地的制度赡养率。但是按照我国现行的城镇职工基本养老保险制度的规定，个人缴费年限累计满 15 年的，退休后按月发给基本养老金，但绝大多数农民工很难在同一个地方工作 15 年，达不到领取养老金的条件。加上我国城镇职工基本养老保险与城乡居民基本养老保险两大制度的衔接手续比较复杂且需要跨地区办理，农民工对相关政策也不甚了解，因此，大部分的老年农民工在返乡时为了便利起见，直接选择终止在城市中的养老保险关系，一次性领取其个人账户的资金。即使部分老年农民工选择将其养老保险进行转移接续，按照目前我国相关政策的规定，从城镇职工养老保险转入城乡居民养老保险，都将参保人个人账户储存额全部转移，合并累计计算。老年农民工的返乡退保将会导致其个人账户资金一次性地剥离出原来的养老保险体系。

虽然我国城镇职工基本养老保险个人账户实行的是积累制，但实际上，个人账户与统筹账户的资金并未严格隔离，当社会统筹账户的资金不能足额支付当年的养老金支出时，便开始挤占挪用个人账户资金，形成个人账户的"空账"现象。中国社会科学院发布的《中国养老金发展报告 2016》显示，2015 年城镇职工基本养老保险个人账户累计记账额（即"空账"）达到 4.7 万亿元。可以预计，随着老龄化农民工形成的返乡潮，数量巨大的个人账户资金将被一次性抽走，这将加剧部分农民工输入数量较多的沿海地区养老金个人账户的"空账"程度；同时随着全国人口结构的老龄化，也可以预计青年农民工的输出比例将会相对减少，这也将增大部分劳动力输入大省的制度赡养率，对其养老保险体系造成冲击。

2.2.4　制度参数（缴费率、制度覆盖率、遵缴率等）

从 2.2.1 节的养老金收入模型可知，养老保险缴费率、养老保险制度覆盖率以及养老保险遵缴率均是影响养老金收入的关键变量，在其他变量保持不变的情况下，养老金收入会与养老保险缴费率、养老保险制度覆盖率、养老保险遵缴率呈比例增加。

《人力资源和社会保障事业发展"十四五"规划》的数据显示，我国 2015 年基本养老保险参保率即制度覆盖率为 82%，"十三五"规划目标为 90%，2020 年实际完成比例为 91%，而"十四五"规划目标为 95%。可见我国基本养老保险的制度覆盖率在逐步提高，长期来看对养老保险的收支平衡将产生积极的正向影响。养老保险遵缴率是指遵守规章缴纳的养老保险和实际应该缴纳的养老保险的比率。一般来讲，养老保险遵缴率和缴费率成反比，缴费率越低，遵缴率越高。在当前减税降费的宏观背景下，降低养老保险缴费率成为大势所趋，可以预计养老保险遵缴率会随着养老保险缴费率的降低而提升，从而对养老保险的运行安全产生正向的积极影响。下面将重点针对养老保险缴费率的下降对养老保险安全可能产生的影响展开分析。

纵观世界和我国养老保险制度的发展，养老保险缴费率并不是一成不变的，而是随着外部环境的变化而改变。世界银行 2005 年的一份研究报告指出，人口老龄化导致的养老金长期财务压力已经影响到世界各国（Holzmann and Hinz，2005）。为了应对人口老龄化对养老保险制度的冲击，部分国家上调了养老保险缴费率。加拿大政府在 20 世纪 90 年代初针对加拿大养老金计划（Canada Pension Plan，CPP）进行独立精算后认为，除非将当时 3.6% 的缴费率逐步提高到 2030 年的 14.2%，CPP 才能保持当前的支付政策，不至于破产。加拿大给出的解决方案是快速提高养老保险缴费率，到 2003 年达到 9.9%，但不是 14.2% 的固定缴费率。美国实行了 70 多年的社会养老保障制度，也在不断提高综合缴费率，但到 2013 年其综合缴费率仅为 12.4%。我国城镇职工基本养老保险建立初期，企业需要负担社会统筹的 20%，个人账户的 8% 由企业从个人工资中划扣，企业需要负担的养老金缴费水平要远远高于西方发达国家。面对人口老龄化冲击，我国政府给出了与西方国家不同的养老金财务支付风险化解方案，遵循"过高企业缴费率会损害经济发展"的经济学原理，给出降低企业缴费，提升企业活力，增加养老保险遵缴率和养老保险制度覆盖率，从而提升养老保险制度的抗风险能力的方案。上述思路可以从我国养老保险制度缴费变化经历的以下四个阶段得以体现。

第一阶段：1997 年 7 月 16 日，《国务院关于建立统一的企业职工基本养老保险制度的决定》颁发，统一了企业和职工个人的缴费比例，规定企业缴纳基本养老保险费的比例，一般不得超过企业工资总额的 20%（包括划入个人账户的部分），具体比例由省、自治区、直辖市人民政府确定。个人缴纳基本养老保险费的比例，1997 年不得低于本人缴费工资的 4%，1998 年起每两年提高 1 个百分点，最终达到本人缴费工资的 8%。有条件的地区和工资增长较快的年份，个人缴费比例提高的速度应适当加快。同时，按本人缴费工资 11% 的数额为职工建立基本养老保险个人账户，个人缴费全部计入个人账户，其余部分从企业缴费中划入。随着个人缴费比例的提高，企业划入的部分要逐步降至3%。

第二阶段：2005年，《国务院关于完善企业职工基本养老保险制度的决定》规定，企业和职工依法缴纳基本养老保险费，企业缴费比例一般为企业工资总额的20%（维持之前的标准），归入统筹账户；个人缴费比例调整为本人缴费工资的8%，全部计入个人账户。为与做实个人账户相衔接，从2006年1月1日起，个人账户的规模统一由本人缴费工资的11%调整为8%，全部由个人缴费形成，企业缴费不再划入个人账户。

第三阶段：2016年，人力资源和社会保障部与财政部联合下发的《关于阶段性降低社会保险费率的通知》，明确部分有条件的地区实行阶段性降低缴费政策，企业缴费比例从20%降到19%。

第四阶段：2019年初，中美贸易摩擦加剧增加了企业出口和经济发展的不确定性。为了降低企业负担，优化营商环境，国务院颁发《降低社会保险费率综合方案》，明确从2019年5月1日起，降低城镇职工基本养老保险单位缴费比例。单位缴费比例高于16%的省份可降至16%；同时该方案提出，各省应根据全口径城镇单位就业人员平均工资，核定社保个人缴费基数上下限，合理降低部分参保人员和企业的社保缴费基数。以上措施也被称为养老金的"双降"政策。

针对我国城镇职工基本养老保险制度的缴费率调整，国内部分学者进行了理论探讨和调整的可行性测算。孙雅娜等（2009）、封进（2013）、刘长庚和张松彪（2014）、陈曦（2017）和肖严华等（2017）均认为我国基本养老保险缴费率偏高，需要降低基本养老保险缴费率。部分学者如边恕（2007）、柳清瑞等（2013）、康传坤和楚天舒（2014）、杨妮和王艳（2014）以及景鹏和胡秋明（2016）基于经济学的相关理论和最优化方法，分析了我国企业基本养老保险的最优缴费率区间为10.04%～19.04%，低于一般的缴费率20%。针对企业降费空间，不同学者的测算结果有所不同，存在着一定的分歧。部分学者如刘海宁（2018）、杨翠迎等（2018）和郑秉文（2019）认为全国职工基本养老保险实际缴费率不及28%的名义总费率，存在着2%～9%的政策费率下调空间。另一部分学者如孙永勇和李娓涵（2014）以及景鹏和胡秋明（2017）认为，在不调整制度参数的条件下，现行制度的财务可持续压力较大，缴费率不存在下调空间，大幅降低缴费率的措施并不可取。也有部分学者认为缴费率的降低需结合制度参数的改进和新政策的实施，路锦非（2016）、曾益和凌云（2017）以及张锐和刘俊霞（2018）通过构建精算模型，认为在加强征缴、扩大制度覆盖面、延迟退休政策、完善养老金入市以及减持国有股充实社会保障基金政策的实施下，企业基本养老保险缴费率可以尝试降低2.46个～5个百分点。

针对降低企业养老保险缴费率的建议，尽管在理论界仍然存在着不一致的意见，但在实践中，企业承担的缴费率已从20%下降到目前的16%，已降低了4个百分点。理论上说，降低企业的养老保险缴费率会直接降低养老金的收入，而目前的状况是部分省份的养老金已经收不抵支，对于已经出现养老金收不抵支的地区而言，短期来看，进一步降低企业的养老金缴费水平会导致这些地区的养老金收支失衡。长期来看，能否通过降低企业负担，增强企业的活力，提高企业和职工的参保积极性，将更多的职工纳入养老保险制度体系中来，形成企业发展与养老保险制度发展的良性循环，即提高社会的就业率、养老保险的覆盖面和遵缴率，实现养老保险财务可持续的政策目标，还存在着一定的不确定性。针对上述问题，Tang 等（2023）以辽宁和黑龙江两省为研究对象，通过队列要素法和精算模型预测分析了"双降"措施对企业职工养老保险财务可持续性的短期和长期综合影响；并借助因素分析法进一步分析了遵缴率、就业率、覆盖率和经济增长率各自对养老金收支平衡的影响效应。研究发现："双降"措施促进就业人数和参保人口的增加，能在一定程度上改善养老金的收支平衡，但其积极效应要远小于"双降"对养老金收支平衡的直接负向影响。站在更为宏观的国家视角下考虑，继续有序平稳地降低社会保险费率，符合当前降低宏观税负、降成本的政策要求，可以活跃市场、增加居民收入、提高实体经济对于减税降费系列政策的获得感；但从上述实证结果来看，养老保险缴费率的持续下降会进一步加剧目前已经出现收不抵支省份的养老金收支失衡风险。

2.2.5　结余养老金投资

《国务院关于建立统一的企业职工基本养老保险制度的决定》规定，社会保险基金结余额除预留相当于 2 个月的支付费用外，应全部购买国家债券和存入专户，严格禁止投入其他金融和经营性事业。2012 年，财政部颁布《关于加强和规范社会保障基金财政专户管理有关问题的通知》，进一步明确除可转存定期存款或购买国家债券外，地方财政部门不得动用社会保险基金结余进行任何其他形式的直接或间接投资。也就是说，在过去较长一段时间内，我国结余养老金投资一直采用"国债-银行"的模式，这个模式在通货膨胀率高企的背景下，不仅不能提供收益，甚至会造成养老金的贬值。随着我国养老保险制度的不断扩面，涉及的养老金规模不断扩大，这一投资模式不利于养老保险的运行安全。

2015 年 8 月，国务院印发《基本养老保险基金投资管理办法》，在一定程度上放开了基本养老保险基金投资的限制条件，扩大了基本养老保险基金投资的范围和比例。《基本养老保险基金投资管理办法》明确规定，养老基金实行中央集中运营、市场化投资运作，由省级政府将各地可投资的养老基金归集到省级社会保障专户，统一委托给国务院授权的养老基金管理机构进行投资运营。基金投资运营采取多元化方式，通过组合方案多元配置资产，保持合理的投资结构。目前只在境内投资；严格控制投资产品种类，主要是比较成熟的投资品种；合理确定各类投资品种的投资比例，股票等权益类产品合计不得超过资产净值的30%；国家对养老基金投资运营给予专门政策扶持，通过参建国家重大工程和重大项目、参股国有重点企业改制、上市等方式，保证养老基金投资获取长期稳定的收益。2016年12月，全国社会保障基金理事会接受各省的委托，开始结余基本养老保险基金的委托投资运营，截止到2021年底，全国基本养老保险基金取得2619.77亿元的累计投资收益额，获得年均6.49%的投资收益率①。具体的委托投资规模和收益数据如表2-5所示。

表2-5　全国基本养老保险基金受托运营情况表

年份	基本养老保险基金权益总额/亿元	基本养老保险基金负债总额/亿元	基本养老保险基金权益投资收益/亿元	投资收益率/%
2017	2 819.01	336.18	87.83	5.23
2018	6 239.41	793.41	98.64	2.56
2019	9 935.62	832.18	663.86	9.03
2020	12 444.58	1 506.27	1 135.77	10.95
2021	14 604.73	2 293.79	631.80	4.88

注：表中数据由全国社会保障基金理事会发布的历年基本养老保险基金受托运营年度报告整理所得。

从表2-5中可以看出，2021年末基本养老保险基金权益总额为14 604.73亿元，基本养老保险基金在投资运营中形成的短期负债总额为2293.79亿元，基本养老保险基金资产总额为16 898.52亿元。人力资源和社会保障部公布的《2021年度人力资源和社会保障事业发展统计公报》显示，截至2021年12月底，我国社保基金累计结余6.82万亿元，其中养老保险基金累计结余6.40万亿元。从上述的数据对比可以看出，我国目前的基本养老保险基金结余实施委托投资运营的比例仍然很小，占比不足1/4，也就是说绝大多数的基本养老保险基金结余仍然处在“国债-银行”的投资模式，未能通过市场化运营充分分享国民经济发展的红利，实现保值增值，面临着养老金贬值的风险。

2.3　维持养老保险运行安全的措施分析

面对人口老龄化对我国养老保险制度的冲击，相关专家、学者提出提高养老保险统筹层次、增加养老保险制度覆盖率、增加养老金缴费比例、延迟退休年龄、拓宽养老金投资渠道以及加大全国社会保障基金投入等诸多保障养老保险运行安

① 考虑到2016年基本养老保险基金仅运作6天，年均投资收益率不包括2016年的收益率情况。

全的建议。上述养老金运行风险化解办法可以大致分为三类：第一类是通过调节养老保险制度参数，即通过增加养老金收入、减少养老金支出来化解养老金收支失衡风险，如提高养老保险缴费率、增大养老金缴费人口的规模、延迟参保人群的退休年龄就属于此类措施。第二类是通过养老保险制度外的资源支持，增加可以用于养老保险支付的资金规模，如增加财政用于养老保险的投入、通过国有资产划拨充实养老金以及建立养老金战略储备等缓解养老保险的运行风险。第三类是站在全国的视角，通过互济调节如提高养老保险的统筹层级、建立中央养老金调剂制度等措施，提升养老保险制度的整体抗风险能力。

2.3.1　制度参数调整视角

根据 2.2 节的分析，在其他参数保持不变的情况下，养老保险缴费率、制度覆盖率和遵缴率的提升，均会增加养老保险的收入，对养老保险制度的运行安全产生积极的正向影响。此外，退休年龄是影响养老金收支平衡的关键制度参数，通过延迟退休年龄不仅可以使养老保险参保者在延长工作期间继续进行养老金缴费，还可以推迟其领取养老金的时间，从增加养老金收入和减少养老金支出双重角度对养老金的收支平衡产生积极影响，上述结论已被本书作者的其他研究所证实（唐运舒和吴爽爽，2016；Tang et al.，2023）。下面将重点针对人口老龄化背景下，对个人账户长寿支出风险的化解以及延迟退休年龄的实施提出作者的建议思考。

1. 建立指数化养老金化解个人账户长寿支出风险

人口预期寿命的延长是人民生活水平不断提高、医疗卫生保障体系逐步完善的必然结果。解决人口预期寿命延长带来的个人账户长寿支出风险，一种可行的办法就是建立指数化个人账户养老金，即建立个人账户养老金支付随着人口预期寿命动态调节的制度。具体可采用保持个人账户养老金支付与参保人口余寿变动的百分比一致的方法。以 t_0 为基准年，RL_0 为基准年的人口剩余寿命，RL_t 为 t 年退休年龄人口剩余寿命，PF_{tb} 为 t 时点未按照预期寿命调整前参保人领取的个人账户养老金数。则根据预期寿命变化调整后参保人领取的个人账户养老金数 PF_{ta} 为

$$PF_{ta} = (RL_0 / RL_t) \cdot PF_{tb} \qquad (2-9)$$

则 $A = RL_0 / RL_t$ 为调节因子，随着人口剩余寿命 RL_t 的延长，调节因子 A 的数值会逐步降低，调整后的参保人口每月领取的个人账户养老金数会逐步降低。平均而言，不管人口预期寿命如何变动，参保人口个人账户的资金正好能够支付其个人账户的支出，理论上建立指数化养老金能够有效化解因为人口预期寿命的延长而带来的个人账户长寿支出风险。需要说明的是，即使严格实施上述办法，也不能完全化解个人账户的长寿支出风险，因为式（2-9）中设置的调节因子是按照人

口平均预期寿命进行调节的，而在实际中，不同的人口会存在一定的寿命差异。在参保人死亡，个人账户仍存在结余基金的情况下，根据《实施〈中华人民共和国社会保险法〉若干规定》，其继承人对结余基金拥有继承权，因此统筹基金仍然需要对部分超过平均预期寿命的参保人进行相应的养老金支付。

2. 实行指数化退休年龄降低制度赡养率

为了缓解人口老龄化对养老保险的冲击，2016 年中国劳动和社会保障科学研究院院长在中国养老金融 50 人论坛首届峰会上表示，延迟退休方案将在 2017 年正式出台，预计最早要到 2022 年正式实施①。而 2022 年渐进式延迟退休方案已在江苏省率先"破冰"。《中华人民共和国国民经济和社会发展第十四个五年规划和 2035 年远景目标纲要》明确提出，按照小步调整、弹性实施、分类推进、统筹兼顾等原则，逐步延迟法定退休年龄。由于延迟退休是一项系统性工程，相关的各项配套措施，包括针对大龄劳动者的职业培训、医疗保障以及托育等公共服务必须跟进作为支撑。这一改革必然要在完善全方位的社保政策后才能顺利实施，不可能一蹴而就，因此延迟退休政策何时开始实施以及如何实施还存在着较大的不确定性。

如果从养老保险制度运行安全视角来考虑，实行指数化退休年龄制度可以从根本上解决由人口老龄化引起的养老金收支失衡问题，缓解因为人口老龄化引发的不同代际人口之间养老金负担不均衡问题。指数化退休年龄是指根据人口预期寿命的变动，对退休年龄进行动态化调整，维持参保人口的缴费年数与领取养老金年数的动态平衡。实行指数化退休年龄制度，一种方式是面对人口预期寿命的延长，采用简单的方式推迟退休年龄，维持退休年龄余寿保持不变；另一种方式是按照缴费年数与领取养老金的年数比值不变的原则推迟退休年龄。前一种方式简单地将人口预期寿命的延长转化为参保人口的工作时间；后一种方式使每一代人的缴费期在整个参保期的占比保持恒定不定，可以使养老保险制度收支平衡状况不受预期寿命提高的影响，相对公平。面对我国人口预期寿命的延长，逐步实行指数化退休年龄能够降低制度赡养率，有效化解人口老龄化对养老保险制度的冲击。

2.3.2　外部环境支持视角

1. 增加财政支出

增加财政支出项中的养老金补贴是财政"兜底"弥补基本养老保险基金赤字

① 人社部:延迟退休方案明年出台 会有 5 年过渡期.[2016-02-29]. https://country.cnr.cn/gundong/20160229/t20160229_521494743.shtml.

的重要有效途径,《关于完善城镇社会保障体系的试点方案》(国发〔2000〕42 号)有关政策明确指出从增加财政收入中划拨一定比例用来弥补养老金缺口。但是地方财政需要满足一个地区文教科卫方方面面的支出,用于养老金支出的财政在理论上存在一个最优的支出规模。纵观世界各国用于养老保险的财政支出占比水平,总体上我国财政用于养老保险方面的支出还存在着一定的提升空间。目前需要解决的是调整整体财政对经济建设、行政管理等各方面支出的结构比例,从而提高财政社会保障支出比例,实现财政对基本养老保险基金缺口的补助作用。在调整财政支出结构,提升财政用于养老保险支出比例的同时,为了有效弥补养老金收支缺口,还可以借助中央财政对地方省份转移支付方式,实现资金转移的公平合理、科学高效的统筹分配,有侧重地向部分养老金支付压力巨大、偿付困难的地区倾斜。依照相关法律制度的要求,有计划地、公开透明地进行养老金财政转移支付,保证各地区养老金收支相对平衡,养老保障水平均等化。

为了弥补养老金收支赤字缺口,除了加快健全完善养老保险财政补助保障机制外,还可以通过灵活多样的方式筹措财政资金,如变现或划拨部分国有资产、国有土地批租、公有住房出售以及从国债发行收入中筹集部分资金等多渠道筹集财政资金,保证对基本养老保险账户资金的有效补充,及时弥补养老金赤字,有助于社会基本养老保障制度的平稳运行、健康发展。

2. 国有资产划转

2017 年 11 月 18 日,国务院印发《划转部分国有资本充实社保基金实施方案》(下称《方案》),《方案》明确规定划转 10% 的国有股权充实社保基金,其中划转的央企国有股权由全国社会保障基金理事会持有,划转的地方国企股权由地方政府设立的独资公司持有;今后,结合基本养老保险制度改革的需求和养老金缺口形势,可进一步研究划转比例;对于划转的国有股权,承接主体的收益主要来源于股权分红,不允许大量变现国有资产,对于股权分红的收缴也是同级财政部门在统筹考虑弥补基本养老保险基金缺口的需要下适时实施收缴。另外,此次划转国有资本充实社保基金主要是为了解决基本养老保险制度改革之前已经参加工作或已经退休职工的养老金支付问题,即"中人"过渡性养老金支出和"老人"基础养老金支出。

相较于国有资产划转充实社保基金,另一种更为常见的形式是国有资本经营预算。为了合理配置国有资本、增强政府的宏观调控能力,我国从 2007 年开始实行国有资本经营预算制度,由国务院国有资产监督管理委员会负责组织所监管企业上缴国有资本收益。国有资本经营预算收入包括国有企业分得的利润收入、股利或利息收入、产权转让收入等,国有资本经营预算支出主要用于国有企业改革和再发展,只有少量资金用于民生领域。但国有企业归全民所有,国有企业的利润也应属于人民，将国有资本经营收益用于充实社保基金，能够增强人民的获得感，有利于国企更好地回馈人民；同时，由于我国养老金缺口很大一部分是由于制度转轨造成的，新制度下的"老人"和"中人"没有或者只是为自己积累了很少一部分的养老基金，存在着部分隐性债务。因此，通过划转国有资本经营收益充实社保基金也是入情入理。在实践中，2007 年的《国务院关于试行国有资本经营预算的意见》中提到，国有资本经营预算"必要时，可部分用于社会保障等项支出"。2010 年第十一届全国人民代表大会常务委员会第十六次会议中再次提到将国有资本经营预算主要部分用于补充社保基金资金来源。可见，将国有资本预算补充作为社保基金资金的来源是国家政策的支持方向。

3. 明确养老金战略储备的规划和机制

为了应对人口老龄化高峰时期的养老保险支付需要，我国早在 2000 年就建立了"全国社会保障基金"作为国家社会保障储备基金。"全国社会保障基金"由中央财政预算拨款、国有资本划转、基金投资收益和国务院批准的其他方式筹集的资金构成，专门用于人口老龄化高峰时期的养老保险等社会保障支出的补充、调剂，由全国社会保障基金理事会负责管理运营。全国社会保障基金理事会公布的 2021 年的社保基金年度报告显示，2021 年末我国社保基金资产总额已达3.02 万亿元。

为了应对人口老龄化，世界各国如韩国、日本、挪威、爱尔兰、加拿大和新西兰均建立了养老金战略储备，对养老金战略储备的缴费、规模、封闭期、释放窗口和释放机制均做出了比较详细的计划安排。作为国家重要的养老金战略储备，目前业内对于我国养老金战略储备的目标规模、投入和支出机制以及释放窗口等问题尚缺乏系统的前瞻性规划。实际上，过少、过多的养老金战略储备均不利于我国经济持续、稳定和健康地发展。养老金战略储备规模过小难以抵御人口老龄化高峰期支付风险；由于我国养老金战略储备主要来源于财政拨款，过大的规模又会挤压财政在其他方面的支出，在缺乏合适投资渠道的情况下，养老金也存在着贬值的风险。因此，应对人口老龄化高峰期，我国需要建立适度规模的养老金战略储备，并明确其储备规划和运作机制，提前做好准备应对养老金高峰期支付压力，促进养老保险事业的可持续发展。

2.3.3　参保省份的互济调节视角

1. 逐步提高养老金中央调剂金比例

我国地区间经济发展不均衡，部分老工业基地省份经济发展滞后，老龄化程度十分严重。在我国养老保险尚未实现全国统筹的背景下，养老保险的风险可能会在部分地区率先凸显，对基本养老保险制度的可持续性构成威胁。为了应对养老保险地区失衡的风险，国务院印发《关于建立企业职工基本养老保险基金中央调剂制度的通知》，在现行企业职工基本养老保险省级统筹的基础上，建立养老保险基金中央调剂制度，对各省份养老保险基金进行适度调剂，确保基本养老金按时足额发放。养老保险基金中央调剂制度自 2018 年 7 月 1 日起开始实施。

在基金筹集方面，中央调剂基金由各省份养老保险基金上解的资金构成。以各省份职工平均工资的 90% 和在职应参保人数作为计算上解额的基数，上解比例从 3% 起步，逐步提高。2019 年，为了配合降低城镇职工基本养老保险单位缴费比例和降低社保缴费基数的"双降"政策，中央调剂基金比例由之前的 3% 提高至 3.5%。某省份上解额 =（某省份职工平均工资 ×90%）× 某省份在职应参保人数 × 上解比例。各省份职工平均工资为统计部门提供的城镇非私营单位和私营单位就业人员加权平均工资。各省份在职应参保人数，暂以在职参保人数和国家统计局公布的企业就业人数二者的平均值为基数核定。将来条件成熟时，以覆盖常住人口的全民参保计划数据为基础确定在职应参保人数。

在基金拨付方面，中央调剂基金实行以收定支，当年筹集的资金全部拨付地方。中央调剂基金按照人均定额拨付，根据人力资源和社会保障部、财政部核定的各省份离退休人数确定拨付资金数额。某省份拨付额 = 核定的某省份离退休人数 × 全国人均拨付额。其中：全国人均拨付额 = 筹集的中央调剂基金/核定的全国离退休人数。

此外，养老保险基金中央调剂制度还明确了中央调剂基金管理和中央财政补助办法。中央调剂基金是养老保险基金的组成部分，纳入中央级社会保障基金财政专户，实行收支两条线管理，专款专用，不得用于平衡财政预算。中央调剂基金采取先预缴预拨后清算的办法，资金按季度上解下拨，年终统一清算。各地在实施养老保险基金中央调剂制度之前累计结余基金原则上留存地方，用于本省（自治区、直辖市）范围内养老保险基金余缺调剂。现行中央财政补助政策和补助方式保持不变。中央政府在下达中央财政补助资金和拨付中央调剂基金后，各省份养老保险基金缺口由地方政府承担。

财政部的数据显示，2021 年，企业职工基本养老保险基金中央调剂比例提高到 4.5%，调剂的总规模达到了 9300 余亿元；重点支持收支矛盾突出的省份，中西部地区和老工业基地省份净收益金额超过 2100 亿元。可见，养老保险基金中央调剂制度对部分已经出现养老金收不抵支的省份意义重大。但即便如此，随着人口老龄化的加剧，东北三省养老金缺口仍会急剧增加，目前的中央调剂基金水平对于缺口的弥补依然是杯水车薪。本书作者的研究（Tang et al., 2023）显示，针对辽宁和黑龙江两省，假设通过财政补贴、延迟退休措施后的养老金缺口完全由中央调剂金弥补，社保部门的短期和中长期改革目标应该将中央调剂金的比例分别提高到10%和15%左右，方能维持养老保险的财务可持续性。因此，在我国短期内不能实现养老保险全国统筹的情况下，应逐步提高养老保险基金中央调剂金的比例，进一步均衡各省之间养老保险基金负担，确保养老负担沉重地区的企业离退休人员基本养老金按时足额发放。

2. 建立养老金战略储备的调节机制

我国存在着养老金积累的地区失衡和人口老龄化的地区性差异，通过前文的分析可以预计我国养老保险制度的财务风险会在部分地区率先凸显，对我国养老保险制度的可持续性产生威胁。在实现养老金的全国统筹之前，动用国家养老金战略储备转移支付部分地区的养老金缺口是有效化解养老保险制度可持续性风险的有效手段。但是如何动用养老金战略储备转移支付地区养老金缺口目前我国并未出台相关的制度方案，国内外相关学者对该问题的研究也鲜有人涉及，相应的养老金战略储备调节机制尚待明确。在此我们针对这一问题展开前瞻性探讨。

在对相关文献和国外养老金战略储备实践分析的基础上，本书认为我国养老金战略储备的释放机制可以考虑选择以下三种方案：其一，当各统筹单位养老金缺口占当年养老金支出的比重超出一定的限度后，养老金战略储备开始释放；其二，养老金战略储备选择在养老金缺口高峰时期释放，其他时期均不释放，集中应对养老金支付高峰期的危机；其三，养老金战略储备支付养老金缺口的一定比例，与统筹单位的地方政府共同承担养老金缺口的支付责任。

上述三种方案的支付对象、支付时点和支付时期均存在着较大的不同。在第一种方案下，当统筹单位出现养老金缺口时，先由统筹单位的地方政府承担缺口的支付责任，只有当养老金缺口占支出比例高于设定比重时，养老金战略储备才开始释放用于弥补超出限额比例的养老金缺口。在第二种方案下，需要首先从整体上测算出我国养老金缺口出现的高峰期，只有在确定的缺口高峰期，才释放出养老金战略储备弥补相应的养老金缺口，而在缺口高峰期之外出现的缺口由各统筹单位承担支付责任。这种方案与养老金战略储备成立时设定的"专门用于今后人口老龄化高峰时期的社会保障需要"的初衷相一致；由于这种方案下，养老金战略储备只在养老金缺口高峰期才开始支付，因此非常有利于养老金战略储备的积累和稳定投资。实施第三种方案，首先需要从理论上分析确定养老金战略储备和统筹单位的地方政府在弥补养老金缺口上的分担比例，当各统筹单位出现养老金缺口时，由养老金战略储备和出现养老金缺口的地方政府共同按事前确定的分担比例承担支付责任。

尽管上述三种方案在弥补养老金缺口的形式上存在着明显的不同，但三种方案体现出如下共同原则：其一，三种方案均考虑了各地资源禀赋的差异，兼顾考虑了各统筹单位存在财政支付能力的差异；其二，三种方案均采用了养老金战略储备与统筹单位地方政府共同分担养老金缺口的支付责任的模式；其三，三种方案既考虑了有效维持养老保险制度整体平稳地运行，又考虑了调动各统筹单位增收节支的积极性，有效化解了养老金积累的地区失衡问题。此外，上述所有释放方案和参数设定均应随着方案的完善和经济发展状况进行实时调节，一方面使养老金战略储备基金得到最高效的利用，另一方面又能切实有效地发挥养老金战略储备对养老保险制度运行安全的保障作用。

2.4　本 章 小 结

人口老龄化对养老保险基金收支的平衡产生了冲击。本章以城镇职工基本养老保险为例，在分析养老保险制度收支模型的基础上，基于大数据视角重点分析了人口老龄化背景下人口关键变量如人口出生率、人口寿命、农民工的城乡流动，制度参数中养老保险缴费率、制度覆盖率、遵缴率及结余养老金投资等因素对养老金收支平衡的影响。还从制度参数调整、外部环境支持和参保省份的互济调节三个视角对维持养老保险运行安全的措施进行了分析，并对一些前瞻性问题如延迟退休年龄、养老金战略储备调节机制等做出了探索和思考，为构建养老保险制度安全测度指标体系奠定了基础。

第3章 养老保险制度关键参数调整
与养老保险运行安全

通过养老保险运行安全机理分析可知，人口出生率、养老保险缴费率以及企业职工退休年龄是影响养老保险财务收支平衡的关键变量，相应参数的调整会影响养老保险运行安全状况，本章将从生育政策调整、养老保险缴费率降低以及延迟职工退休年龄三个方面实证分析养老保险关键参数调整对养老保险运行安全状况的影响方向和影响程度，为寻找化解养老金缺口风险的措施奠定基础。

3.1 生育政策调整与养老保险运行安全

3.1.1 我国人口生育政策调整的历史沿革

1957 年，马寅初发表《新人口论》，主张控制人口数量，提高人口素质，引发了极大关注。当时国家提出要适当地节制生育，但由于处于历史特殊时期，这一指示并未落实。至改革开放初期，《中华人民共和国宪法》规定"国家推行计划生育"，计划生育第一次以法律形式载入我国宪法。1982 年初，党中央和国务院发布《关于进一步做好计划生育工作的指示》明确规定，国家干部和职工、城镇居民，除特殊情况经过批准者外，一对夫妇只生育一个孩子；农村普遍提倡一对夫妇只生育一个孩子。国家生育政策向"一孩化"紧缩。同年 9 月，党的十二大把计划生育定为基本国策。在此后的 20 年里，除了对农村地区有所放松外，这一生育政策基本维持不变。

到 20 世纪 90 年代之后，中国总和生育率逐步下滑。根据中国人口普查与抽样调查数据，2000 年中国总和生育率为 1.22，即平均每对夫妇生育的子女数为 1.22，远低于国际公认的 2.1 世代更替水平。在经历了从高生育率到低生育率的迅速转变之后，我国人口的主要矛盾已经不再是增长过快，而是人口红利消失、临近超低生育率水平、人口老龄化、出生性别比失调等问题。从图 3-1 中可以发现，我国人口已经出现结构性失衡，少子化和老龄化问题严重并且处于加速中。我国经济赖以发展的人口红利逐渐消失，劳动力供给逐渐变得短缺，进而引发养老金收支缺口逐渐增大。《中国养老金发展报告 2013》显示，剔除财政补贴，在 2012 年全国 32 个统筹单位中，有 19 个单位的基本养老保险金收不抵支，缺口高达 1702 亿元，2003～2012 年的 10 年间缺口规模增加近 1300 亿元并开始向少数省份集中，人口老龄化对我国养老保险体系造成了巨大的冲击。

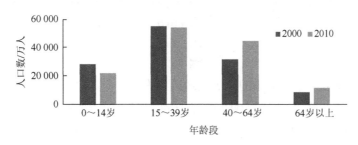

图 3-1　2000 年与 2010 年各年龄段人口数对比

　　为了化解上述人口困境，2011 年我国在各地全面实施"双独二孩"政策，即夫妻双方均为独生子女的可以生育第二个孩子的政策。2013 年，十八届三中全会审议通过《中共中央关于全面深化改革若干重大问题的决定》，启动"单独二孩"政策。直至 2015 年 10 月，我国全面实施夫妇可生育两个孩子的政策，象征着 30 年左右的独生子女政策正式终结。该决定意味着将在全国范围内放开二孩政策，其目的是优化人口结构，增加劳动力供给，减缓人口老龄化的冲击。2021 年 5 月 31 日，中共中央政治局召开会议审议通过了《关于优化生育政策促进人口长期均衡发展的决定》，会议指出进一步优化生育政策，实施一对夫妻可以生育三个子女政策及配套支持措施，有利于改善我国人口结构、落实积极应对人口老龄化国家战略、保持我国人力资源禀赋优势。这标志着"三孩政策"在我国的全面启动，由于"三孩政策"是在"二孩政策"基础上的升级，涉及的人口数量和影响远小于"二孩政策"，因此本节仍然以"全面二孩"政策为研究对象，探讨其对养老保险安全状况的影响。实行"全面二孩"政策能否通过促进出生率进而有效抑制城镇职工基本养老保险基金缺口的增加？如果可以的话，政策效果在何时可以体现？为了厘清上述问题，本节将探究"全面二孩"政策对出生率的影响，并通过构建人口预测模型与城镇职工基本养老保险基金缺口模型预测"全面二孩"政策对养老保险运行安全的影响。

3.1.2　研究模型与方法

1. 开放人口预测模型构建

1）分年龄性别人口预测模型
本节在开放性人口的情境下，构建人口预测模型。设 $E_{t,x}^s$ 为第 t 年、x 岁、性

别为 s（$s=m$ 为男性，$s=f$ 为女性）的城镇人口数量；$q_{t,x}^s$ 为第 t 年、x 岁、性别为 s 的人存活到 $x+1$ 岁的概率；u_t 为第 t 年的出生率，ϕ^s 为出生人口的性别结构；$m_{t,x}^s$ 为第 t 年分年龄性别的净迁移率，这里假定迁移只发生在 1~59 岁；ω 为人口极限年龄。则第 t 年、性别为 s 的全国城镇出生人口为

$$E_{t,0}^s = \sum_{x=0}^{\omega} E_{t-1,x} \cdot u_t \cdot \phi^s \tag{3-1}$$

第 t 年、x 岁、性别为 s 的全国城镇人口为

$$E_{t,x}^s = E_{t-1,x-1}^s \cdot (1 - q_{t-1,x-1}^s + m_{t-1,x-1}^s), \quad 1 \leq x \leq 59 \tag{3-2}$$

$$E_{t,x}^s = E_{t-1,x-1}^s \cdot (1 - q_{t-1,x-1}^s), \quad 59 < x \leq 90 \tag{3-3}$$

2）参保职工人口和退休人口预测模型

设 b_t 为第 t 年的全国城镇人口就业率；d_t 为第 t 年全国城镇人口参保率；$L_{t,x}^s$ 表示第 t 年、x 岁、性别为 s 的参保职工人数；PA_t^s 表示第 t 年、性别为 s 的参保职工人数；RE_t^s 表示第 t 年、性别为 s 的退休人数；a 为参加工作的年龄；r 为退休年龄。则第 t 年、x 岁、性别为 s 的参保职工人数为

$$L_{t,x}^s = E_{t,x}^s \cdot b_t \cdot d_t \tag{3-4}$$

第 t 年、性别为 s 的参保职工人数为

$$\mathrm{PA}_t^s = \sum_{x=a}^{r-1} L_{t,x}^s \tag{3-5}$$

第 t 年、性别为 s 的退休人数为

$$\mathrm{RE}_t^s = \sum_{x=r}^{\omega} L_{t,x}^s \tag{3-6}$$

2. 城镇职工基本养老保险基金缺口模型构建

1）城镇职工基本养老保险基金缺口模型政策背景

我国城镇职工基本养老保险虽然实行的是社会统筹和个人账户相结合的制度，但实际上当统筹账户基金不能满足当年养老金支付时，普遍存在挪用个人账户资金的现象，单独的统筹账户缺口并不能准确地反映养老金缺口的真实状况。因此本节在此构建综合考虑统筹账户和个人账户的养老保险基金缺口模型。

根据《国务院关于建立统一的企业职工基本养老保险制度的决定》（以下简称《决定》）的内容，我国现行的企业职工基本养老保险的参保人口分为"老人"、"中人"和"新人"。"老人"是指《决定》实施前已经退休的人员；"中人"是指《决定》实施前参加工作、实施后退休且个人缴费和视同缴费年限累计满 15 年的人员；"新人"是指《决定》实施后参加工作且个人缴费年限累计满 15 年的人员。个人账户基金全部由个人缴费形成，目前为个人缴费工资的 8%。《决定》实施后参加

工作、缴费年限（含视同缴费年限）累计满 15 年的人员，退休后按月发给基本养老金。基本养老金由基础养老金和个人账户养老金组成。退休时的基础养老金月标准以当地上年度在岗职工月平均工资和本人指数化月平均缴费工资的平均值为基数。《决定》实施前参加工作的"中人"，在发给基础养老金和个人账户养老金的基础上，再发给过渡性养老金。《决定》实施前已经离退休的人员，仍按国家原来的规定发给基本养老金，同时执行基本养老金调整办法。我国企业职工基本养老保险以建立参保缴费的激励约束机制为出发点，以保障参保人员的养老保险权益为目标，采取"新人新制度、老人老办法、中人逐步过渡"的方式，以参保缴费年限为基础，辅以一定的调节办法，通过计发基数、计发比例和计发月数对不同缴费人群进行养老金的计发。其中养老金的收入主要来自"中人"和"新人"个人账户缴费和相应的企业社会统筹账户缴费以及累计结余基金的投资收益；支出包括"老人""中人""新人"的基础账户支出，"中人""新人"的个人账户支出，以及"中人"的过渡养老金支出。精算模型具体设计如下。

2）养老金收入预测模型

设 $I_t^{1,s}$ 为第 t 年、性别为 s 的养老金统筹账户收入；$I_t^{2,s}$ 为第 t 年、性别为 s 的养老金个人账户收入；c_1 为养老金统筹账户的缴费率；c_2 为养老金个人账户的缴费率；c_3 为第 t 年统筹账户的收缴率；$\overline{w_t}$ 为第 t 年社会平均工资。则第 t 年、性别为 s 的养老金统筹账户收入为

$$I_t^{1,s} = c_1 \cdot \overline{w_t} \cdot \mathrm{PA}^s \cdot c_3 \tag{3-7}$$

第 t 年、性别为 s 的养老金个人账户收入为

$$I_t^{2,s} = c_2 \cdot \overline{w_t} \cdot \mathrm{PA}^s \tag{3-8}$$

第 t 年、性别为 s 的养老金总收入为

$$I_t^s = I_t^{1,s} + I_t^{2,s} \tag{3-9}$$

3）养老金支出预测模型

（1）"老人"基础养老金支出。设 $P_t^{0,s}$ 为第 t 年、性别为 s 的"老人"基础养老金支出；g 为社会平均工资增长率；μ 为养老金随工资增长的调整比例；θ 为"老人"养老金发放比例。则第 t 年、性别为 s 的"老人"基础养老金支出为

$$P_t^{0,s} = \overline{w_{t-1}} \cdot (1+\mu g) \cdot \sum_{x=t-1997+r}^{\omega} L_{t,x}^s \cdot \theta \tag{3-10}$$

（2）"中人"基础养老金支出。设 $P_{t,x}^{1,s}$ 为第 t 年、x 岁、性别为 s 的"中人"基础养老金支出；TI^s 为缴费年限，则"中人"第 t 年、x 岁、性别为 s 的基础养老金支出为

$$P_{t,x}^{1,s} = \mathrm{TI}^s \cdot 1\% \cdot L_{t,x}^s \cdot \overline{w_{t-1}} \cdot (1+\mu g) \tag{3-11}$$

因此，第 t 年、性别为 s 的"中人"基础养老金支出为

$$P_t^{1,s} = \sum_{x=r}^{t-1997+r-1} P_{t,x}^{1,s} \tag{3-12}$$

（3）"中人"过渡性养老金支出。设 $P_t^{2,s}$ 为第 t 年、性别为 s 的"中人"过渡性养老金支出；α 为过渡性养老金计发系数；β 为平均缴费指数；$\overline{w_{t-(x-r)}}$ 为"中人"退休上年社会平均工资；$x-(t-1997)-a$ 为"中人"的视同缴费年限。则"中人"第 t 年、性别为 s 的过渡性养老金支出为

$$P_t^{2,s} = \alpha\beta \cdot \sum_{x=r}^{t-1997+r-1} L_{t,x}^s \cdot \overline{w_{t-(x-r)}} \cdot [x-(t-1997)-a] \tag{3-13}$$

（4）"中人"个人账户支出。设 $P_{t,x}^{3,s}$ 为第 t 年、x 岁、性别为 s 的"中人"个人账户支出；σ 为养老金计发月数；i 为养老金投资收益率。则第 t 年、x 岁、性别为 s 的"中人"个人账户支出为

$$P_{t,x}^{3,s} = \frac{12}{\sigma} \cdot L_{t,x}^s \cdot \sum_{j=0}^{t-1997} c_2 \cdot \overline{w_{1997}}(1+g)^j(1+i)^{t-1997-j} \tag{3-14}$$

式中，$c_2 \cdot \overline{w_{1997}}(1+g)^j(1+i)^{t-1997-j}$ 为第 $1997+j$ 年缴存的个人养老金在第 t 年的本息之和。因此，第 t 年、性别为 s 的"中人"个人账户支出为

$$P_t^{3,s} = \sum_{x=r}^{t-1997+r-1} P_{t,x}^{3,s} \tag{3-15}$$

（5）"新人"基础养老金支出。设 $P_t^{4,s}$ 为第 t 年、性别为 s 的"新人"基础养老金支出，具体为

$$P_t^{4,s} = \mathrm{TI}^s \cdot 1\% \cdot \sum_{x=r}^{t-1997+a-1} L_{t,x}^s \cdot \overline{w_{t-1}} \cdot (1+\mu g) \tag{3-16}$$

（6）"新人"个人账户支出。设 $P_{t,x}^{5,s}$ 为第 t 年、x 岁、性别为 s 的"新人"个人账户支出，具体为

$$P_{t,x}^{5,s} = \frac{12}{\sigma} \cdot \sum_{j=0}^{t-1997} c_2 \cdot \overline{w_{1997}} \cdot (1+g)^j(1+i)^{t-1997-j} \tag{3-17}$$

因此，第 t 年、性别为 s 的"新人"个人账户支出为

$$P_t^{5,s} = \sum_{x=r}^{t-1997+a-1} P_{t,x}^{5,s} \tag{3-18}$$

（7）养老金总支出。设 P_t^s 为第 t 年、性别为 s 的养老金统筹和个人账户总支出，具体为

$$P_t^s = P_t^{0,s} + P_t^{1,s} + P_t^{2,s} + P_t^{3,s} + P_t^{4,s} + P_t^{5,s} \tag{3-19}$$

设 D_t^s 为第 t 年、性别为 s 的养老金收支缺口，综合养老金收入和养老金支出，可得第 t 年、性别为 s 的城镇职工养老基金收支缺口 D_t^s 为

$$D_t^s = I_t^s - P_t^s \tag{3-20}$$

3.1.3　生育政策调整对养老保险安全影响的实证分析

1. 基础假设和原始数据

本节选用 2014 年《中国人口和就业统计年鉴》中 2013 年城镇分年龄性别人口抽样调查数据为原始数据，运用队列要素法对 2050 年前城镇人口进行推算和预测。根据国家颁布的相关政策和相关文献的研究成果，对计算城镇职工基本养老保险基金缺口模型参数做出假设，具体内容如表 3-1 所示。此外，与假设相关的原始数据来自各年的国家统计年鉴、统计公报和人力资源和社会保障部的相关报告。

表 3-1　城镇职工基本养老保险基金缺口模型相关参数假设

序号	参数名称	参数值	参数解释
1	测算时段	2016~2050 年	"全面二孩"从 2016 年开始实施，本节测算政策实施后 35 年的城镇养老保险基金收支缺口
2	出生人口性别比 ϕ^t	2016 年为 115∶100，随后每年按 1∶100 的速度下降，到 107∶100 后保持不变	国家统计局的数据显示，2014 年我国出生人口性别比约为 117∶100，从历年的数据可以发现我国出生人口性别比一直呈下降趋势，每年大约下降 1∶100。假设 2016 年为 115∶100，随后每年按上述速度下降，调整到国际公认的合理水平 107∶100 之后保持不变
3	人口净迁移率 b_t	以 2013 年的城镇分年龄性别人口净迁移率为基础，每年下降 10%	由 2012 年和 2013 年的城镇分年龄性别人口抽样调查数据计算得到 2013 年的城镇分年龄性别人口净迁移率。考虑到随着经济的发展，城乡人口迁移速度会逐步放缓，假设人口净迁移率按每年 10% 的速度下降[1]
4	就业率 b_t	80%	根据各年国家统计年鉴的相关数据计算得到 1997~2013 年城镇人口就业率维持在 80% 左右，假设 2016~2050 年城镇人口就业率维持在 80% 不变
5	参保率 d_t	2016~2030 年按照每年 1.66 个百分点的速度增长；2031~2050 年 d_t 保持 90% 不变	通过历年参保率数据计算得到参保率平均每年增长 1.66 个百分点。由参保率预测模型得到 2015 年参保率为 66%，假设 2016~2030 年参保率按每年 1.66 个百分点的速度增长；到 2031 年开始保持 90% 稳定不变
6	参加工作年龄 a	20	为了计算方便，假设职工从 20 岁开始参加工作，从工作的第一年开始参加城镇职工基本养老保险
7	退休年龄 r	$r^m = 60$，$r^f = 55$	男性退休年龄为 60 岁，女性工人为 50 岁，女性干部为 55 岁。为了统一计算，本节假设男性退休年龄 $r^m = 60$，女性退休年龄 $r^f = 55$[2]
8	平均极限寿命 ω	90	根据《中国从业人口生命表 1989—1990》，90 岁已经属于生命极限，假设平均极限寿命为 90 岁

续表

序号	参数名称	参数值	参数解释
9	缴费率 c	$c_1 = 20\%$, $c_2 = 8\%$	统筹账户的缴费率 $c_1 = 20\%$；个人账户的缴费率 $c_2 = 8\%$[3]
10	收缴率 c_3	2016～2030 年 $c_3 = 90\%$； 2031～2050 年 $c_3 = 95\%$	《中国养老金发展报告 2015》显示，2014 年城镇职工养老保险中，企业部门缴费人员占参保职工人数的比重为 81.19%。而近年来国家加强了政府对养老金收缴的监管力度，有不少地区实现了 90% 以上的收缴率。本节根据现有的养老金收缴状况并参考穆怀中（2008）的《养老金调整指数研究》对收缴率进行设置
11	养老金随工资增长的调整比例 μ	0.75	假设养老金水平与工资水平同步增长，养老金随工资增长的调整比例为 $\mu = 0.75$
12	过渡性养老金计发系数 α	1.2%	国家规定的过渡性养老金计发标准为 1%～1.4%，我们取中间值 $\alpha = 1.2\%$[4]
13	平均工资缴费指数 β	1	指数化平均缴费工资等于当地上年社会平均工资乘以缴费指数，为了计算方便，本节按年度计算社会平均工资，假定 $\beta = 1$
14	"老人"养老金发放比例 θ	20%	按照《国务院关于完善企业职工基本养老保险制度的决定》规定，"老人"仍按照国家原有规定发放基本养老金，并随以后基本养老金调整而增加养老保险待遇。即按照《国务院关于建立统一的企业职工基本养老保险制度的决定》中的"退休时的基础养老金月标准为省、自治区、直辖市或地（市）上年度职工月平均工资的 20%"。因此，本节假设"老人"退休时的基础养老金标准按照上年度社会平均工资的 20% 发放，以后的养老金待遇随社会平均工资增长而调整
15	缴费年限 TI^s	$\mathrm{TI}^m = 40$, $\mathrm{TI}^f = 35$	TI^m 指"新人"男性缴费年限，根据其参加工作年龄与退休年龄设定为 40，TI^f 为"新人"女性缴费年限，设定为 35
16	计发月数 σ^s	$\sigma^m = 139$, $\sigma^f = 170$	养老金个人账户计发月数 60 岁退休的为 139 个月，55 岁退休的为 170 个月[5]
17	平均工资增长率 g	2016 年 $g = 7\%$；2017～2020 年每年下降 0.1 个百分点；2021～2050 年 $g = 6\%$	考虑到工资增长率与经济发展水平密切相关，本节选用 GDP 增长率为同年平均工资增长率。根据"十三五"规划制定的经济增长目标，2020 年之前我国经济年均增长必须保持 6.5% 以上。假设 2016 年 $g = 7\%$，随后每年下降 0.1 个百分点；2021～2050 年 g 保持 6% 不变
18	投资收益率 i	2%	人力资源和社会保障部公布的《中国社会保险发展年度报告 2014》显示，2009～2013 年的养老保险基金收益基本在 2% 左右，假定 2016～2050 年 $i = 2\%$ 保持不变

1）根据中国科学院发布的《中国现代化报告 2013——城市现代化研究》中的预测结果，2050 年中国城镇人口为 11 亿～12 亿人，反推城镇人口净迁移率设为每年下降 10% 为宜。

2）资料来源：《国务院关于工人退休、退职的暂行办法》。

3）资料来源：《国务院关于完善企业职工基本养老保险制度的决定》。

4）资料来源：《国务院关于建立统一的企业职工基本养老保险制度的决定》。

5）资料来源：《国务院关于机关事业单位工作人员养老保险制度改革的决定》。

2. 实施"全面二孩"政策对出生率的影响分析

生育政策的放宽会给一个地区的生育水平带来短期和长期的影响。短期影响是累积的生育意愿在生育政策放宽后集中释放所引起的出生人口的短期增加；长期影响则为累积的生育意愿释放后，因生育政策变化引起的人口生育水平的实际变化。国家统计局的数据显示，2014 年全国人口出生率上升至 12.4‰，比开始实施"单独二孩"政策的 2013 年增加了 0.29 个千分点，体现了"单独二孩"政策对人口出生率短期的积极影响。与"单独二孩"政策相比，"全面二孩"政策受益人群更为广泛，出生率势必会高于"单独二孩"政策下的出生率。

乔晓春（2014）使用 2010 年第六次全国人口普查数据，不仅考虑了生育过程中可能发生的各种损耗，而且考虑到"单独二孩"政策已经释放了一部分"势能"的情况，得出结论：如果 2013 年 11 月全面放开二孩政策，四年内年度出生人口峰值为 2200 万～2700 万人。本节依据乔晓春（2014）预测的总量结果，结合我国的城镇化水平等相关假设，得出实施"全面二孩"政策对城镇出生人口短期影响的低、中、高三种情景。考虑到我国从 2015 年 10 月开始放开二孩政策，假设育龄妇女从 2017 年开始陆续生下二孩，四年内即 2017～2020 年妇女逐步完成二孩生育，二孩出生人口每年的分布比例为 25%。根据国家统计局公布的数据，我国城镇化率大约以每年 1 个百分点的速度增加，2014 年城镇化率为 54.8%，假设 2015～2020 年我国城镇化率同样按每年 1 个百分点的速度增长。根据上述假设可推算得到 2017～2020 年因"全面二孩"政策实施，城镇出生人口增加的下限、中间值和上限，分别为 249.1 万人、358.1 万人和 467.2 万人，从而得到"全面二孩"政策实施后城镇出生人口短期变化的低、中、高三种情景，具体数值如表 3-2 所示。

表 3-2　"全面二孩"政策实施后 2017～2020 年城镇出生人口数　（单位：万人）

指标	情景一（低）	情景二（中）	情景三（高）
城镇出生人口增量	249.1	358.1	467.2
城镇出生人口	1205.4	1314.5	1423.5

关于"全面二孩"政策对生育率的长期影响，国家人口发展战略研究课题组在 2007 年的《国家人口发展战略研究报告》中提出全国总和生育率在未来 30 年应保持在 1.8 左右，过高或过低都不利于人口与经济社会的协调发展。而国际公认的有利于达到人口均衡发展的世代更替水平为 2.1。考虑到生育政策调整长期影响的不确定性，我们同样考察不同政策效果情景下"全面二孩"政

策实施对出生人口的长期影响。假设"全面二孩"政策实施后，长期影响分别为无效、生育水平达到国家的期望水平和达到国际公认的更替水平三种情景，即分别考察"全面二孩"政策实施 5 年后，从 2021 年开始总和生育率分别回落到政策实施前的水平、国家期望的 1.8 水平以及国际公认的 2.1 更替水平三种情景下的城镇出生人口的变化。

国家卫生健康委员会公布的数据显示，2014 年受"单独二孩"政策的影响，我国总和生育率为 1.5～1.65，较 2013 年略有回升。考虑到 2015 年执行与 2014 年相同的"单独二孩"生育政策以及 2016 年实施"全面二孩"政策下二孩尚处在孕育阶段，并未影响到出生人口的变化，因此我们假设"全面二孩"政策实施前和实施当年，即 2015 年和 2016 年总和生育率与 2014 年保持一致，取中间值 1.6；并将上文分析的政策短期影响和长期影响情景相结合，综合组成最终三种政策效果情景：悲观情景、折中情景和乐观情景，比较分析三种情景下实施"全面二孩"政策对城镇职工基本养老保险基金缺口的影响。

尽管总和生育率是衡量一个国家生育水平的重要指标，但其是对一个妇女终身生育水平的估计，在预测人口的过程中不能直接引入，需要选用出生率来预测每年的出生人口。为了分析"全面二孩"政策下城镇人口出生率的变化，我们需将"全面二孩"政策对总和生育率的影响结果转换成对出生率的影响。为此我们对城镇出生率和城镇总和生育率进行了相关性分析，得到二者的相关系数为 0.88，呈显著相关，城镇总和生育率大致为城镇出生率的 113 倍。从 1997～2013 年各年统计年鉴中的全国和城镇育龄妇女分年龄段生育率中可以计算得到全国总和生育率及城镇总和生育率。我们发现，城镇总和生育率基本保持在全国总和生育率的 80%左右。因此，我们用全国总和生育率×80%×1/113 得到城镇出生率的近似值。

根据上述推论，我们将不同情景下出生人口、全国总和生育率的数据转换成城镇出生率的数据。同时假设 2016 年 1 月 1 日起"全面二孩"政策正式在全国各省全面实施，最终得出"全面二孩"政策实施对出生率影响的三种情景，具体如下。

悲观情景："全面二孩"实施前及实施当年城镇出生率维持在 11.3‰；"全面二孩"政策实施后 2～5 年内城镇出生率为 14.2‰；五年后下降到"全面二孩"政策实施之前 11.3‰的水平。

折中情景："全面二孩"政策实施前及实施当年城镇出生率维持在 11.3‰；"全面二孩"政策实施后 2～5 年内城镇出生率为 15.5‰；五年后出生率保持在 12.7‰。

乐观情景："全面二孩"政策实施前及实施当年城镇出生率维持在 11.3‰；"全面二孩"政策实施后 2～5 年内城镇出生率为 16.8‰；五年后出生率保持在 14.9‰。具体数据见表 3-3。

表 3-3　"全面二孩"对出生率影响的三种情景

情景	"全面二孩"政策实施前及实施当年		"全面二孩"政策实施后			
			2~5 年		5 年后	
指标	全国总和生育率	城镇出生率/‰	全国总和生育率	城镇出生率/‰	全国总和生育率	城镇出生率/‰
悲观情景	1.6	11.3	2.0	14.2	1.6	11.3
折中情景	1.6	11.3	2.2	15.5	1.8	12.7
乐观情景	1.6	11.3	2.4	16.8	2.1	14.9

3. "全面二孩"政策实施对参保职工人口的影响分析

1)"全面二孩"政策对城镇人口规模的影响分析

"全面二孩"政策未实施、政策实施三种效果情景下城镇总人口预测结果如图 3-2 所示。

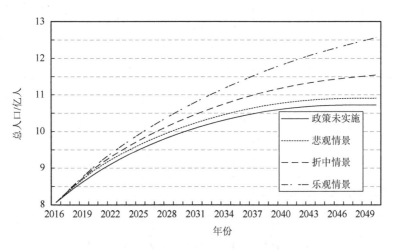

图 3-2　不同情景下城镇总人口预测

通过图 3-2 我们可以看出,政策未实施和政策实施三种效果情景下城镇总人口均呈上升的态势。政策未实施情景下,2030 年人口增长到 10 亿人,之后增长速度开始放缓,到 2048 年达到峰值 10.7 亿人,随后人口开始轻微下降;在"全面二孩"政策实施效果悲观情景下,2028 年城镇人口达到 10 亿人,2050 年城镇人口达到 10.9 亿人;政策效果折中情景下,2027 年城镇人口达到 10 亿人,2050 年城镇人口为 11.5 亿人;政策效果乐观情景下,2026 年城镇人口就达到 10 亿人,2050 年城镇人口将达到 12.6 亿人。由上述内容可知,"全面二孩"政策实施会使城镇总人口规模有所增加；政策的实施推迟了人口峰值出现的时间，同时也增大了人口峰值的规模①。

2）"全面二孩"政策对城镇人口结构的影响分析

我们根据世界卫生组织的方法对人口年龄段进行了划分，得出"全面二孩"政策未实施和政策实施三种效果情景下青少年（0～14岁）、中青年（15～59岁）、老年人（60岁及以上）占总人口的比重，以此观察"全面二孩"政策对人口结构的影响。不同情景下城镇各年龄段人口占总人口的比重如表3-4所示。

表3-4 不同情景下城镇各年龄段人口占总人口比重　　（单位：%）

年份	0～14岁				15～59岁				60岁及以上			
	未实施	悲观	折中	乐观	未实施	悲观	折中	乐观	未实施	悲观	折中	乐观
2016	15.0	15.0	15.0	15.0	70.9	70.9	70.9	70.9	14.1	14.1	14.1	14.1
2018	15.6	16.1	16.4	16.6	69.5	69.1	68.9	68.7	14.9	14.8	14.7	14.7
2020	16.1	17.1	17.6	18.0	68.8	67.9	67.6	67.2	15.1	14.9	14.8	14.8
2022	16.6	17.6	18.3	19.2	67.9	67.1	66.5	65.8	15.5	15.3	15.2	15.0
2024	16.9	18.0	18.9	20.1	66.0	65.2	64.4	63.4	17.1	16.9	16.7	16.4
2026	17.2	18.3	19.5	21.1	64.4	63.5	62.6	61.4	18.4	18.2	17.9	17.6
2028	17.4	18.5	19.9	21.9	62.9	62.0	60.9	59.5	19.8	19.5	19.1	18.7
2030	17.3	18.4	20.1	22.5	61.2	60.4	59.2	57.4	21.4	21.1	20.7	20.1
2032	17.2	18.0	19.8	22.4	59.9	59.3	58.1	56.2	23.0	22.6	22.1	21.4
2034	17.0	17.3	19.2	21.9	58.7	58.8	57.6	55.7	24.3	23.9	23.3	22.4
2036	16.9	16.9	18.8	21.6	57.8	58.2	57.1	55.3	25.3	24.9	24.2	23.1
2038	16.9	16.9	18.7	21.5	57.0	57.4	56.5	54.9	26.1	25.7	24.8	23.6
2040	16.9	16.8	18.7	21.5	56.2	56.6	55.8	54.4	26.9	26.5	25.5	24.2
2042	16.9	16.8	18.7	21.4	55.2	55.7	55.0	53.7	27.9	27.5	26.4	24.8
2044	16.9	16.8	18.7	21.4	54.6	55.1	54.5	53.4	28.5	28.1	26.8	25.1
2046	16.9	16.9	18.7	21.5	53.8	54.3	53.9	53.0	29.3	28.8	27.4	25.5
2048	16.9	16.9	18.7	21.5	52.6	53.2	52.9	52.3	30.4	29.9	28.4	26.2
2050	17.0	16.9	18.8	21.5	51.1	51.7	51.6	51.3	31.9	31.4	29.6	27.2

从表3-4可以看出，不同情景下，0～14岁人口比重2016年均为15.0%；2018～2030年由于受"单独二孩"和"全面二孩"政策的影响，四种情景下，青少年比

① 经计算，悲观情景下城镇总人口在2050年达到峰值，比政策未实施情景下人口峰值增加1921万人；折中情景下城镇总人口在2053年达到峰值，比政策未实施情景下人口峰值增加8828万人；而乐观情景下城镇总人口在2100年前仍未达到峰值。

重均有跳跃式的上升；2032～2036 年，随着人口老龄化加剧，青少年比重均有所下降，下降的幅度相差不大；2038 年之后，青少年比重趋于稳定。

从 15～59 岁人口比重中可以看出，"全面二孩"未实施和政策实施三种效果情景下中青年比重和变化的幅度相差不大。比重均呈下降的态势，由 2016 年的 70.9%，一路下降到 2050 年的 51%左右，下降的速度也基本相同。

从 60 岁及以上人口比重中可以看出，2022 年及之前，不同情景下，老年人比重一直保持在 16%以下；2022 之后老年人比重不断上升，不同情景下走势基本相同，但速度略有差异，"全面二孩"政策效果越乐观，上升的速度越慢；2050 年，"全面二孩"政策未实施和政策实施三种效果情景下老年人比重依次为 31.9%、31.4%、29.6%和 27.2%。

由上述内容可知，"全面二孩"政策对人口结构起到了一定的调节作用；"全面二孩"政策在实施后的前期提高了青少年人口比重，随后青少年人口比重趋于稳定；"全面二孩"政策对中青年人口比重影响不大；"全面二孩"政策在一定程度上降低了老年人口比重增长的速度，但未能改变人口老龄化的趋势。

3）"全面二孩"政策对城镇参保职工人口的影响分析

根据式（3-4）和式（3-5）以及相关参数，我们得到了"全面二孩"政策未实施和政策实施三种效果情景下城镇参保职工人口的变化，结果如图 3-3 所示。

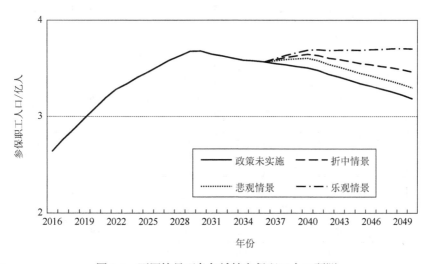

图 3-3　不同情景下各年城镇参保职工人口预测

从图 3-3 中我们可以看出，参保职工人口 2016～2030 年一直处于上升的趋势，到 2030 年达到峰值 3.8 亿人，随后开始下降；从 2037 年开始，"全面二孩"政策未实施情景下参保职工人口持续下降，到 2050 年下降至 3.3 亿人；"全面二孩"

政策实施后的悲观和折中情景下，参保职工人口则继续上升，到 2040 年才开始下降，2050 年参保职工人口分别为 3.4 亿人和 3.5 亿人；而乐观情景下，参保职工人口达到峰值后一直保持平稳状态，参保职工人口维持在 3.8 亿人。

由上述内容可以得到："全面二孩"政策对参保职工人口的影响效果从 2037 年开始显现；在政策效果悲观和折中情景下，"全面二孩"政策会推迟参保职工人口下降的时间，但改变不了参保职工人口下降的趋势；"全面二孩"政策效果乐观情景下，也就是"全面二孩"政策实施后，国家的生育水平达到国际公认的 2.1 更替水平情景下，可以保持参保职工人口的基本稳定。

4)"全面二孩"政策实施对城镇职工养老保险基金缺口的影响分析

根据上文构建的养老金缺口模型及相关基础假设，测算得出"全面二孩"政策未实施、政策实施后三种效果情景下的养老保险基金结余的规模，具体如表 3-5 所示。

表 3-5　不同情景下城镇职工养老保险基金结余规模　　（单位：万亿元）

年份	未实施	悲观情景	折中情景	乐观情景	年份	未实施	悲观情景	折中情景	乐观情景
2016	2.37	2.37	2.37	2.37	2034	0.65	0.65	0.65	0.65
2017	2.54	2.54	2.54	2.54	2035	0.39	0.39	0.39	0.39
2018	2.65	2.65	2.65	2.65	2036	0.05	0.05	0.05	0.05
2019	2.82	2.82	2.82	2.82	2037	−0.38	−0.25	−0.18	−0.12
2020	2.97	2.97	2.97	2.97	2038	−0.82	−0.52	−0.39	−0.26
2021	3.14	3.14	3.14	3.14	2039	−1.28	−0.80	−0.59	−0.38
2022	3.22	3.22	3.22	3.22	2040	−1.69	−1.02	−0.72	−0.41
2023	3.08	3.08	3.08	3.08	2041	−2.36	−1.64	−1.23	−0.77
2024	2.98	2.98	2.98	2.98	2042	−3.40	−2.63	−2.10	−1.46
2025	2.80	2.80	2.80	2.80	2043	−4.22	−3.39	−2.73	−1.90
2026	2.66	2.66	2.66	2.66	2044	−5.21	−4.31	−3.51	−2.45
2027	2.52	2.52	2.52	2.52	2045	−6.27	−5.32	−4.34	−3.04
2028	2.21	2.21	2.21	2.21	2046	−6.98	−5.96	−4.80	−3.22
2029	1.94	1.94	1.94	1.94	2047	−8.41	−7.31	−5.95	−4.07
2030	1.53	1.53	1.53	1.53	2048	−9.56	−8.38	−6.79	−4.57
2031	1.71	1.71	1.71	1.71	2049	−11.03	−9.76	−7.93	−5.32
2032	1.39	1.39	1.39	1.39	2050	−12.87	−11.51	−9.40	−6.38
2033	1.02	1.02	1.02	1.02					

从表 3-5 中可以看出，"全面二孩"政策未实施情景和实施后的三种情景下养老金都是从 2037 年开始出现缺口，缺口规模分别为 0.38 万亿元、0.25 万亿元、0.18 万亿元和 0.12 万亿元；随后基金缺口规模不断扩大，到 2050 年，四种情况下缺口大小分别为 12.87 万亿元、11.51 万亿元、9.40 万亿元、6.38 万亿元。图 3-4 为四种情况下养老金缺口的变化趋势图。

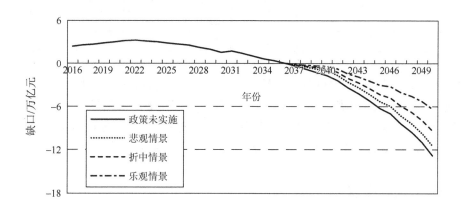

图 3-4　政策未实施、政策实施后养老金缺口规模

图中以正值表示养老金结余，负值表示养老金缺口，如数值为-10 表示缺口为 10 万亿元

从图 3-4 可见，2016～2022 年养老金余额整体上有缓慢增加的趋势，养老金余额到 2022 年达到峰值 3.22 万亿元；从 2023 年养老金余额开始下降，到 2037 年开始出现养老金缺口。从 2040 年开始，四种情景下养老金缺口呈现快速扩大之势。"全面二孩"政策效果越乐观，养老金缺口规模扩大的速度越慢。

表 3-6 显示的是"全面二孩"政策实施三种效果情景下养老金缺口缩小的比例。纵向来看，每种情景下养老金缺口都得到了一定程度的弥补。缺口缩小的比例 2040 年之前有小幅度的上升，随后便开始下降，养老金缺口缩小的比例由 2040 年的 40%、58% 和 75%，分别下降到 2050 年的 11%、27% 和 50%，说明"全面二孩"政策对养老金缺口的影响在"二孩"达到缴费年龄后短期内会有比较好的效果，但随着时间的推移，这种效果会逐渐减弱；横向来看，三种情景下缺口缩小的比例有所差别，"全面二孩"政策效果越乐观，缺口缩小的比例越大，弥补养老金缺口的效果越好。

表 3-6　"全面二孩"政策实施三种效果情景下养老金缺口缩小的比例（单位：%）

年份	悲观情景	折中情景	乐观情景	年份	悲观情景	折中情景	乐观情景
2037	36	52	68	2038	36	52	69

年份	悲观情景	折中情景	乐观情景	年份	悲观情景	折中情景	乐观情景
2039	37	54	70	2045	15	31	51
2040	40	58	75	2046	15	31	54
2041	30	48	67	2047	13	29	52
2042	23	38	57	2048	12	29	52
2043	20	35	55	2049	11	28	52
2044	17	33	53	2050	11	27	50

通过对缺口变动的分析可以得知："全面二孩"政策会在一定程度上弥补养老金缺口，也能减缓养老金缺口规模扩大的速度；但随着时间的推移，"全面二孩"政策对养老金缺口的影响在经历一个短期的上升幅度之后会逐步减弱；即使在"全面二孩"政策效果乐观情景下，也依然改变不了养老金账户缺口不断增大的趋势。

3.1.4 结论与建议

本节运用人口预测模型和养老金收支缺口模型分别测算了未实施"全面二孩"政策和实施"全面二孩"政策三种不同效果情景下城镇人口和城镇职工基本养老保险基金缺口的变化，探讨"全面二孩"政策对城镇养老保险基金缺口的影响。分析结果显示，对于人口结构而言，"全面二孩"政策实施将推迟城镇总人口峰值出现的时间，同时会增大人口峰值的规模。具体而言，政策效果悲观和折中情景下，"全面二孩"政策实施只是推迟参保职工人口下降拐点出现的时间，改变不了参保职工人口下降的总体趋势；在政策效果乐观情景下，可以保持参保职工人口的基本稳定。

对于养老保险运行安全而言，"全面二孩"政策实施有利于城镇职工基本养老保险基金的收支平衡，政策影响从 2037 年开始显现。"全面二孩"政策在政策效果开始显现后四年内有较好的效果，三种效果情景下弥补养老金缺口的比例从 2037 年的 36%、52%、68%，上升到 2040 年的 40%、58% 和 75%；随后影响效果开始逐渐减弱，弥补养老金缺口的比例至 2050 年分别下降到 11%、27% 和 50%，改变不了养老金缺口不断扩大的趋势。

虽然"全面二孩"政策的实施有利于改善城镇职工基本养老保险基金的收支平衡，但单靠"全面二孩"政策难以有效解决城镇职工基本养老保险基金缺口的问题。为了维持城镇职工基本养老保险制度的持续发展，国家应采取有效措施鼓励符合条件的家庭进行生育，确保在累积的生育意愿短期集中释放之后，依然能够保持出生率稳定在维持人口与经济协调发展的水平。

3.2　企业缴费"双降"与养老保险运行安全

3.2.1　城镇职工基本养老保险企业缴费政策变迁

1993 年，党的第十四届三中全会上，我国首次明确提出建立社会统筹与个人账户相结合的企业职工基本养老保险制度。社会统筹与个人账户相结合的基本养老保险制度是我国首创的一种新型的基本养老保险制度。其中社会统筹账户是指用人单位按照国家规定的缴费基数和缴费率向社会保险经办机构统一缴纳的养老保险基金，采用现收现付制，体现了传统意义上的社会保险的社会互济的特点；个人账户基金是指由个人按照国家规定的缴费基数和缴费率向社会保险经办机构缴纳的养老保险，当劳动者退休时，再按照个人账户积累的金额（本金＋运营收入）和计发月数领取属于自己的养老金，基金强调激励因素和劳动贡献差别，体现积累制的特点。

全国各地区按照上述规定制定了社会统筹与个人账户相结合的养老保险制度，但却引起基本养老保险制度不统一、企业负担重、统筹层次低、管理制度不健全等问题。1997 年，《国务院关于建立统一的企业职工基本养老保险制度的决定》进一步明确企业和个人基本养老保险缴费比例和相关规定，确定了中国城镇职工基本养老保险的费率为 28%，其中企业缴费率为 20%，个人缴费率为 8%。少数省、自治区、直辖市因离退休人数较多、养老保险负担过重，企业缴费率可以超过工资总额的 20%。并规定实施后参加工作的职工，个人缴费年限累计满 15 年的，退休后按月发给基本养老金。为了减轻企业的负担、增加职工当期的现金收入，国务院提出自 2016 年 5 月开始阶段性降低社保费率。按照国务院的规定，城镇职工基本养老保险的企业缴费比例可降至 20%；企业缴费比例在 20% 且基金累计结余可支付月数超过 9 个月的省份，可降至 19%。

2019 年初的中美贸易摩擦进一步增加了企业出口和经济发展的不确定性。为了进一步给企业减负，优化营商环境，国务院颁发《降低社会保险费率综合方案》，明确从 2019 年 5 月 1 日起，降低城镇职工基本养老保险单位缴费比例，单位缴费比例高于 16% 的省份可降至 16%；同时提出，各省应根据全口径城镇单位就业人员平均工资，核定社保个人缴费基数上下限，合理降低部分参保人员和企业的社保缴费基数。以上两个措施在下文提及时称为"双降"政策。我国"双降"政策的出台，引起了社会各界的关注和疑虑。"双降"政策的实施的确可以减轻企业的负担，但同时也会加剧原本就已存在的养老保险基金的收不抵支问题。长期来看，"双降"政策实施后可激发企业的市场活力，通过降低企业负担，增强企业的活力，提高企业和职工的参保积极性，将更多的职工纳入养老保险制度体系中来，形成企业发展与养老保险制度发展的良性循环，即提高社会的就业率、养老保险的覆盖率和遵缴率。"双降"引致就业率、制度覆盖率和遵缴率的提高，会间接增加养老保险基金收入，那么该间接效应能否弥补"双降"直接导致的养老金收入的减少呢？本节以全国、安徽、四川和养老保险制度运行中的薄弱地区黑龙江为研究对象，通过队列要素法和精算模型对"双降"情形下养老保险的财务收支状况进行预测分析。

3.2.2 研究模型与方法

中国目前社会基本养老保险按照参保人口类型可分为企业职工基本养老保险、城乡居民基本养老保险和机关事业单位养老保险三大部分，各养老保险之间分开独立运营，资金不相互调剂。其中企业职工基本养老保险是最重要的组成部分，所以本节以企业职工基本养老保险为对象展开研究。

根据《国务院关于建立统一的企业职工基本养老保险制度的决定》的内容，企业职工基本养老保险"双降"政策前的企业缴费比例仍然是 20%，该部分收入全部用于社会统筹部分的支出。个人账户基金全部由个人缴费形成，主要来自"中人"和"新人"的缴费，目前个人缴费率为缴费工资的 8%。支出包括"老人""中人""新人"的基础账户支出，以及"中人"的过渡性养老金支出。具体精算模型与 3.1.2 节第 2 部分城镇职工基本养老保险基金缺口模型中的养老金收入预测模型和养老金支出预测模型相同。

根据上述养老保险财务收支精算模型的分析，可以归纳出企业缴费变动对企业职工基本养老保险财务可持续性影响的路径，若收入大于支出，则表明未出现缺口，若收入不能覆盖支出，则表明企业职工基本养老保险基金将出现缺口，养老保险变得不可持续，具体如图 3-5 所示。为了考察企业缴费变动对养老保险安全的影响，本节选取了全国整体、安徽、四川和黑龙江为研究对象实证分析了"双降"政策对养老保险运行安全的短期和长期影响。

3.2.3 缴费"双降"对养老保险安全影响的实证分析

1. 基本假设与数据选取

我们选取了全国整体、安徽、四川和黑龙江为研究对象，结合人口与经济等实际状况，对养老保险基金缺口测算提出以下基础假设：①城镇职工 20 岁开始就业，90 岁为人口平均极限年龄；②按性别和职业身份将参保职工分为男性、女干部和女工人，并假设其对应退休年龄为 60 岁、55 岁和 50 岁；③参保人参加工作当年即参保，整个参保期间连续缴费；④养老金按年一次性收缴与发放；⑤社会平均工资与 GDP 同步增长。2018 年全国 GDP 增长率为 6.6%。基于上述假设，本

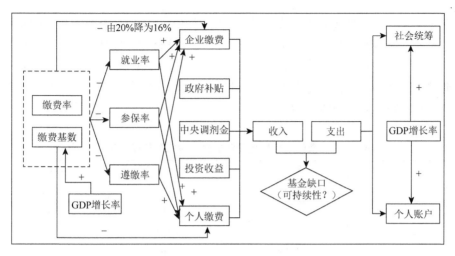

图 3-5 "双降"政策对养老保险财务可持续性影响的路径图

节以 2010 年人口普查数据为基础，包括城镇分性别年龄的人口数、出生率、分年龄死亡率等数据，不考虑城镇迁移率，利用队列要素法对 2019～2038 年城镇就业人口进行预测，再进一步对企业缴费"双降"对养老保险收支相关变量及其财务的可持续性进行分析。

2. 缴费"双降"对职工养老保险财务可持续性短期（1～5 年）影响分析

《中国企业社保白皮书 2018》显示，降费能提高社保合规企业的比例，且效应能够在短期内显现。陈曦（2017）的研究结果显示，养老保险遵缴率对养老保险缴费率弹性系数为-4.243。同时考虑到个体工商户和灵活就业人员的缴费率较低，导致实际缴费率会低于政策缴费率，所以对养老保险缴费率进行修正，测算得出养老保险缴费率降低 1 个百分点，实际缴费率降低约 0.48 个百分点。综上考虑，养老保险缴费率降低 1 个百分点，遵缴率将上涨 2.04 个百分点。"双降"情形下养老保险缴费率将降低 4 个百分点，因此遵缴率应有约 8 个百分点的上升空间。2018 年底，全国职工养老保险的遵缴率约为 85%，所以本节假设短期内遵缴率以年增长 1.6 个百分点的速度逐年增加至 93%。而 2018 年底，安徽、四川和黑龙江三省的职工养老保险的遵缴率约为 80%，所以假设短期内遵缴率以年增长 1.6 个百分点的速度逐年增加至 88%。

1）对全国职工养老保险财务可持续性短期影响分析

表 3-7 为三种情形下全国整体养老保险基金在 2019～2023 年会出现的基金收支缺口情况。由情形一和情形二的对比可知，短期内企业缴费"双降"政策的实施会使全国企业职工基本养老保险基金收支失衡提前至 2023 年出现；由情形二和情形三的对比可知，如果短期内养老金遵缴率逐年增加至 93%，会对养老保险基

金收支失衡有一个微弱的正向改善作用，短期内不会出现基金收支失衡的状况。总体而言，遵缴率的提高会使全国养老保险基金结余有所提高，但提高后远未达到"双降"前养老保险基金结余水平（情形一）。所以短期来看，"双降"政策的实施对全国整体养老保险基金的财务可持续性有较大冲击，同时，"双降"政策带来的负向影响远大于遵缴率增加对养老金缺口的改善作用。

表 3-7 "双降"前后全国养老金结余短期规模变化 （单位：亿元）

年份	情形一	情形二	情形三
2019	25 250	8 320	9 160
2020	24 290	6 710	8 460
2021	23 590	5 350	8 070
2022	22 090	3 160	6 930
2023	19 000	−610	4 260

注：情形一为维持"双降"前的缴费率和缴费基数；情形二为"双降"后，遵缴率不变；情形三为"双降"后，遵缴率逐年提高到93%。

2）对安徽职工养老保险财务可持续性短期影响分析

表 3-8 为三种情形下安徽省养老保险基金在 2019~2023 年会出现的基金收支缺口情况。由情形一和情形二的对比可知，基准情形下短期内安徽省企业职工基本养老保险基金不会出现财务收支失衡，但如果 2019 年初实施"双降"政策，就会致使当年的养老保险基金收支出现失衡；由情形二和情形三的对比可知，如果短期内养老金遵缴率逐年增加至88%，短期内安徽省仍然存在基金收支失衡的状况，但遵缴率的提高会对养老保险基金收支失衡有一个微弱的正向改善作用，平均各年而言，会使基金缺口规模减小约27.69%，养老保险基金各年仍然存在着较大的缺口。所以短期来看，"双降"政策的实施对安徽省养老保险基金的财务可持续性有较大冲击，其"双降"带来的负向影响也远大于遵缴率增加对养老金缺口的改善作用。

表 3-8 "双降"前后安徽省养老金结余短期规模变化 （单位：亿元）

年份	情形一	情形二	情形三
2019	480	−70	−50
2020	440	−140	−100
2021	400	−220	−150
2022	300	−340	−240
2023	150	−530	−400

注：情形一为维持"双降"前的缴费率和缴费基数；情形二为"双降"后，遵缴率不变；情形三为"双降"后，遵缴率逐年提高到88%。

3）对四川职工养老保险财务可持续性短期影响分析

表 3-9 为三种情形下四川省养老保险基金在 2019～2023 年会出现的基金收支缺口情况。由情形一和情形二的对比可知，基准情形下四川省企业职工基本养老保险基金不会出现财务收支失衡，"双降"政策的实施会使养老保险基金收支失衡提前至 2022 年出现；由情形二和情形三的对比可知，如果短期内养老金遵缴率逐年增加至 88%，会对养老保险基金收支失衡有一个微弱的正向改善作用，养老保险基金收支失衡推迟至 2023 年出现，但整体上各年的养老金结余远小于"双降"前养老保险基金结余水平（情形一）。所以短期来看，"双降"政策的实施对四川省养老保险基金财务可持续性的影响较大，同时，"双降"带来的负向影响也远大于遵缴率增加带来的正向影响。

表 3-9　"双降"前后四川省养老金结余短期规模变化　　（单位：亿元）

年份	情形一	情形二	情形三
2019	600	170	200
2020	550	100	160
2021	510	30	130
2022	430	−70	80
2023	270	−240	−50

注：情形一为维持"双降"前的缴费率和缴费基数；情形二为"双降"后，遵缴率不变；情形三为"双降"后，遵缴率逐年提高到 88%。

4）对黑龙江职工养老保险财务可持续性短期影响分析

黑龙江为东北老工业基地，退休职工众多，"双降"政策实施前职工养老保险就存在着较为严重的财务风险。表 3-10 为三种情形下黑龙江省养老保险基金在 2019～2023 年会出现的基金收支缺口情况。由情形一和情形二的对比可知，基准情形下短期内黑龙江省企业职工基本养老保险基金将出现财务收支失衡，"双降"政策的实施会使养老保险基金收支失衡进一步加剧，各年平均而言，黑龙江省养老金缺口数会增加 23.93%；由情形二和情形三的对比可知，如果短期内养老金遵缴率逐年增加至 88%，会对养老保险基金收支失衡有一个微弱的正向改善作用，但仍不能阻止养老保险基金收支失衡的进一步加剧。所以短期来看，"双降"政策的实施同样对黑龙江省养老保险基金的财务可持续性有较大冲击，并且其带来的负向影响也远大于遵缴率增加对养老金缺口的改善作用。

表 3-10　"双降"前后黑龙江省养老金结余短期规模变化　　（单位：亿元）

年份	情形一	情形二	情形三
2019	-770	-1020	-1010
2020	-930	-1180	-1150
2021	-1060	-1320	-1270
2022	-1220	-1480	-1420
2023	-1410	-1680	-1600

注：情形一为维持 "双降" 前的缴费率和缴费基数；情形二为"双降"后，遵缴率不变；情形三为"双降"后，遵缴率逐年提高到88%。

3. 缴费"双降"对职工养老保险财务可持续性中长期（6～20 年）影响分析

长期来看，"双降"可以减轻企业的缴费负担，激发其市场活力，企业可进一步扩大再生产，从而提高就业人数和参保人数，扩大养老保险制度的覆盖面，从而实现经济增长和养老保险制度的良性互动。2018 年全国就业率约为80%，假设政策实施后短期内就业率保持不变，从 2024 年起以年增长 1 个百分点的速度增加至 90%后保持不变。根据上文对制度覆盖率的分析和讨论，可知"双降"情形下养老保险缴费率将降低 4 个百分点，所以假设覆盖率将上升 2.32 个百分点。2018 年底，全国职工养老保险覆盖率约为 75%，本节假设政策实施后短期内全国覆盖率仍保持不变，2024 年起以年增长 0.23 个百分点的速度增加至 77.3%后保持不变。2018 年全国 GDP 增长率为 6.6%，考虑短期内受中美贸易摩擦影响较大，所以本节假设 2019～2020 年全国 GDP 增长率每年下降 0.3 个百分点，从 2021 年开始，GDP 增长率逐年以 0.1 个百分点的速度降至 5%后保持不变。

1）对全国职工养老保险财务可持续性中长期影响分析

图 3-6 为全国企业缴费实施"双降"政策后，遵缴率、就业率和制度覆盖率提升对企业职工基本养老保险长期缺口规模的影响效应。进一步通过因素分析发现，"双降"政策实施后遵缴率的提升可弥补全国养老金缺口净增加额的 24.86%；"双降"政策实施后就业率的提升可弥补全国养老金缺口净增加额的 25.29%；"双降"政策实施后制度覆盖率的提升可弥补全国养老金缺口净增加额的 6.86%。遵缴率和就业率提升对全国养老金缺口的缓解效果要高于制度覆盖率的提升。

但是经济增长率的上升，对全国养老保险基金财务收支平衡具有双向影响，一方面，社会平均工资会随经济增长而增加，从而提高养老金缴费，增加养老金收入；另一方面，基础养老金支出又会随着社会平均工资的增长而增加。考虑到这两方面，经济增长率变量的上升反而会对养老保险财务收支失衡有进一步的加剧作用，平均而言，经济增长率的上升会使养老金缺口每年增加 32.66%。

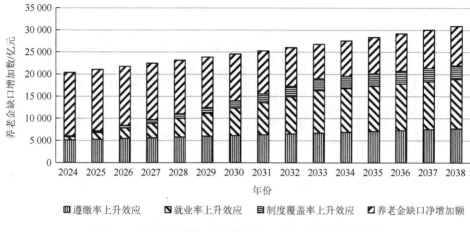

图 3-6　全国"双降"后养老金缺口增加及影响因素分析

2）对安徽职工养老保险财务可持续性中长期影响分析

2018 年安徽省就业率约为 80%，本节假设"双降"政策实施后短期内就业率保持不变，从 2024 年以年增长 1 个百分点的速度增加至 90%后保持不变。根据上文的分析和讨论，我们可知养老保险缴费率降低 1 个百分点，制度覆盖率将上涨 0.58 个百分点。"双降"情形下养老保险缴费率将降低 4 个百分点，因此本节假设制度覆盖率将上升 2.32 个百分点。2018 年底，安徽省企业职工养老保险制度覆盖率约为 75%，本节假设政策实施后短期内安徽省制度覆盖率仍保持不变，从 2024 年起以年增长 0.23 个百分点的速度增加至 77.3%后保持不变。根据 2010～2017 年安徽省经济增长率与全国经济增长率数据，得到两变量之间的回归方程为：安徽地区生产总值增长率 = 1.6817× 全国 GDP 增长率−0.0269（R^2=0.935[①]）。

图 3-7 为安徽省企业缴费实施"双降"政策后，遵缴率、就业率和制度覆盖率的提升对城镇职工基本养老保险长期缺口规模的影响效应。进一步通过因素分析发现，"双降"政策实施后遵缴率的提升可弥补安徽省养老金缺口净增加额的 19.11%；"双降"政策实施后就业率的提升可弥补安徽省养老金缺口净增加额的 18.59%；"双降"政策实施后制度覆盖率的提升可弥补安徽省养老金缺口净增加额的 5.23%。遵缴率和就业率的提升对养老金缺口的缓解效果要高于制度覆盖率的提升。

但是经济增长率的上升，对安徽省养老保险基金财务收支平衡同样具有双向影响，养老保险基金收入和基金支出均会随着工资增长率的增长而增加。考虑到这两个方面，经济增长率变量的上升反而会对安徽省养老保险财务收支失衡有进一步的加剧作用，各年平均而言，使安徽省养老金缺口增加了 18.13%。

[①] R^2 为拟合系数，取值范围为 0～1。一般而言，R^2 越高，表明模型拟合效果越好。

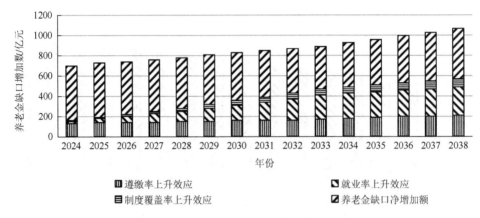

图 3-7 安徽省"双降"后养老金缺口增加及影响因素分析

3）对四川职工养老保险财务可持续性中长期影响分析

2018 年四川省城镇职工基本养老保险就业率和制度覆盖率均约为 75%，本节假设"双降"政策实施后短期内就业率和制度覆盖率保持不变，从 2024 年起就业率以年增长 1.5 个百分点的速度增加至 90% 后保持不变，制度覆盖率从 2024 年起以年增长 0.23 个百分点的速度增加至 77.3% 后保持不变。根据 2010～2017 年四川省经济增长率与全国经济增长率的数据，得到两变量之间的回归方程为：四川地区生产总值增长率 $= 2.0994 \times$ 全国 GDP 增长率 -0.0602（$R^2 = 0.8973$）。

图 3-8 为四川省企业缴费实施"双降"政策后，遵缴率、就业率和制度覆盖率的提升对城镇职工基本养老保险长期缺口规模的影响效应。由图 3-8 可知，2030 年遵缴率、就业率和制度覆盖率的综合上升效应可完全弥补养老金缺口的净增加额，2031 年起遵缴率和就业率的综合上升效应即可完全弥补养老金缺口的净

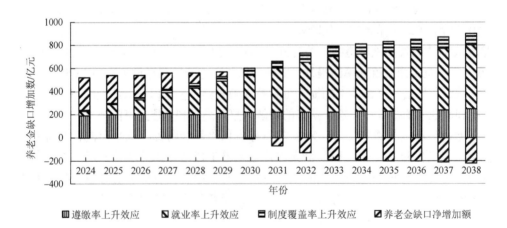

图 3-8 四川省"双降"后养老金缺口增加及影响因素分析

增加额。对各相关参数带来的上升效应进行进一步分析，可知"双降"政策实施后遵缴率的提升可弥补养老金缺口净增加额的 36.82%；"双降"政策实施后就业率的提升可弥补养老金缺口净增加额的 56.15%；"双降"政策实施后制度覆盖率的提升可弥补养老金缺口净增加额的 9.88%。对于四川省来说，就业率的提升对养老金缺口的缓解效果最好，其次是遵缴率的提升，最后是制度覆盖率的提升。

4）对黑龙江职工养老保险财务可持续性中长期影响分析

2018 年黑龙江省城镇职工基本养老保险就业率和制度覆盖率均约为 75%，本节假设"双降"政策实施后短期内就业率和制度覆盖率保持不变，就业率从 2024 年起以年增长 1.5 个百分点的速度增加至 90%后保持不变，制度覆盖率从 2024 年起以年增长 0.23 个百分点的速度增加至 77.3%后保持不变。根据 2010~2017 年黑龙江省经济增长率与全国经济增长率数据，得到两变量之间的回归方程为：黑龙江地区生产总值增长率 = 2.0444×全国 GDP 增长率–0.0798（R^2 = 0.8887）。

图 3-9 为黑龙江省企业缴费实施"双降"政策后，遵缴率、就业率和制度覆盖率的提升对企业职工基本养老保险长期缺口规模的影响效应。由图 3-9 可知，2032 年起遵缴率、就业率和制度覆盖率的综合上升效应可完全弥补养老金缺口的净增加额，进一步说明相关参数的上升效应存在完全弥补养老金缺口的可能性。进一步分析可知，"双降"政策实施后遵缴率的提升可弥补养老金缺口净增加额的 29.97%；"双降"政策实施后就业率的提升可弥补养老金缺口净增加额的 46.15%；"双降"政策实施后制度覆盖率的提升可弥补养老金缺口净增加额的 8.67%。对于黑龙江省来说，就业率提升对养老金缺口的缓解效果最好，遵缴率次之，制度覆盖率的效果较小。

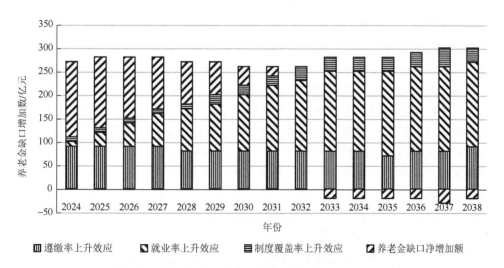

图 3-9　黑龙江省"双降"后养老金缺口增加及影响因素分析

3.2.4　结论与建议

在经济新常态和养老保险财务可持续性受到人口老龄化冲击的中国宏观背景下，本节以全国、安徽、四川和养老保险运行安全的薄弱地区黑龙江为研究对象，前瞻性地研究了与常规提高缴费率做法相反的"双降"政策对养老保险财务可持续性的影响。在分析"双降"政策对养老保险遵缴率、制度覆盖率、就业率和经济增长率等变量影响程度的基础上，通过队列要素法构建精算模型以及利用因素分析法分析了"双降"政策及其引发的相关变量变化对企业职工养老保险财务可持续性的短期和长期影响。分析结果显示，"双降"措施的实施会对养老保险遵缴率、就业率和覆盖率产生提升效应，并进一步在一定程度上改善养老金的收支失衡；但"双降"政策下，短期内因为缴费率和缴费基数下调引起的养老金缺口的净增加额要大于因为养老保险遵缴率增加而引发的养老金缺口改善量，在短期内会对养老金收支平衡产生不利冲击。但长期而言，"双降"政策的综合效应存在着不确定性，综合效应取决于因为缴费率和缴费基数下调引起的养老金缺口增加量以及因为遵缴率、就业率和覆盖率的上升而引致的养老金缺口减少量的比较结果。

对于全国而言，"双降"政策的实施可能会加大全国养老保险财务收支的不平衡程度。短期内遵缴率的上升效应可略微弥补全国养老金缺口，但不可完全弥补"双降"政策引致的养老金缺口净增加额。"双降"政策的养老保险收支平衡改善效应还需要在较长时间内且有条件地显现。

对于安徽来说，短期内"双降"政策的实施加大了养老金缺口的规模，其遵缴率的上升效应可对缺口起到一些弥补作用，但不可完全弥补因为缴费率和缴费基数下调引起的养老金缺口的净增加额。长期内，安徽省遵缴率、就业率和制度覆盖率的上升效应可弥补养老金缺口净增加额的19.11%、18.59%和5.23%，相关参数带来的上升效应不可完全弥补养老金缺口净增加额。

对于四川省和黑龙江省而言，短期内"双降"政策实施，同样会加大养老金缺口的规模。长期平均而言，四川省遵缴率、就业率和制度覆盖率的上升效应可弥补养老金缺口净增加额的36.82%、56.15%和9.88%；黑龙江省遵缴率、就业率和制度覆盖率的上升效应可弥补养老金缺口净增加额的29.97%、46.15%和8.67%，四川省和黑龙江省相关参数带来的上升效应可完全弥补养老金缺口净增加额。上述结果表明，对于特定地区，若政策的实施能大幅度地提高就业人数和参保人数并增加养老保险制度的覆盖面，则遵缴率、就业率和覆盖率的上升效应存在完全弥补养老金缺口净增加额的可能。此外，全国和典型地区经济增长率的上升均对基金财务收支平衡具有双向影响，整体上还是略微扩大了养老金缺口。

3.3　退休政策调整与养老保险运行安全

3.3.1　分析思路与方法

3.1 节和 3.2 节的分析表明，"全面二孩"政策和企业缴费"双降"实施虽然在一定程度上有利于改善城镇职工基本养老保险基金短期或长期的收支平衡，但都难以从根本上有效解决城镇职工基本养老保险基金缺口的问题。当养老金出现缺口危机时，通过调整养老保险制度参数增加养老金收入或者减少养老金支出是化解养老金缺口危机的一种长效机制。在调整养老保险制度参数的诸多措施中，逐步提高职工的退休年龄是目前业内专家和学者最为认同的做法，也是国际上的通行做法。例如，芬兰 2005 年进行养老金制度改革，将领取养老金的年龄由 60 岁提升到 63～68 岁，同时采取经济激励的方式鼓励老年人延长工作时间。2007 年德国联邦议院采取立法的形式，决定从 2012 年起将退休年龄每年推迟 1 个月，从 2024 年起每年推迟 2 个月，到 2029 年推迟到 67 岁退休。2011 年 4 月，英国政府宣布将开始逐步取消强制退休的年龄政策规定。新加坡总理发表 2019 年国庆群众大会演讲时，宣布政府将在未来 10 年内，将国民退休年龄延长 3 年，从 2022 年 7 月 1 日起，退休年龄从 62 岁延长至 63 岁；到 2030 年，退休年龄逐步延长至 65 岁。

2021 年公布的《中华人民共和国国民经济和社会发展第十四个五年规划和 2035 年远景目标纲要》明确提出，按照"小步调整、弹性实施、分类推进、统筹兼顾"的原则，逐步延迟法定退休年龄。延迟退休一方面可以增加参保人养老金的缴费数，另一方面可以减少养老金的支出。因此，本节主要在 3.1 节和 3.2 节的基础上，考察在保持其他参数不变的条件下，延迟职工退休年龄对我国城镇职工基本养老保险可持续性的影响。

为了应对人口老龄化的冲击，人力资源和社会保障部提出在我国实施"渐进式延迟退休"政策。中国劳动和社会保障科学研究院院长曾在 2016 年中国养老金融 50 人论坛首届峰会上表示，延迟退休方案将在 2017 年正式出台，预计 2022 年正式实施①。但由于此项政策非常复杂，实施涉及人口结构、劳动力供给，以及社会保障基金安全等多种因素，截止到 2022 年底，只有江苏和山东两省进行了"自愿申请延迟退休"的试点实施，全国性范围的政策还未正式出台。本节考虑最乐观的情形，假设我国在 2022 年正式实施渐进式延迟退休

---

① 人社部:延迟退休方案明年出台 会有 5 年过渡期.[2016-02-29]. https://country.cnr.cn/gundong/20160229/t20160229_521494743.shtml.

方案。具体方案内容如下：①取消女干部和女工人的身份区别，将职工养老保险的女性退休年龄统一规定为 55 岁；②男性每 5 年推迟一岁退休，女性每 3 年推迟一岁退休，直至两者达到极限退休年龄 65 岁。在上述假设的基础上预测出未来全国及部分典型地区城镇职工基本养老保险的基金缺口规模。本节仍然沿用 3.1.2 节所用到的人口预测模型和养老保险精算模型，具体模型在前面已经进行了详述。

3.3.2 退休政策调整对养老保险安全影响的实证分析

1. "全面二孩"政策背景下退休政策调整对养老保险安全影响

本节在 3.1.3 节研究的基础上，分析"全面二孩"政策背景下退休政策调整对养老保险安全的影响。在其他条件不变的情况下，退休年龄的变化不仅会减少每年的退休人口，同时也会相应地增加每年的参保职工人口。研究结果发现，延迟退休对养老金缺口有很好的改善效果，未实施"全面二孩"政策条件下，首次出现缺口时间推迟到 2049 年。为了清晰地考察"全面二孩"政策的影响，将计算年份延长到了 2060 年，如表 3-11 所示，基本结论依然没有改变，"全面二孩"政策实施后弥补养老金缺口的程度随着时间的推移依然在减弱。

表 3-11　延迟退休对养老保险安全影响的分析结果

每三年或四年延迟一岁	未实施	悲观情景	折中情景	乐观情景
首次出现缺口年份	2049	2051	2054	—
2050 年弥补缺口程度/%	—	103	263	492
2060 年弥补缺口程度/%	—	30	106	222

注：2042 年以后两种方案均完成渐进式退休政策的过渡，即男性为 65 岁，女性为 60 岁退休，因此，2042 年以后两种方案养老金每年的收支状况相同；弥补缺口程度超过 100%表示弥补缺口后还有剩余。

2. "双降"政策背景下退休政策调整对养老保险安全影响

本节在 3.2 节研究的基础上，分析"双降"政策背景下退休政策调整对全国以及部分典型地区（安徽、四川、黑龙江）的养老保险安全的影响。

1）对全国养老金缺口影响分析

图 3-10 的结果表明，延迟退休年龄将对全国养老保险的基金缺口有立竿见影的显著改善，将原本应在 2025 年出现的养老金缺口延迟两年至 2027 年出现，且养老金缺口大幅度下降。但长期来看，延迟退休年龄虽然对养老金缺口有明显的

改善，但缺口规模仍呈不断增加的趋势，因此需要进一步探寻其他办法来达到完全弥补全国养老保险基金缺口的目的。

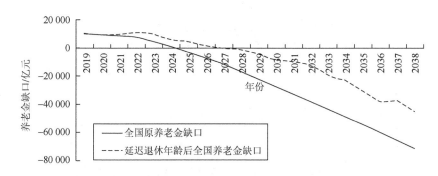

图 3-10　延迟退休年龄政策对全国养老金缺口的影响分析

图中以正值表示养老金结余，负值表示养老金缺口，如数值为-10 表示缺口为 10 亿元

2）对安徽养老金缺口影响分析

图 3-11 为安徽省延迟退休年龄后养老保险基金缺口的变化情况。由图 3-11 可知，延迟退休年龄能弥补部分安徽省将出现的养老金缺口。整体上该政策的实施可使安徽省养老保险基金缺口年均减少 35.65%。但是在综合优化养老保险缴费制度参数后，安徽省仍不能完全缓解将出现的财务收支失衡。

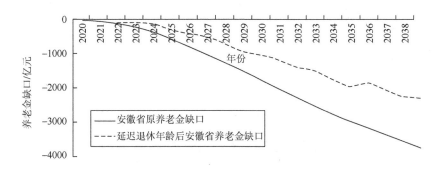

图 3-11　延迟退休年龄政策对安徽省养老金缺口的影响分析

图中以正值表示养老金结余，负值表示养老金缺口，如数值为-10 表示缺口为 10 亿元

3）对四川养老金缺口影响分析

图 3-12 为四川省延迟退休年龄后养老保险基金缺口的变化情况。由图 3-12 可知，延迟退休年龄能部分缓解四川省出现的财务收支失衡。延迟退休年龄政策的实施可使四川省 2023 年出现的财务收支失衡推迟一年至 2024 年出现，但不能

改变整体的下降趋势。整体上，在综合优化养老保险缴费制度参数后四川省仍将出现财务收支失衡。

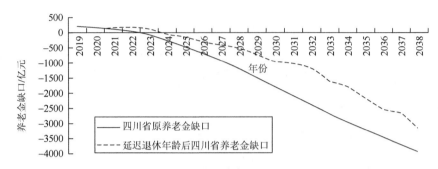

图 3-12　延迟退休年龄政策对四川省养老金缺口的影响分析

图中以正值表示养老金结余，负值表示养老金缺口，如数值为–10 表示缺口为 10 亿元

　　4）对黑龙江养老金缺口影响分析

图 3-13 为黑龙江省延迟退休年龄后养老保险基金缺口的变化情况。由图 3-13 可知，延迟退休年龄能部分弥补黑龙江省将出现的养老金缺口。延迟退休年龄后基金缺口出现大幅度改善，整体上该政策的实施可使黑龙江省养老保险基金缺口年均减少 26.82%，但是仍不能完全弥补黑龙江省将出现的养老金缺口。

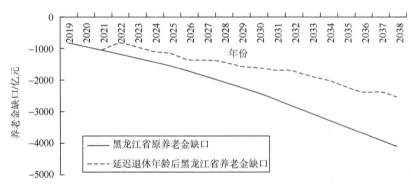

图 3-13　延迟退休年龄政策对黑龙江省养老金缺口的影响分析

图中以正值表示养老金结余，负值表示养老金缺口，如数值为–10 表示缺口为 10 亿元

3.3.3　结论与建议

退休年龄是养老保险制度的关键参数之一，通过延迟退休年龄可以同时从增加养老保险收入和减少养老金支出两个方面提升养老保险制度的可持续性。本节

在 3.1 节和 3.2 节生育政策调整和养老保险制度降费对养老保险缺口影响分析的基础上，叠加考虑延迟退休年龄对养老保险可持续性的影响。实证发现，延迟职工退休年龄对养老金缺口的弥补作用明显且在短期内就能看到效果。我国现行的退休年龄远低于发达国家，随着人口预期寿命的逐步提高，延迟退休年龄具有很大的政策操作空间，国家应在通过调整生育政策缓解养老金缺口问题的同时，落实推进渐进式延迟退休政策，小步伐地逐渐延迟我国男女在岗职工的退休年龄。

3.4　本 章 小 结

人口老龄化日益加重、劳动力人口下降，加上中美贸易摩擦等造成短期内经济下行，在多重压力下，养老保险基金"收少支多"的困境该如何破局？本章首先探究了生育政策调整对养老保险运行安全的影响；其次，分析养老金缴费"双降"政策在短期和长期对养老保险运行安全的影响；最后在上述两个政策背景的基础上，叠加延迟退休年龄，综合分析对养老金缺口的影响效应。

具体而言，"全面二孩"政策实施有利于城镇职工基本养老保险基金的收支平衡。"全面二孩"政策会在 2037～2040 年对养老保险可持续性产生积极的效果，但仍改变不了养老金缺口不断扩大的趋势。"双降"措施虽然能通过遵缴率、就业率和制度覆盖率的提升改善养老金的收支平衡，但对全国整体而言，其积极影响要远小于其对养老金减收的负向影响，综合两方面的效应，"双降"会进一步加剧尤其是短期养老金财务的不可持续性。但对于特定地区，与全国整体一样，短期内"双降"引起的积极效应要远小于其对养老金产生的减收负向影响；但长期而言，若政策的实施能大幅度地提高就业人数和参保人数并增加养老保险制度的覆盖面，则遵缴率、就业率和制度覆盖率的上升效应也存在完全弥补养老金缺口净增加额的可能性。总而言之，"全面二孩"政策和"双降"措施均无法彻底解决养老保险运行不可持续的问题，但综合运用延迟退休年龄措施，不仅有效推迟了养老金缺口出现的年份，而且对养老金缺口的弥补作用十分显著。本章基于以上结论，得到了一些有意义的启示。国家在降费的同时，需要大力推进养老保险制度的扩面工作；同时，应尽快在各省落实实施"全面二孩"甚至"全面三孩"政策，鼓励符合条件的育龄人口进行生育，确保将出生率稳定在能够维持人口与经济协调发展的水平。此外，需要重点研究、推进落实渐进式延迟退休年龄政策，通过多种措施化解养老金的缺口风险。

第4章 基于大数据驱动的养老保险安全测度内容与评价指标体系

随着人口老龄化进程的发展，养老金缺口的增大和资金积累的地区失衡已经对我国社保制度的可持续性形成了威胁。人力资源和社会保障部在 2017 年 11 月发布的《中国社会保险发展年度报告 2016》数据显示，黑龙江、辽宁、河北、吉林、内蒙古、湖北和青海均出现了当期养老金收不抵支的情况。新常态背景下养老保险收不抵支的风险会不会演化为整体性系统风险？针对人口老龄化冲击，世界银行鼓励世界各国对养老保险运行的安全性进行周期性评估，建议评估最好是每年一次，至少三年进行一次。然而我国对养老保险运行的安全性认识还不充分，尚未建立对养老保险运行安全进行评估的系统指标体系，目前亟须构建一套能够对养老保险运行安全进行科学测度和评价的系统指标体系，对养老保险运行安全状况做出科学判断和相应的前瞻性规划，这将直接关乎养老保障制度的稳定，已上升为保障民生、维持社会稳定的紧迫课题。

养老保险与国家安全息息相关，也间接涉及经济安全。一方面，养老保险作为一项社会保障制度，旨在为退休人员提供经济保障和生活支持，养老保险制度的可持续性直接关系到老年群体的安定和尊严，进一步影响到社会的稳定。随着人口老龄化的加剧，越来越多的人达到退休年龄开始领取养老金，而缴费人口数量相对减少，这将导致养老金收入和支出之间的资金缺口风险。另一方面，养老保险基金资产管理也是影响养老保险安全的重要环节，养老金投资会间接影响到国家经济安全。成熟市场的经验表明，养老金投资与经济发展两者呈现良性互动关系，养老金投资已成为发达国家稳定资本市场的"压舱石"（唐运舒和马红鹃，2012）；相反，不恰当的养老金资产配置、养老金投资决策都会导致养老金资产的"缩水"，加剧养老金缺口风险和资本市场的波动，有必要对养老金投资的全过程进行风险的监测和管理。

因此构建系统科学地测度养老保险制度安全的方法体系，定期对我国养老保险制度的安全状况进行评估，提前识别出潜在的风险，并及时采取有效措施化解风险，对提高养老保险体系抗风险能力，促进养老保险事业可持续发展、资本市场的稳定乃至经济和社会的安全稳定具有重要的现实意义。

4.1　基于主题模型方法的养老保险安全测度框架分析

评价指标体系构建不当可能会给政策制定传递误导性的信息，诸多学者和社会组织建议评价指标的选择应该以理论框架为指导（Saisana and Tarantola，2002；OECD-European Commission，2008）。然而我国目前尚没有建立系统、完整的养老保险安全测度和评价的理论体系框架。通过 1.2.2 节中对养老保险安全测度与评价研究的文献分析可知，目前衡量养老保险制度安全状况和评价方法的文献主要集中在养老保险的隐性债务规模测算和养老保险基金缺口即财务可持续性方面，成果已经十分丰富，相关成果可为本章的养老保险制度安全测度方法体系框架的建立提供良好的参考。但当前国内学术界对养老保险运行的风险性认识还不够全面，无论是基于养老金供求缺口的研究，还是针对养老保险基金运行预警指标体系的构建，养老保险安全相关测度指标体系还主要囿于养老保险制度本身的收支平衡范畴，没有系统地考虑外部环境的支持程度和制度本身的自适应性及调节能力，缺少能够揭示养老保险运行真实安全状况的系统指标体系和综合评价方法。此外，缺少基于互联网、云计算和大数据等新兴信息环境的养老保险综合评价理论与方法的相关研究。

潜在狄利克雷分配（latent Dirichlet allocation，LDA）主题模型作为一种从大量文本中提取隐藏主题的方法，能够以相关的养老保险文献为文本数据挖掘出养老保险制度安全相关主题，此外，国内外有关养老保险的研究文献已经相对成熟并且十分丰富，为我们探究养老保险制度安全领域的主题提供了大量的文本资料。因此本章拟借助 LDA 主题建模方法从已有的相关文献中提取相关主题，进而在此基础上构建用于评价养老保险制度安全的理论框架。

4.1.1　数据和方法

1. 数据采集

本章主要针对国内养老保险的研究主题进行分析，因此在进行数据采集时主要考虑国内的学术数据库，选择以中文权威数据库——中国知网作为数据源，本书的研究领域主要为养老保险，养老保险一般也称为养老金，因此在检索文献时将主题设为养老保险或养老金，为了保证检索出来的文献的质量，本节限定文献为中文社会科学引文索引（Chinese Social Sciences Citation Index，CSSCI）的期刊，检索时间截至 2021 年 12 月 31 日。LDA 分析所需的数据（文献记录）应具有摘要，因此我们手动删除了没有摘要的文献，最后一共得到 9019 条文献数据，文献数量随年份的变化情况如图 4-1 所示。可以直观地看出，2002～2010 年文献数量逐步增长，且在 2008～2010 年间出现波动，2011 年的文献数量有明显下降，2012 年文献数量有所回升但之后文献数量整体上呈减少趋势。

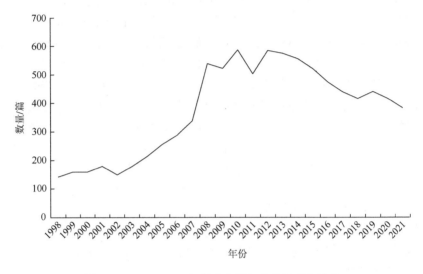

图 4-1　1998～2021 年样本文献年度总量变化趋势

2. LDA 主题建模

主题建模是从大型数据集中提取潜在变量的一种统计工具，被广泛应用于文本的分析。主题建模最初发展于 20 世纪 80 年代，是从"生成性概率建模"的领域细分出来的方向。1989 年由 Deerwester 等开发出的潜在语义分析（latent semantic analysis，LSA）模型被视为最早的概率主题模型，当在大型语料库上执行时，LSA 可以实现显著的数据压缩，但存在"一词多义"的问题。2001 年由 Hofmann 提出的概率潜在语义分析（probabilistic latent semantic analysis，PLSA）模型可以在一定程度上避免一词多义的出现，但是这种方法缺乏确定文件混合比例的概率模型，这就有过度拟合的风险。Blei 等（2003）在 PLSA 模型中加入了狄利克雷（Dirichlet）先验分布，解决了过度拟合的问题，形成了 LDA 主题模型。在当前的研究中，LDA 被广泛应用。LDA 是一种流行的主题建模算法，也被称作三层贝叶斯概率模型，包含词、主题和文档三层结构，可以用来生成文档主题。LDA 模型认为一篇文章是有多个主题的，而每个主题又对应着不同的词。一篇文章的构造过程，首先是以一定的概率选择某个主题，然后再在这个主题下以一定的概率选出某一个词，这样就生成了这篇文章的第一个词。不断重复这个过程，就生成了整篇文章，这里假定词与词之间是没有顺序的。

对于语料库中的每篇文档，LDA 的生成过程如下：①对每一篇文档 d，从主题分布中抽取一个主题 t；②从上述被抽到的主题所对应的单词分布中抽取一个单词 w；③重复上述过程，直至生成文档中的每一个单词。

4.1.2　基于 LDA 建模的结果分析

在正式进行 LDA 建模之前，需要进行文本预处理和 LDA 参数设置。首先，下载文献的标题、摘要、发表年份等信息，将其编码为 UTF-8（8 bit unicode transformation format）的格式，随后采用 Jieba 中文分词组件进行分词，为了降低文本中的噪声信息，又进行了词性过滤和停用词过滤的处理，经过上述步骤，就生成了文档-词矩阵。下一步进行 LDA 模型参数设置，LDA 得到的全局主题分布与词分布主要是通过吉布斯（Gibbs）采样的算法得到的。作为无监督的机器学习，LDA 模型的运行需要事先确定 3 个超参数 α、β、K（最优主题数），α、β 一般取默认值，而对于最优主题数 K，一般根据困惑度（perplexity）确定。困惑度是一种常见的确定主题个数的方法，它可以理解为对于一篇文档 d，所训练出来的模型对文档 d 属于哪个主题的不确定性，这个不确定程度就是困惑度。困惑度越低，说明聚类的效果越好。图 4-2 展示了不同主题数的主题模型的困惑度，其中 Y 轴表示模型的困惑度，X 轴表示不同的主题数，可以看出，主题数为 15～20 时，困惑度都处于较低的水平，所以主题数在这个范围内取值，再通过比较不同主题数的建模结果，最终采用 15 个主题的模型。表 4-1 展示了主题建模的结果和每个主题对应的前 20 个关键词。

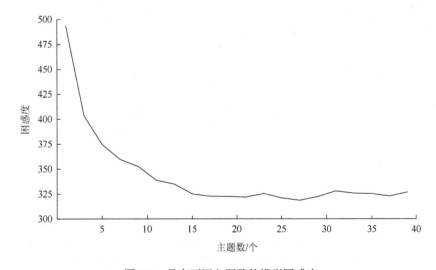

图 4-2　具有不同主题数的模型困惑度

表 4-1　15 个主题模型中每个主题的前 20 个关键词

主题	关键词（前 20 个）
1：延迟退休年龄	经济、劳动、就业、人口、增长、延迟退休、政策、退休年龄、劳动力、供给、退休、年龄、中国、劳动者、工作、人力资本、时间、劳动力市场、延长、质量
2：养老保险收入再分配效应	收入、贫困、差距、群体、效应、再分配、收入分配、差异、指标、平等、收入再分配、调节、支付、评价、转移、人群、中国、低收入、分配、扶贫
3：各国养老保险制度	改革、制度、养老金制度、福利、计划、公共、退休、借鉴、中国、经验、模式、美国、女性、德国、发达国家、经济、理论、英国、职业、启示
4：养老保险立法	政策、制度、法律、利益、政府、立法、机制、治理、权益、权利、价值、体系、保护、理论、理念、公平、目标、执行、组织、行政
5：养老保险收支	政府、基金、财政、地方、社保、管理、资金、机制、筹资、养老保险基金、债务、成本、支出、财政补贴、中央、征收、制度、体制、筹集、征缴
6：养老保险制度参数	企业、企业年金、职工、缴费、参保、税收、政策、缴费率、费率、社保、基本养老保险、单位、负担、优惠、降费、递延、缴费基数、国有企业、优惠政策、员工
7：社会保障制度改革	社会保障、制度、体系、中国、经济、改革、城乡、保障制度、社会主义、日本、目标、民生、结构、协调、特色、经济社会、事业、战略、社会福利、覆盖
8：养老保险消费、储蓄效应	家庭、消费、效应、支出、居民、农户、实证、储蓄、中国、因素、收入、经济、变量、流转、政策、教育、倾向、农地、回归、差异
9：事业单位养老保险	制度、养老保险制度、改革、基本养老保险、公平、城乡、模式、事业单位、待遇、统一、统筹、养老保险体系、社会养老保险、养老保险制度改革、效率、职业年金、机关、中国、城乡居民、覆盖
10：农村养老保险	农村、农民、新农保、制度、农村社会养老保险、土地、新型、政策、参保、农村养老保险、农村居民、政府、试点、农业、因素、意愿、经济、民族、模式、需求
11：养老保险基金投资	风险、投资、模式、市场、资本、金融、家庭养老、机构、管理、商业养老保险、产品、监管、传统、结构、基金投资、中国、运营、市场化、公司、供给
12：养老保险制度自平衡	基金、个人账户、养老保险基金、精算、调整、替代率、政策、缴费率、平衡、最优、养老金替代率、缺口、收支、社会统筹、参数、人口老龄化、预测、模拟、积累、现收现付制
13：失地农民社会保险	社会保险、保险、资产、生育、失地农民、医疗保险、征地、失业、补偿、配置、商业保险、资源、计划生育、商业、安置、项目、医疗、金融资产、保险业、工伤保险
14：老龄人口养老	老年人、老年、人口老龄化、家庭、老龄化、经济、老人、健康、子女、代际、中国、需求、老年人口、人口、农村、老龄、满意度、照料、高龄、福利
15：城乡养老保险制度一体化	农民工、城市、意愿、流动人口、公共服务、就业、因素、城镇化、转移、流动、市民化、人口、城乡、幸福感、群体、城镇、城市化、农民工养老保险、户籍、均等化

1. 主题可视化结果

LDA 可视化（latent Dirichlet allocation visualization，LDAvis）是基于万维网（World Wide Web，Web）的交互式可视化视图，可以提供主题的全局视图，同时可以深入检查与每个主题相关性最高的术语（Sievert and Shirley，2014）。

在完成主题建模后，本章基于机器学习 pyLDAvis.sklearn 工具包将主题结果可视化。图 4-3 是主题可视化的总体结果，左边的圆圈代表不同的主题，圆圈的半径越大，该主题越流行，右边的横条代表术语在整个语料库中出现的频率。可以看出，"制度""社会保障""政策""经济""改革""政府""基金"等术语出现的频率较高，是整个语料库中的关键术语。当左边的一个圆圈（主题）被选中时，该圆圈会变成带条纹图案，此时，右边的横条中条纹图案和无图案的部分共同组成该术语在整个语料库中的频率，有条纹图案的部分则为该主题中最关键的术语对应的频率，如图 4-4 所示（以主题 7 为例），该主题下对应的前 20 个关键词可参见表 4-1。

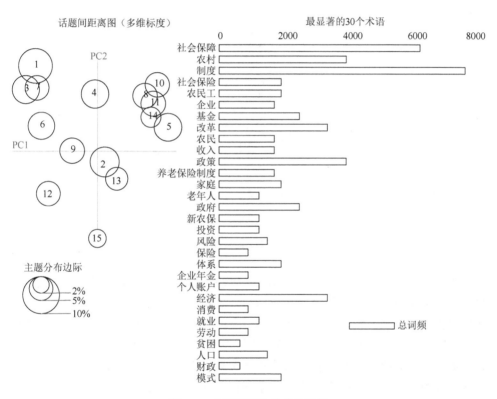

图 4-3　主题可视化的总体结果

2. 主题解读——养老保险安全测度框架的构建

从表 4-1 展示的主题结果和关键词可以看出来，这些主题都是养老保险研究领域中学者较为关注的话题。本章的主要目的是在文本分析的基础上，深入挖掘与养老保险可持续性相关的主题，来构建养老保险安全测度框架，因此下面将选取与养老保险安全测度相关的主题进行深入的解读和分析。

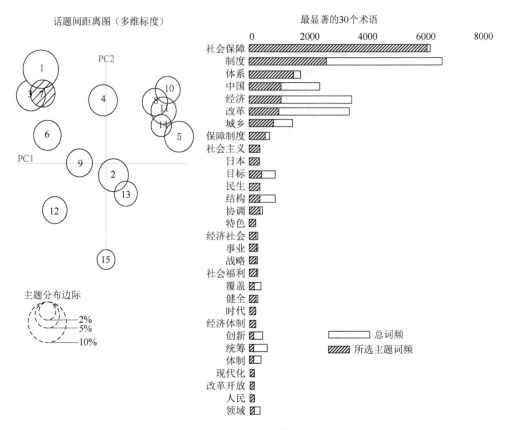

图 4-4　主题 7 的可视化结果

主题 12 的关键词主要包括"个人账户""社会统筹""政策""缴费率""收支""缺口""平衡"等，主要与个人账户与社会统筹账户相关。我国城镇职工基本养老保险实行的是社会统筹和个人账户相结合的制度，即由职工和企业共同缴费的一种机制。《社会保障绿皮书：中国社会保障发展报告（2019）》的数据显示，因为老龄化速度加快，多数省份个人账户基金被用于当期退休者社会统筹账户中基础养老金的支出，导致职工个人账户不同程度地空账运行，养老金权益债务实际上处于隐性负债状态。此外，报告还显示我国劳动年龄人口每年以三四百万人的速度下降，而每年达到退休年龄的新增人口近千万，我国养老金支付面临危机。人口老龄化程度严重的个别省份养老金累计结余耗尽风险加大，养老金缺口形势极其严峻。因此，是否存在养老金缺口以及养老金缺口的大小是衡量养老保险制度收支平衡最直接的指标。养老保险制度依靠自身的收入来满足其支出需求的能力称为制度的自平衡，是衡量养老保险制度安全最关键的方面，在此我们将这个主题作为衡量养老保险制度财务可持续性的内部关键要素，即制度的自平衡度。

养老保险制度的自平衡度又可以分为两种维度进行考量，一种维度是将统筹账户和个人账户分开，即考察在不挪用个人账户资金即维持养老保险部分积累制的条件下，当年养老保险统筹账户收入满足当年养老金支出的程度；另一种维度是在不区分统筹账户和个人账户的情况下，考察养老金当年整体收入满足当年的养老金支出情况，也相当于在完全现收现付制情况下，养老保险制度本身的收支平衡程度。

主题11的关键词"风险""投资""商业养老保险""市场""市场化""基金投资""资本""运营"表明该主题主要与养老保险基金投资相关，我们把这个主题归结为"养老保险基金投资"。养老保险基金结余以及获得的投资收益是除了养老金缴费收入和政府补贴外，基本养老保险基金收入的另一重要来源，若当期养老金的收入不能满足养老金支出，养老金结余通常会成为弥补养老金缺口的首要来源。对于社会保障制度运行安全而言，人口老龄化是其面临的最大挑战，但人口老龄化是一个逐步深入的过程，目前就全国总体而言，我国养老金尚存在着较大数额的结余，人力资源和社会保障部的统计数据显示，截至2021年12月底，我国养老保险基金尚累计结余6.4万亿元。因此养老保险基金的结余和获得的投资收益是弥补养老金初期缺口的重要外部支持，也是构成养老保险制度安全测度的一个重要维度。

主题5的关键词"政府""财政""中央""社保""财政补贴""债务""成本""支出"揭示了这部分的主题主要与收入、支出和财政补贴相关。养老保险制度收入由三个部分构成：个人缴费、企业单位缴费和国家财政补贴（徐婷婷，2018），除职工个人账户缴费、企业社会统筹账户缴费之外，政府需要为养老金缺口承担兜底责任。政府通过财政补贴弥补养老金缺口是养老金不能实现制度自平衡的必然选择（唐运舒和李凤菊，2017）。《社会保障绿皮书：中国社会保障发展报告（2019）》的数据显示，我国用于养老保险的财政补贴数额已经从1998年的24亿元上升到2017年的8004亿元，增长了332.5倍。20年来各级财政补贴城镇职工基本养老保险的总数额高达4.1万亿元，并且补贴额占国家财政总收入的比例仍在不断增加（张心洁等，2018）。可见，财政补贴对维系养老保险制度的运行安全举足轻重。关于财政补贴用于养老金支出的比例，郑功成（2013）提出政府财政补贴责任应当采用固定补贴的形式，且以年度养老金支出总额的15%左右为宜，最高不应超过20%。可用的财政补贴占养老金支出的比例，直接反映财政补贴对养老保险运行安全的保障程度。王增文和邓大松（2009）通过对比未来的财政支付能力和养老基金缺口，来衡量养老保障制度的安全程度。因此财政补贴和养老金结余共同构成了养老保险制度运行安全的外部支持，反映了对养老保险制度运行安全的支持程度。

主题6的关键词主要包括"缴费""缴费率""降费""缴费基数""优惠政策"

等，可以看出，这些关键词主要围绕着一些养老保险制度参数。主题1的核心关键词包括"退休""延迟退休""退休年龄""劳动力市场"等，显然该主题主要与延迟退休政策相关。上述主题均涉及养老金制度参数的调整，为了维持养老保险财务可持续性，可以使用的调整方案包括提高养老保险缴费率、降低养老金替代率和延迟退休年龄，但不管调整何种制度参数，其目的要么是增加养老金收入，要么是减少养老金支出，或者两者兼而有之。

提高养老保险缴费率的主要目的在于增加养老金收入。关于提高养老保险缴费率的设想，国内大多数学者对此持反对意见，封进（2013）、陈曦（2017）和肖严华等（2017）认为我国基本养老保险缴费率偏高，需要适当降低。康传坤和楚天舒（2014）利用世代交叠模型，结合人口老龄化的影响，测算得出养老保险最优统筹缴费率区间为10.22%～19.04%，由此得出缴费率应当适当降低的结论。关于养老保险缴费率，第2章中影响养老保险安全的因素分析部分，已进行过详细的分析，在我国现行的降费减税的宏观背景下，我国养老保险综合缴费率下降是大势所趋，通过提高养老保险缴费率的方案来增加养老金收入在我国似乎并不可行。

降低养老金替代率旨在降低养老金支出水平。养老金替代率代表了职工在退休后可以领取到的养老金与其在退休前的工资水平的比值，该比值越大，则职工在退休前后的生活水平得到的保障差异就越小。国际劳工组织认为不低于70%的养老金替代率是合理的，国际劳工组织颁布的《社会保障最低标准公约》规定，养老金替代率的最低标准为55%。按照国际经验，当替代率低于50%时，退休人员的生活水平相比于退休前会有较大的下降。靳文惠（2018）通过测算发现，降低基础养老金平均替代率的做法能够相对减少福利损失，加快经济发展。尽管降低养老金替代率会在很大程度上减少养老金的支出而降低养老保险的运行风险，但从现实情况来看，养老金替代率的下降会导致退休职工的晚年生活质量下降，不利于社会的和谐稳定。我国城镇职工基本养老保险制度设计中缴费35年的人员退休时养老金目标替代率为59.2%，尽管我国政府不断地提高养老金水平，但是受到物价上涨、货币贬值等宏观因素的影响，我国养老金替代率在过去的20年里总体上呈现下降的趋势。因此降低养老金替代率不能作为我国维持养老金可持续性的可行方案。

延迟退休年龄一方面可以增加职工的养老金缴费时长，另一方面可以缩短退休职工领取基础养老金的时限。面对人口老龄化和抚养比的增加，欧美国家普遍选择延迟退休年龄来缓解养老金支付压力（陈友华和张子彧，2020）。诸多研究也表明延迟职工的退休年龄能够显著缓解养老金的支付压力，张心洁等（2018）通过模拟发现，无论是否考虑性别，延迟退休政策均可以有效提高养老保险的可持续性。面对人口老龄化冲击，人力资源和社会保障部也提出实施"渐进式延迟退休"政策,具体方案内容如下:①取消女干部和女工人的身份区别,将职工养老保险的女性退休年龄统一规定为 55 岁;②男性每 5 年推迟一岁,女性每 3 年推迟一岁,直至两者达到极限退休年龄 65 岁。2021 年 3 月公布的《中华人民共和国国民经济和社会发展第十四个五年规划和 2035 年远景目标纲要》也明确提出,按照小步调整、弹性实施、分类推进、统筹兼顾等原则,逐步延迟法定退休年龄,促进人力资源充分利用。在此将上述两个主题确定为一个统一的维度,即制度调节,作为衡量养老保险安全的最后一个维度。综上所述,本章构建的养老保险安全测度框架如图 4-5 所示。

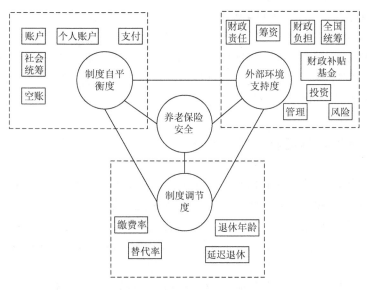

图 4-5　养老保险安全测度框架

4.2　大数据视角下的养老保险安全测度内容

养老保险安全问题与人民群众的利益息息相关,同时关乎着国家的长治久安,然而由于养老保险制度本身的复杂性,目前我国尚未形成系统的测度评价指标体系。在测度评价指标体系的构建上,理论框架是基础,指标的选择必须以理论框架为指导,同时满足相关性、分析的可靠性、及时性以及数据的可得性等要求(Saisana and Tarantola,2002),因此指标体系的选择过程是理论考虑和数据可用性相互作用的结果。本节将根据 4.1 节基于主题建模方法构建的养老保险安全测度框架,建立相应的指标体系,用于评估养老保险的安全状况。

养老保险制度作为一种再分配制度,财务上的可持续性是其存在的前提条件,

也是构成其安全性的核心内容。我国城镇职工基本养老保险制度实行的是由职工
和企业共同缴费，政府充当担保人并承担兜底责任的多方责任分担机制。因此，
城镇职工基本养老保险制度的财务可持续性考量的核心是在企业、个人、政府的
承受能力范围内，养老保险基金收支的平衡能力及其应对人口老龄化冲击的养老
保险制度参数的长效调节能力。企业和职工的当期缴费满足当期养老金支出程度
体现的是养老保险制度收支自平衡程度；当养老保险不能维持当年收支自平衡时，
政府需要承担担保和兜底职责，在维持养老保险制度参数不变的条件下，必须动
用外部资源对养老金缺口进行弥补，可用于弥补养老金缺口的外部资源数量相对
于养老金支出的比例体现的是外部环境可支持程度。此外，当面临人口老龄化冲
击时，也可建立化解养老保险基金缺口风险的长效机制，即通过调整养老保险制
度参数来应对养老金缺口风险。面临人口老龄化冲击时的养老保险制度参数可以
伸缩的程度反映的是养老保险制度的可调节程度。下面将从上述分析的三个维度
即养老保险制度收支自平衡度、外部环境可支持度和养老保险制度可调节度三个
方面构建养老保险制度安全测度指标体系。

4.2.1　养老保险制度收支自平衡度

我国城镇职工基本养老保险实行的是社会统筹和个人账户相结合的制度。《国
务院关于完善企业职工基本养老保险制度的决定》规定，企业和职工依法缴纳基
本养老保险费，缴费年限（含视同缴费年限）累计满 15 年的个人，退休后按月发
给基本养老金，基本养老金由基础养老金和个人账户养老金两部分组成。依据《国
务院关于完善企业职工基本养老保险制度的决定》，可以从两种维度考察养老保险
制度收支自平衡度，一种是将统筹账户和个人账户分开，即在不挪用个人账户资金
即维持养老保险部分积累制的条件下，当年养老保险统筹账户收入满足当年养老金
支出的程度，在此称其为部分积累制平衡度，具体公式如下：

$$部分积累制平衡度 = 统筹账户收入/养老金支出 \qquad (4\text{-}1)$$

实际上，正如 4.1 节中分析的那样，我国大多数的统筹单位并未对养老保险
统筹账户和个人账户进行严格的隔离，统筹账户基金一旦不能满足当年养老金支
付，挪用个人账户资金用于当年的养老金支出是非常普遍的做法。因此考察养老
保险制度收支自平衡度的另一个维度是在不区分统筹账户和个人账户的情况下，
养老金当年整体收入满足当年的养老金支出情况，也相当于在实行完全现收现付
制情况下的养老保险制度本身维持其收支平衡的程度，称为现收现付制平衡度。
具体计算公式如下：

$$现收现付制平衡度 = 养老金收入(统筹账户 + 个人账户)/养老金支出 \qquad (4\text{-}2)$$

4.2.2　外部环境可支持度

我国养老保险收入来源主要包括制度内社会统筹和个人账户缴费、累计结余资金以及制度外财政补贴。在维持养老保险制度参数不变的条件下，当养老保险不能维持自收支平衡，即存在着养老金收支缺口时，动用外部资源进行弥补是必然选择。随着人口老龄化程度的不断深入，累计结余资金规模逐渐降低直至消耗殆尽将不可避免。因此，地方政府的财政补贴将承担养老保险基金缺口的兜底责任，这也是因为历史债务问题，我国在目前以及未来长期内的必然选择（米海杰和王晓军，2014）。此外，从理论上说作为养老金战略储备的全国的社会保障基金，当地方出现养老金收不抵支时也可以用来弥补养老金缺口，但全国社会保障基金主要是为应对人口老龄化高峰时期养老金缺口的支付需要，目前处在只收不支的状态，在此不作为地方政府外部环境支持度的来源考虑。

因此，在外部环境可支持度维度，考察包括养老金累计结余（包括投资收益）和地方财政补贴两个因素，分别用年初养老金累计结余和地方可动用的财政支出占同一统筹单位当年养老金支出规模的比例来考察外部环境可支持程度。一般情况下，可以动用的养老金结余资金的数量是确定的，其数量大小取决于往年养老金的结余额和相应的投资收益收入。但可以动用的地方财政资源具有一定的弹性。实际上，地方财政需要满足当地文教科卫等方方面面的支出，用于养老保险的支付是有限的，理论上存在一个最优的支出规模。根据以政府支出为中心的内生增长理论，以财政支出边际成本等于财政支出边际收益为约束条件，通过计量经济模型可以测算出财政用于养老保险支出的最优规模。

设产出函数为 $Y = AK^{\alpha} L^{\beta} G_1^{\gamma_1} G_2^{\gamma_2}$，令 A 代表技术进步，K 代表资本存量，L 代表劳动力，G 为财政总支出，G_1 代表养老保险财政支出，G_2 代表其他财政支出，α、β、γ_1、γ_2 分别代表资本、劳动力、养老保险财政支出以及其他财政支出的产出份额（或产出弹性系数），通过对数变换得出财政支出的最优规模求解框架模型如下：

$$\ln Y = c + \alpha \ln K + \beta \ln L + \gamma_1 \ln G_1 + \gamma_2 \ln G_2$$
$$\text{s.t.} \begin{cases} \gamma_1 = \text{MPG} = 1 \\ G_1 + G_2 = G \end{cases} \tag{4-3}$$

式中，c 为常数项；MPG 为财政支出边际收益，运用养老保险统筹单位的生产总值、财政总支出、社会保障支出等相关数据，通过计量经济模型可求出用于养老金支出的最优财政支出规模。

养老金累计支持度考察的是养老金累计结余可用于当年养老金支出的程度；

财政可支持度即在有限的财政资源内，考虑资源配置效率的情况下，考察地方财政可用于养老金支出的最优规模相对于当年养老金支出的比例。具体计算公式分别如下：

$$养老金累计支持度 = 养老金历年累计结余/养老金当年支出 \qquad (4\text{-}4)$$
$$财政可支持度 = 用于养老金支出的最优财政支出规模/当年养老金支出 \qquad (4\text{-}5)$$

4.2.3　养老保险制度可调节度

在面对人口老龄化冲击，养老金出现缺口危机时，一种长效机制是通过调整养老保险制度参数增加养老金收入和减少养老金支出来化解养老金缺口危机，例如，降低养老金替代率和延迟退休年龄等。不管调整何种制度参数，其目的要么是增加养老金收入，要么是减少养老金的支出，或者两者兼而有之。通过调整制度参数维持养老保险基金的收支平衡，受参保人获得的实际收益率参数的硬性约束。当参保人通过参保获得的实际收益率过低时，养老保险就会失去应有的保障功能，参保人就会有足够的动机中断社保，动摇养老保险制度存在的根基。因此，要想保持养老保险制度的良性运转，维持一定水平的参保收益率是制度参数调节的硬性约束条件。

在调整养老保险制度参数的诸多措施中，逐步延迟职工的退休年龄是目前业内专家和学者最为认同，也是国际上的通行做法。《中华人民共和国国民经济和社会发展第十四个五年规划和 2035 年远景目标纲要》明确提出将实施渐进式延迟退休年龄政策。2022 年初江苏、山东两省已经开始试点实施"渐进式延迟退休"政策。通过延迟退休年龄，一方面可以增加参保人养老金的缴费数，另一方面可以减少养老金的支出。假定维持养老保险制度其他参数不变，根据参保收益率的极限值可以测算得出不同性别的职工可以最多延迟的退休年龄，进一步可以测算得出养老保险收支可调节的程度①，这一指标也可以直观地反映出延迟退休政策对养老保险收支状况的影响程度。考察在保持其他参数不变的条件下，通过延迟职工退休年龄能够增加的养老金收入数和养老金支出减少数相对于未延迟退休年龄时需要支付的养老金支出比例分别称为收入调节度和支出调节度。具体计算公式如下：

$$收入(支出)调节度 = 养老金收入增加数(支出减少数)/实际需要的养老金支出$$

$$(4\text{-}6)$$

---

① 在参数计算上，参保人参加养老保险获得的实际收益率可按照一个制度"标准人"的缴费、退休收入以及所在统筹地区的工资水平算出；维持养老保险制度平稳运行的极限收益率值可按人力资源和社会保障部规定的养老保险个人账户的记账利率计算。

表 4-2 为本章构建的养老保险制度安全测度方法体系的各分项测度指标、内涵及其计算公式。

表 4-2　养老保险制度安全测度指标体系

测度指标	分项测度指标	内涵	计算公式
养老保险制度收支自平衡度	部分积累制平衡度	维持部分积累制，统筹账户收入满足养老金支出的程度	统筹账户收入/养老金支出
	现收现付制平衡度	完全现收现付制条件下，当年养老金收入满足当年养老金支出的程度	养老金收入（统筹账户＋个人账户）/养老金支出
外部环境可支持度	养老金累计支持度	养老金历年累计结余可用于当年养老金支出的程度	养老金历年累计结余/养老金当年支出
	财政可支持度	财政收入可用于养老金支出的程度	用于养老金支出的最优财政支出规模/当年养老金支出
养老保险制度可调节度	收入调节度	通过延迟退休年龄使养老金收入的增加数相对于养老金支出的比例	养老金收入增加数/实际需要的养老金支出
	支出调节度	延迟退休年龄后需要支付的养老金减少数相对于未延迟退休年龄需要的养老金支出的比例	养老金支出减少数/实际需要的养老金支出

4.3　基于大数据驱动的养老保险风险综合评级模型构建

4.3.1　养老保险制度运行安全状况的评判准则

根据养老保险安全测度内容以及相关指标的含义，从当年养老保险收入满足支出的程度出发，本节从五个层次对养老保险安全状况的评判标准进行以下分析。

当某地区在无须动用个人账户资金，养老金统筹账户收入即可满足当年养老金支出时，即部分积累制平衡度指标大于或等于 1，则表明该地区养老保险体系处于绝对安全等级。在该地区不动用外部资源和不调整制度参数情况下，当年统筹账户和个人账户的整体养老金收入就能够满足当年的养老金支出，即现收现付制平衡度指标大于或等于 1，表明养老保险制度本身可以维持收支平衡，养老保险运行处于安全等级。

若该地区在维持制度参数不变的条件下，通过当年养老金收入和可动用的外部资源可以满足当年的养老金支出，即现收现付制平衡度与外部环境可支持度之和指标大于或等于 1，则表明养老保险制度尚处于可持续状态，养老保险处于相对安全的等级；反之即现收现付制平衡度与外部环境可支持度之和指标小于 1，则意味着在没有额外支付资金的情况下，必须对养老保险制度的参数进行调整，否则养老保险将会收不抵支，安全状况处于危险等级。当该地区综合利用养老保险制度收入、外部可支持资源以及调节养老保险制度参数后，养老金整体收入仍然不能满足当年养老金支出（即养老保险收支综合平衡度指标小于 1），养老保险制度变得不可持续。

基于以上分析，本节建立了养老保险制度安全等级评判准则，如表 4-3 所示。

表 4-3 养老保险制度安全等级评判准则

评价指标	指标范围	安全等级
部分积累制平衡度	大于或等于 1	绝对安全
现收现付制平衡度	大于或等于 1	安全
现收现付制平衡度 + 外部环境可支持度	大于或等于 1	相对安全
	小于 1	危险
养老保险收支综合平衡度	小于 1	不可持续

4.3.2 安全评级模型构建

由 4.2 节介绍的养老保险安全测度内容可知，养老保险安全测度包括养老保险制度收支自平衡度、外部环境可支持度、养老保险制度可调节度等多属性体系结构内容，养老保险安全综合评级需要对以多属性体系结构描述的对象系统做出整体性的评价，而传统的评价方法是对不同属性赋权后再进行合成，具有较强主观性的不足；此外，在大数据背景下，还需要研究利用合适的方法将庞大的大数据资源和云计算强大的数据处理能力与传统的评价方法进行对接，客观合理地将养老保险制度收支自平衡度、外部环境可支持度和养老保险制度可调节度整体反映到养老保险运行安全综合评级模型中。解决的思路是在养老保险制度收支自平衡度属性的基础上，利用养老保险与宏观经济变量之间相互反馈的特征，将外部环境可支持度和养老保险制度可调节度属性通过系统动力学模型仿真转化为可以累计的养老金收入或支出量，累计合成为养老金支出充足率指标，再进行评级，实现将庞大的大数据资源和云计算强大的数据处理能力与传统评价方法对接；另外，采用数据挖掘和系统动力学模型相结合的方法，构建将互联网环境下海量信息实时融入评价结果的、反映养老保险运行安全状况实时动态变化的养老保险高频安全综合指数。

首先，将养老保险置于整个宏观经济系统，综合分析人口老龄化、养老保险运行、养老金战略储备、经济发展之间的关联、互动反馈机理，构建出能够反映养老保险与宏观经济互动反馈的系统动力学模型。经过初步梳理，上述各变量之间存在如下的系统关系：人口老龄化背景下低生育率和预期寿命延长会影响养老保险基金收支平衡和养老保险制度的运行安全；养老保险结余和财政投入是养老金支付的重要源泉，直接关乎养老保险制度的运行安全；养老保险安全状况会直接影响到退休群体的消费，稳定的消费又是宏观经济增长、养老金缴费增加的源泉。根据上述关联逻辑，可以构建出"人口老龄化—养老保险运行—财政投入增长—经济发展"系统动力学模型，完成养老保险安全与外部环境可支持度、养老保险制度可调节度等大数据的聚集和融合。具体系统动力学模型的构建以及模型参数的选择详见本书第5章的内容。

其次，在养老保险制度收支自平衡度属性的基础上，通过指标设计将外部环境可支持度以及养老保险制度可调节度属性及其关联大数据通过系统动力学模型输入并仿真转换为养老金收入或支出的变化量，利用养老金收支的可累计性，构建养老金支付充足率模型，具体如下：

$$\text{养老金支付充足率} = \text{调整后的养老金收入} / \text{所必需的养老金支出} \quad (4\text{-}7)$$

式中，调整后的养老金收入包括养老金缴费收入、可用于养老金支付的适度财政支出以及通过养老保险制度参数调整可以增加的养老金收入等。养老金缴费收入 I_t 的计算模型为

$$I_t = \sum_{x=a}^{r} L_{t,x} \cdot c \cdot \varepsilon \cdot \delta \cdot \overline{w_t} \quad (4\text{-}8)$$

式中，$L_{t,x}$ 为第 t 年、x 岁的某类型养老保险制度的覆盖人数；a、r、c、ε、δ、$\overline{w_t}$ 分别为参保年龄、退休年龄、养老保险参保率、缴费率、收缴率和缴费水平。

在上述基础上，通过养老金支付充足率模型测算结果，结合构建的养老保险安全评判准则，可以对养老保险制度运行的安全状况做出综合评级。

4.3.3　高频安全综合指数构建

为了进一步反映国家养老保险制度的安全状况的动态变化，可以取某一时间点为基期，基期指数定为100点，根据4.2节和4.3节的养老保险安全测度内容和综合评级模型，进一步构建出养老保险制度安全指数，连续反映国家养老保险制度安全状况的动态变化。具体分指数构建如下。

1. 养老金收支自平衡指数

养老金收支自平衡指数反映的是维持制度参数不变，没有外部环境支持的情况下，养老保险制度自身平衡能力的动态变化情况。具体计算公式为

$$\text{SBI}_t = (t \text{ 期现收现付制平衡度} / \text{现收现付制平衡度基期}) \times 100 \quad (4\text{-}9)$$

2. 外部环境可支持指数

外部环境可支持指数反映的是，可用于弥补养老金缺口的资源包括累计结余的养老金以及可动用的最优财政补贴相对于养老金支出规模比例的动态变化，体现的是养老保险制度可以动用的外部环境的能力。具体计算公式为

$$\text{SUI}_t = [(t \text{ 期养老金累计支持度} + t \text{ 期财政可支持度})/(养老金累计支持度基期 + 财政可支持度基期)] \times 100 \tag{4-10}$$

3. 养老保险收支可调节指数

式（4-11）为养老保险收支可调节指数，反映的是通过调节养老金制度参数（如延迟退休年龄），增加的养老金收入满足养老金支出程度的动态变化：

$$\text{IEI}_t = (t \text{ 期收入调节度}/t \text{ 期支出调节度})/(收入调节度基期/支出调节度基期) \times 100 \tag{4-11}$$

4. 养老保险收支综合安全指数

式（4-12）描述的是养老保险收支综合安全指数，反映的是综合考虑养老保险制度收支自平衡度、外部环境可支持度以及调节养老保险制度参数后养老金收入满足养老金支出的程度变化：

$$\text{CSI}_t = (t \text{ 期养老金支付充足率}/养老金支付充足率基期) \times 100 \tag{4-12}$$

因为计算构成上述指数的部分指标如养老金结余、养老金投资收益等变量数据通常需要在年底才能获得，因此在构建上述指数时，时间 t 的频率通常选择以年为单位。但对于养老金收支最为核心的指标养老金收入和养老金支出是按月进行收缴和支付的，而养老金结余、养老金投资收益等变量也可以通过一定的技术处理按月进行分解，因此从理论上讲可以构建出以月为频次的高频指数。

在根据精算模型测算某个地区具体的养老金收入和养老金支出时，需要对养老保险制度参数如人口和经济变量进行预测。而人口和经济基础变量直接关联参保人口和退休人口数量以及养老金缴费水平和养老金发放水平，预测的准确程度将直接影响养老保险安全指数评价结果的准确度。而影响上述人口和经济的关键基础变量因素众多，依据其历史数据，借助传统的时间序列等预测方法，误差较大。随着新一代信息技术的发展，互联网提供的开放和实时的参与和分享环境，为实时评价上述经济和人口变量创造了有利条件。充分利用上述基础变量更多的关联信息，引入大数据分析技术对上述关键变量进行现时预测，可以获得更为丰富、客观的结果。因此，本书将探索构建将互联网环境下海量信息实时融入养老保险安全评价结果的、以月为频率的养老保险高频安全综合指数，连续反映国家或某一地区养老保险运行安全状况的实时动态变化。在具体操作时，首先围绕养

老保险安全大数据，预测出决定养老保险运行安全的关键基础变量；其次，将根据大数据现时预测的关键基础变量代入构建的系统动力学模型；最后，将根据系统动力学模型仿真预测输出值输入养老保险安全评价模型，进行安全等级评价。具体的做法详见后续第 6 章中的仿真评价内容。

4.4　本 章 小 结

针对人口老龄化冲击，通过系统的指标体系对国家的养老保险运行的安全性进行定期评价，提前识别出潜在的风险，及时采取有效措施化解风险，提高养老保险体系抗风险能力，对促进养老保险事业可持续发展乃至社会的安全稳定具有重要的现实意义。

本章首先通过主题模型的方法构建了养老保险安全测度评价的框架；其次，在构建的养老保险安全测度框架下，从养老保险制度收支自平衡度、外部环境可支持度以及养老保险制度可调节度三个视角进一步构建了基于大数据驱动的养老保险风险测度内容和综合评级模型；最后，结合新一代信息技术的发展，利用互联网提供的开放和实时的参与和分享环境，提出采用数据挖掘和系统动力学模型相结合的方法，构建将互联网环境下海量信息实时融入养老保险安全评价模型的、反映养老保险运行安全状况实时动态变化的养老保险高频安全综合指数的思路和方法。

第 5 章　养老保险运行安全大数据信息融合 与系统动力学模型构建

关联养老保险运行安全的数据多源异构，既包括养老保险制度内因素，又包括制度外因素；既包括来源于常规静态数据的信息，又包括围绕关键基础变量的关联大数据动态信息。本章首先对影响养老保险运行安全相关大数据的形成，养老保险安全大数据仓库构建以及典型数据挖掘、融合方法进行介绍；在上述基础上，对关联养老保险运行安全多来源、多种类的数据信息进行梳理，构建出与宏观经济系统互动反馈，集中反映养老保险制度运行和收支安全状况的系统动力学模型，完成养老保险安全大数据之间的融合，为本书后续的养老保险运行安全实证评价奠定基础。

5.1　养老保险安全大数据构成与信息融合

5.1.1　养老保险安全大数据构成

在人口老龄化和经济新常态背景下，人口出生率下降、预期人口寿命延长、经济增速下降以及劳动力人口减少，均会对养老保险制度的运行安全产生重大的影响。上述基础变量直接关联参保人口和退休人口数量、养老金缴费水平和养老金发放水平，预测的准确程度对养老保险运行安全状况的分析评估至关重要。而影响上述关键基础变量的因素众多，依据其历史数据，借助传统的时间序列等预测方法，误差较大。如何充分利用上述基础变量更多的关联信息，引入大数据分析技术对上述关键变量进行现时预测，进而分析养老保险的运行安全，获得更为丰富和客观的结果，是本章研究的主要内容。

关联养老保险安全的数据众多，但归纳起来主要涉及以下四类，第一类是基于网络搜索引擎的数据，如与经济走势相关的关键词搜索频率，目前国内百度和360 两家公司均提供搜索指数数据可供查询；第二类是基于电商平台的用户消费数据，如各类孕前保健品销售量数据，目前，阿里巴巴在电商平台上提供数百万条商品数据，包括淘宝搜索指数、淘宝购买指数、阿里购买指数、阿里供应指数四类数据，并支持区域细分；第三类是基于网络的社交媒体数据，如宏观经济参与主体在自媒体上发表的言论及其评论的态度倾向信息等；第四类是有关人口和经济的历史常规数据，如人口构成、缴费率、养老金发放参数、地区平均工资、地区财政收入等。对于第一类和第二类数据，可通过商业途径购买；第三类数据可以针对新浪、腾讯微博通过爬虫软件获得；第四类数据可以通过国家和地方统计年鉴或国民经济和社会发展统计公报获得。数据具体信息及其获取途径如表 5-1 所示。

表 5-1　养老保险安全大数据的类型和获取途径

数据类型	数据内容	数据来源	获取途径
基于网络搜索引擎的数据	与经济走势、人口出生相关的关键词搜索频率的变化趋势	百度、360 公司和谷歌	商业购买/爬虫获取
基于电商平台的用户消费数据	人口出生率先行信息如孕前保健品销售量等	淘宝搜索指数、淘宝购买指数、阿里购买指数和阿里供应指数	商业购买
基于网络的社交媒体数据	知名专家学者、学术智库发表的关于宏观经济信息言论及其态度倾向性变化等信息	新浪微博、腾讯博客	爬虫软件获取
有关人口与经济的历史常规数据	人口构成、缴费率、养老金发放参数、地区平均工资和财政收入	国家统计局、地方统计年鉴和社会发展统计公报	官方网站下载获取

5.1.2　养老保险安全大数据仓库构建和数据挖掘

1. 大数据仓库构建

随着信息技术应用的不断普及与发展，各种社交软件、媒体平台的使用产生了大量的信息数据，管理者需要对这些海量数据进行分析，进而做出正确的决策，数据仓库（data warehouse，DW）技术便应运而生。数据采集的 ETL（extract-transform-load）技术是构建数据仓库的重要环节，ETL 是将数据从来源端经过抽取（extract）、转换（transform）、加载（load）至目的端的全过程。常规数据处理存在两方面难题，一方面是不同类型数据的融合问题。例如，上述第三类文本数据为非结构化数据，和其他类数据之间无法直接进行比较，也无法存储在同一数据库中。另一方面，大数据瞬息性的特点难以通过数据的静态集成反映，动态集成则需要对数据按照一定的周期频率进行刷新处理。针对上述问题，数据仓库技术提供了解决方案，即利用现存的大量历史数据，进行抽取、整合之后按照数据产生的频率导入决策支持数据库中，再利用挖掘、可视化等相关手段进行数据分析。

本章的数据仓库系统由数据源、数据存储与管理、前端工具与应用三个部分组成。本章中的数据源是外部数据，包括经济市场、搜索引擎等相关信息，是整个数据仓库系统的基础。数据的存储与管理是整个数据仓库系统的核心。对异构的众多数据信息进行一系列的处理，如数据抽取、数据清洗、数据集成，之后按照明确的数据仓库主题对数据重新组织，并确定相关物理存储的结构。前端工具与应用主要包括数据分析、变量预测、数据挖掘的工具，数据仓库系统具体的构成如图 5-1 所示。

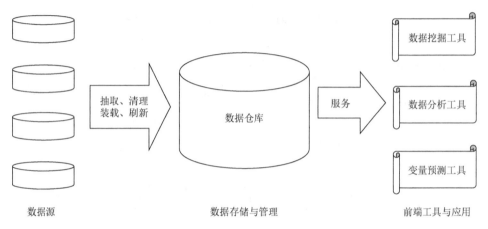

抽取、清理
装载、刷新　　　数据仓库　　　服务

数据挖掘工具　　数据分析工具　　变量预测工具

数据源　　　　　数据存储与管理　　　前端工具与应用

图 5-1　数据仓库的体系结构

2. 大数据的挖掘方法

互联网大数据的更新瞬息性、多样性、价值性、融合性为学者做相关研究提供了极大的便利。但如何获取这些海量的数据并去除冗余，将有价值的信息因素提取出来，是利用大数据来做科学研究的关键所在。本章一方面将利用国内互联网企业提供的数据挖掘工具如百度搜索指数来获取需要的养老保险运行安全信息；另一方面利用Python爬虫工具直接获取各社交媒体如新浪微博等平台的信息，并进一步借助自然语言处理技术进行相应的情感分类分析。

1）百度搜索指数法

百度作为国内最大的中文搜索引擎，长期以来都是我国互联网用户进行信息搜索和获取的主要工具。自 2006 年起，百度公司以海量网民在百度的搜索量为数据基础，将各类关键词作为统计对象，提供了能反映用户搜索趋势的百度搜索指数。百度搜索指数是公众对于某产品或生活事件的搜索频次，体现的是一种关注度，可以解释为经济行为主体的认知态度和行为决策，加上数据的高频性，该指数常被用于消费者信心指数、居民消费价格指数（consumer price index，CPI）等宏观指标的分析和预测中。基于百度搜索指数的以上特点，本章利用百度搜索指数进行养老保险运行安全相关基础变量的预测。

利用百度搜索指数的方法，首先要确定搜索关键词。目前使用较多的做法有三种，分别是主观选词法、模型选词法和范围选词法。主观选词法是指根据研究者的经验进行主观判断确定关键词的方法，这种确定初始关键词的方法主要基于对研究对象的影响因素分析，以及研究者对相关领域的专业知识储备。其优点是操作简单、使用方便；但是其缺点也较为明显，由于人为取词的主观性，有可能会遗漏核心关键词，进而影响结果的准确性。模型选词法是常用的扩展搜索关键词的方法。主要有长尾关键词拓展法和需求图谱拓展法。长尾关键词通常由若干词语共同组成，它反映了和目标关键词相关的一些信息，在形式上相对较长。利用长尾关键词拓展法可以将目标关键词扩展成一系列的长尾关键词，如爱站网（https://www.aizhan.com）的长尾关键词模块。需求图谱拓展法是百度指数需求模块功能的重要组成部分。范围选词法是基于研究问题，参考相关问题的已有研究进展来确定主要影响因素，再从各个因素中进行筛选。这种方法的精度较高，也存在一定的主观性，工作量与效果介于前两种方法之间。

模型的精确预测并不是一定要穷举所有的关键词，当关键词达到一定数量后，进一步增加关键词的数量对预测结果的改善效果甚微，因此能够筛选出反映预测变量的核心关键词至关重要。对于一些结构化的数据的具体筛选步骤如下。

（1）参考相关研究对主题关键词进行初步筛选。

（2）为了使信息更加健全，对初始关键词进行拓展，拓展的主要目的是由初始的关键词扩充一系列相关关键词，形成拓展关键词库。本章采用百度指数官网的需求图谱拓展法对初始关键词进行扩充。百度指数上有一个重要的模块称为需求图谱，当输入某个关键词进行搜索时，需求图谱模块会根据该关键词分析出相关性较高的关键词，相关性由中间向两边递减。例如，搜索关键词"婴儿"，在需求图谱中可以看到某段时期与婴儿相关的关键热词，进而分析关键词背后隐藏的关注焦点。其中红色的词语表示在样本区间内搜索量逐渐呈上升趋势，绿色的词语表示在样本区间内搜索量逐渐呈下降趋势，进行拓展后就形成了主题关键词库。为了获取百度指数数据，借助 Python 编程软件中的 requests、urllib 模块包对数据进行爬取之后保存，检查之后确保数据无误差。

（3）剔除样本期间内缺失值较多的关键词。

（4）将各关键词的每周搜索量原始数据降频为月度数据，通过单位根检验判断关键词搜索量是否为平稳的时间序列，若不平稳则需进行进一步处理。

（5）对于观察期内的缺失值，按照线性插补法进行补全。

2）经济不确定性指数法

经济不确定性是一个重要的经济参数，反映了经济的运行状态与经济参与者的评估与预期的不一致程度。经济不确定性直接影响经济的增长，而经济增长又是影响养老保险运行安全的关键基础变量。利用"经济""经济政策""不确定性"等关键词搜索报纸文章的内容，通过相关主题文章计数来构建中国宏观经济政策不确定性指数的方法日益流行。本章以新浪微博平台上人们对于经济发展不确定性的看法和情感倾向来构建经济不确定性指数。相较于新闻媒体和报纸，新浪微博自 2009 年 8 月上线以来，已经成为中国最有影响力的自媒体平台之一，在微博平台上发布的有关经济的观点或评论可以直接反映经济参与者对经济的主观认知，覆盖面广，传播速度快。利用微博大数据构建经济不确定性指数能够挖掘出微博上更多的经济群体和民众对我国经济发展的主观态度认知信息。

构建经济不确定性指数的具体步骤如下：首先利用 Python 爬虫，以"我国经济""中国经济""国内经济""我国 GDP"等为关键词爬取新浪微博全网中包含关键词的原始微博和转发微博等数据。接着通过 Python 软件对爬取下来的原始微博文本进行提取文字信息和去停用词等数据清洗，然后利用百度人工智能（artificial intelligence，AI）前沿平台的自然语言处理技术，对每篇微博文本内容进行情感倾向分类。最后在 Python 软件中通过应用程序编程接口（application programming interface，API）调用百度 AI 平台中训练好的分类模型对每条微博文本数据依次进行情感倾向分类。

微博文本情感倾向分类的结果分为"正向""中立""负向"三种。由于每个月用户发布的微博数量不同，为了衡量公众对经济的预期情感，分别计算每个月的正向情感和负向情感微博数占当月与经济不确定性有关的微博总数的比例，正向情感的比例文本记为 $\text{Rate}_{+,t}$，负向情感的比例文本记为 $\text{Rate}_{-,t}$；根据经济不确定性的定义，公众对宏观经济形势持有的情感态度分歧越大，$\text{Rate}_{+,t}$ 和 $\text{Rate}_{-,t}$ 的数值就越接近，说明经济不确定性越大，反之则相反。基于以上分析，所构建的第 t 个月经济不确定性指数（economic uncertainty index，EUI）表示为

$$EUI = 1 - |\,\text{Rate}_{+,t} - \text{Rate}_{-,t}\,| \tag{5-1}$$

经济不确定性指数的区间范围为[0, 1]，其取值直接度量的是一段时间公众预期的经济不确定性程度，通过构建的经济不确定性指数可进一步进行经济增长速度的预测。

5.1.3　养老保险安全大数据的融合

数据仓库构建好之后，在进行具体的问题分析前，通常需要将众多的多维大数据信息进行融合。在大数据融合过程中，通常会遇到以下四类问题：其一是多维变量之间相互关联，信息存在冗余重叠问题，需要对多维变量进行降维来去除冗余信息；其二是面对多维变量之间的时间频率不一致问题，通常需要对高频数据进行降频处理，使其与其他变量的数据频率趋于一致；其三是需要确定各分变

量的权重，把各变量合成为一个综合变量，反映研究主题的状况；其四，对于一些变量间呈现非线性关系、不能通过简单加权进行变量合成的情形，需要构建更为复杂的模型对变量间非线性关系进行模拟刻画，综合反映出某一主题的状况。在进行养老保险安全大数据的融合过程中，上述四类问题均会遇到。下面将针对处理上述问题的几种方法进行分别介绍。

1. 主成分分析法

养老保险安全大数据涉及人口、经济等多维变量，变量个数太多会增加问题的复杂性，而且在很多情形下，变量之间是有一定的相关关系的，当两个变量之间呈现一定的相关关系时，可以理解为这两个变量反映同一主题的信息有一定的重叠。因此在借助多变量综合反映某一主题时，在开始多变量融合前，就需要对重复的变量（关系紧密的变量）进行删除，建立尽可能少的新变量，使这些新变量两两不相关，而且这些新变量在反映主题的信息方面尽可能保持原有的信息。除此之外，还需要确定各分变量的权重。主成分分析法作为基础的统计分析方法，可以用于解决上述多变量融合过程的难题。

主成分分析法是一种降维的统计方法，其原理是借助一个正交变换，将其分量相关的原随机向量重新组合成一组新的相互无关的几个综合变量，同时根据实际需要从中取出几个较少的总和变量尽可能多地反映原来变量的信息。主成分分析法也可用于确定各分变量的权重，首先以各主成分的方差贡献率为权重，对每个变量指标在各主成分线性组合中的系数进行加权得出各个变量的加权综合系数，接着对各个变量的加权综合系数进行归一化处理得出各分变量的最终权重。假定 $m \times n$ 的样本特征矩阵 H，h_j 表示第 j 列的样本特征变量，其中 $j = 1, 2, \cdots, n$，主成分分析法的具体步骤如下。

数据去中心化：根据式（5-2）对给定样本特征数据进行去中心化处理，得到样本特征矩阵 H'，有

$$h_j' = \frac{h_j - \overline{h_j}}{\sqrt{s_j}} \tag{5-2}$$

式中，$\overline{h_j}$ 和 s_j 分别为第 j 列的均值与方差。

根据式（5-3）计算去中心化后的样本特征矩阵 H' 的协方差矩阵 E：

$$E = \frac{1}{m} H'^{\mathrm{T}} H' \tag{5-3}$$

通过求解式（5-4）得到协方差矩阵特征值，求得其对应的特征向量 a_j：

$$|E - \lambda I| = 0 \tag{5-4}$$

式中，λ 为特征值，特征值的个数为 m 个；I 为单位矩阵。

假定一共提取了 γ 个主成分，第 $i(i=1,2,\cdots,\gamma)$ 个主成分的贡献率与累计贡献率分别按照式（5-5）和式（5-6）计算：

$$\eta_i = \frac{\lambda_i}{\sum\limits_{j=1}^{n}\lambda_j} \tag{5-5}$$

$$\eta = \frac{\sum\limits_{j=1}^{\gamma}\lambda_i}{\sum\limits_{j=1}^{n}\lambda_j} \tag{5-6}$$

式中，η_i 为第 i 个主成分的贡献率；η 为 γ 个主成分的累计贡献率。最终通过 $a_j^{\mathrm{T}} \cdot h_j'$ 计算样本特征矩阵的 γ 个主成分。

在得到的各主成分下，均有表示分析项与主成分之间的相关程度的载荷系数值，载荷系数可以反映主成分对于分析项的信息提取情况。在计算分析项权重的时候，需要利用载荷系数等信息进行计算，共分为三步。

（1）计算线性组合系数矩阵，公式为：载荷矩阵/Sqrt（特征根），即载荷系数除以对应特征根的平方根，得到线性组合系数矩阵。

（2）计算综合得分系数，公式为：Σ(线性组合系数×方差解释率)/累计方差解释率，即线性组合系数分别与方差解释率相乘后累加，并且除以累计方差解释率，即得到综合得分系数。

（3）计算权重，将综合得分系数进行求和归一化处理即得到各指标权重值。

2. 混频数据 MIDAS 预测模型

传统的时间序列模型在利用高频的大数据预测低频的宏观经济和人口数据时，往往会将高频的数据转化为低频的数据使其频率一致，但这种做法减少了高频数据所含的信息，会导致预测偏差的增大，甚至会出现错误结果。为了解决此问题，Ghysels 等（2004）提出混频数据回归模型（mixed frequency data sampling regression models，MIDAS）。MIDAS 可以直接将不同频率的变量纳入同一模型，并考虑高频变量的滞后与权重，从而得到最优的参数估计值，克服了传统模型缺乏灵活性和时变性的特点。

令 y_t 为低频被解释变量，x_t 为高频解释变量指标，则基本的 MIDAS（m，K）回归模型可以表示为

$$y_t = \beta_0 + \beta_1 B(L^{1/m};\theta)x_t^{(m)} + \varepsilon_t \tag{5-7}$$

式中，β_0、β_1 均为回归系数；m 为高频数据与低频数据的倍率差（如年度人口出生率和月度人口出生率高频舆情指数间的 m 即为 12）；ε_t 为误差项；$B(L^{1/m};\theta)$ 为

多项式权重，是低频数据期限内高频数据对应的非等值加权权重，多项式权重具体表达为 $B(L^{1/m};\theta)=\sum\limits_{k=1}^{K}w(k;\theta)$，$\theta$ 为参数向量。$L^{i/m}x_t^{(m)}=x_{t-i/m}^{(m)}$，$i=0,1,\cdots,K-1$。$K$ 为最优滞后阶数（高频变量解释低频变量对应个数）。相关研究中参数化权重函数 $w(k;\theta)$ 共有 5 种可供选择。本章采用的是宏观经济分析应用较多的阿尔蒙（Almon）多项式权重函数：

$$w(k;\theta)=\frac{\theta^1k+\theta^2k^2+\cdots+\theta^pk^p}{\sum\limits_{k=0}^{K}(\theta^1k+\theta^2k^2+\cdots+\theta^pk^p)} \tag{5-8}$$

月度数据比季度数据更早公布，MIDAS（m,K,h）可使用月度数据来预测季度数据，当最新月度数据公布后就可进行预测。预测季度数据的模型如下：

$$y_t=\beta_0+\beta_1B(L^{1/m};\theta)x_{t-h/m}^{(m)}+\varepsilon_t \tag{5-9}$$

与传统的同频预测模型相比，h 步向前预测的 MIDAS（m,K,h）模型具有季度内实时预测和修正的优点。其中，$h=2$ 表示当季数据的第 1 个月数据被采用。当季度的第 2 个月数据公布以后，可以令 $h=1$ 来预测季度数据，同时对 $h=2$ 时的预测值进行更正和替换。当 $h>3$（$h\neq3n$，$n=1,2,3,\cdots$）时，模型就能预测当季以外的数据。

由于经济运行的惯性，宏观经济变量时间序列一般存在自相关性，因此在利用模型预测变量时有必要添加滞后项，则改进的 h 步向前预测 MIDAS 可表示为

$$y_t=\beta_0+\sum\limits_{j=1}^{p}\lambda_jy_{t-j}+\beta_1B(L^{1/m};\theta)x_{t-h/m}^{(m)}+\varepsilon_t^{(m)} \tag{5-10}$$

以上给出的是单变量 MIDAS，但是在宏观经济预测过程中需考虑包含更多经济信息的变量，在实际预测中使用多个变量可能会提供更加精确的预测值。在式（5-10）中加入多个变量可表示为

$$y_t=\beta_0+\sum\limits_{j=1}^{p}\lambda_jy_{t-j}+\sum\limits_{i=1}^{n}\beta_iB_i(L^{1/m};\theta)x_{i,t-h/m}^{(m)}+\varepsilon_t \tag{5-11}$$

此外，我们利用方程中的均方根预测误差（root mean square prediction error，RMSPE）［式（5-12）］、平均绝对误差（mean absolute error，MAE）［式（5-13）］、平均绝对百分比误差（mean absolute percentage error，MAPE）［式（5-14）］和对称平均绝对百分比误差（symmetric mean absolute percentage error，SMAPE）［式（5-15）］来评估模型的预测误差：

$$\mathrm{RMSPE}_t=\sqrt{\frac{1}{T-T_0+1}\sum\limits_{t=T_0}^{T}(\hat{y}_t-y_t)^2} \tag{5-12}$$

$$\mathrm{MAE}_t = \frac{1}{T - T_0 + 1} \sum_{t=T_0}^{T} |\hat{y}_t - y_t| \tag{5-13}$$

$$\mathrm{MAPE}_t = \frac{100\%}{T - T_0 + 1} \sum_{t=T_0}^{T} \left| \frac{\hat{y}_t - y_t}{y_t} \right| \tag{5-14}$$

$$\mathrm{SMAPE}_t = \frac{100\%}{T - T_0 + 1} \sum_{t=T_0}^{T} \frac{|\hat{y}_t - y_t|}{(|\hat{y}_t| + |y_t|)/2} \tag{5-15}$$

在上述方程中，T 表示测试时点，T_0 表示预测的初始测试点，$\hat{y}$ 表示预测值，y 表示真实值。

3. 系统动力学模型

系统动力学是一门以系统论为基础，结合反馈理论和信息论的精华，并借助计算机模拟技术而形成的一门交叉学科。系统动力学创立于 20 世纪 50 年代，其创始人为麻省理工学院的福瑞斯特（Jay W. Forrester）教授。

系统动力学研究和解决问题采用的是定性与定量相结合的方法，首先从微观结构入手建模，构建系统的基本框架，进而模拟与分析系统的动态行为，适合研究复杂系统随时间变化的问题。系统动力学模型可以作为现实复杂系统的简单替代，其优点在于适合研究长期的、复杂的社会经济系统，能够处理一些高阶、非线性、时变问题，通过数字计算机仿真技术，挖掘出系统和内在机制间相互链接的因果关系，解决传统数学运算解决不了的复杂系统的反馈问题。系统动力学建模过程本身是一个学习、调查和研究的过程，通过不断地仿真现实情境和政策模拟，观察系统的变化和未来的走势，从而为决策者提供更好的决策支持，是复杂系统的"政策实验室"。

通过本书前面章节的分析可知，影响养老保险运行安全的因素众多，既包括制度内因素，又包括制度外因素；既包括通过常规预测方法获得的静态变量信息，又包括借助大数据方法获得的关键基础变量的动态信息。为了客观地反映出养老保险的运行安全状况，需要将养老保险置于整个宏观经济系统，将上述影响因素进行集成后综合考量对养老保险运行安全的影响。本章采用系统动力学方法，将养老保险置于整个宏观经济系统，通过构建"人口老龄化—养老保险运行—养老金战略储备—经济发展"的系统动力学模型，将经过数据挖掘后的关联养老保险运行安全的核心信息融合到一起。在其基础上，将利用大数据分析技术获得的养老保险运行关键基础变量的现时预测值实时输入构建的系统动力学模型中，再通过系统仿真得出养老保险收支平衡信息。

养老保险作为社会经济系统的重要组成部分，与人口、经济、制度变迁等相互影响、互动反馈。本书通过初步分析，梳理出养老保险运行与宏观经济、人口老龄化各变量之间呈现如下系统关系：人口老龄化背景下低生育率和预期寿命延长会影响养老保险基金收支平衡和养老保险制度的安全；养老金战略储备可以用于弥补养老金缺口，保障养老保险制度的安全；养老保险安全状况会直接影响到退休群体的消费；稳定的消费又是宏观经济增长、养老金缴费增加和财政收入的源泉；而财政投入是弥补养老金缺口、筹集养老金战略储备的最主要手段。根据上述关联逻辑，各变量间关系的系统流图如图 5-2 所示，在系统流图基础上，可进一步构建具体的系统动力学模型来完成养老保险运行风险大数据的聚集和融合。

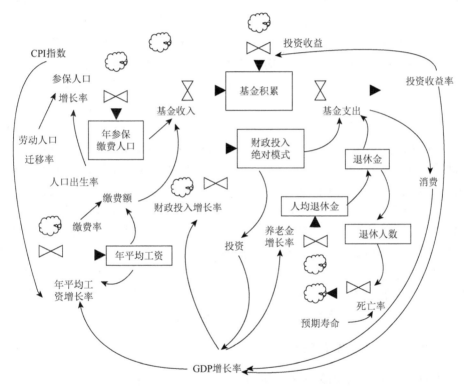

图 5-2　"人口老龄化—养老保险运行—养老金战略储备—经济发展"系统流图

5.2　养老保险制度运行安全系统动力学模型构建

5.2.1　系统动力学模型子系统介绍

根据 5.1.3 节中对系统动力学的分析，本章构建了由人口子系统、宏观经济子系统、基本养老保险子系统以及养老金战略储备子系统组成的养老保险运行安全系统动力学模型。四个子系统之间通过反馈结构相互关联，形成了模型的边界，下面将对各个子系统进行具体介绍。

1. 人口子系统及宏观经济子系统

人口是养老保险体系中至关重要的因素之一，主要体现在以下两点：第一，养老保险适龄缴费人口的多少直接决定养老保险收入的多少，而退休人口的多少又决定了养老保险支出的多少；第二，人口出生率影响着未来养老保险运行安全，人口出生率越低意味着将来劳动力人口将会越少，进而导致养老保险适龄缴费人口的下降。宏观经济是指整个国民经济总体及其经济活动和运行状态，如国民经济的总值及其增长速度、国民经济中的主要比例关系以及就业的总水平等。宏观经济的发展状况一方面通过影响职工工资水平来影响基本养老保险的缴费收入，另一方面通过影响国家财政收入来影响财政对基本养老保险的补贴水平。因此，养老保险运行的系统动力学模型有必要将人口和宏观经济作为子系统。

2. 基本养老保险子系统

我国养老保险体系由四个模块构成：基本养老保险、企业补充养老保险、个人储蓄性养老保险、商业养老保险，其中基本养老保险是最基础、最重要的模块。2014 年 2 月 21 日，国务院颁布了《关于建立统一的城乡居民基本养老保险制度的意见》（国发〔2014〕8 号），新型农村社会养老保险和城市居民社会养老保险两项制度正式并轨，并可与城镇职工基本养老保险制度相衔接。自此，我国基本养老保险主要包括城镇职工基本养老保险和城乡居民基本养老保险。由于财政对城乡居民基本养老保险的支出类似于现收现付制，即根据支出规模确定财政补贴规模，不存在缺口的问题，因此，在构建系统动力学模型时只考察城镇职工基本养老保险基金缺口，子系统是指城镇职工基本养老保险子系统。

3. 养老金战略储备子系统

本章研究的养老金战略储备即为我国的"全国社会保障基金"。全国社会保障基金是国家重要的战略储备基金，其肩负着偿还社会保障制度转型带来的历史债务和应对人口老龄化带来的养老金支付高峰的重要职责，因此将其称为养老金战略储备。养老金战略储备与基本养老保险基金的资金构成、运作方式和最终用途均不同。养老金战略储备在中国多层次的养老保险制度中处于国家统筹的层次上，是中央政府集中调集、集中管理的社会保障基金，主要是为了应对老龄化高峰期社会养老保险支付缺口的需要。从 2000 年设立至今，养老金战略储备的积累已初具规模，截至 2021 年 12 月 31 日，全国社保基金权益为 25 980.80 亿元，其中，累计财政性净拨入 10 270.94 亿元，累计投资增值余额 15 709.86 亿元（其中累计投资收益余额 15 691.81 亿元，基金公积和报表折算差额合计 18.05 亿元）。

5.2.2　系统动力学模型构建

1. 系统动力学模型框架图

养老保险运行安全系统动力学模型涵盖的人口子系统、宏观经济子系统、基本养老保险子系统和养老金战略储备子系统，所涉及的关键变量包括 GDP 增长率、人口出生率、财政补贴、财政拨入、缴费人数、退休人数、养老金缺口以及养老金战略储备量等。其中，经济发展通过影响地方政府的财政补贴和中央财政拨入，间接作用于基本养老保险子系统和养老金战略储备子系统；同时宏观经济子系统又与人口子系统相互作用，人口子系统中的缴费人数和退休人数又会直接影响基本养老保险子系统，而基本养老保险子系统中的养老金缺口又决定了养老金战略储备的规模。具体的模型框架如图 5-3 所示。

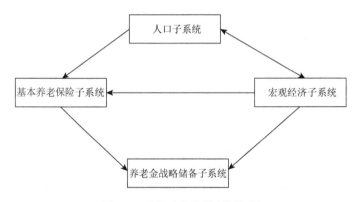

图 5-3　系统动力学模型框架图

2. 因果回路图

因果回路图是表示系统反馈结构的重要工具，能够简明、直观地表示出系统动态形成的原因以及各个因素之间的相互作用。根据模型框架图和系统边界，构建模型因果回路图如图 5-4 所示。图 5-4 中各变量之间的系统关系如下。

在人口老龄化背景下，其他条件不变，人口出生率增加使未来适龄缴费人数增多进而增加养老金收入来缓解养老金缺口。稳定的消费又是宏观经济增长、养老金缴费增加和财政收入的源泉；而财政投入又是弥补养老金缺口、筹集养老金战略储备的最主要来源和手段。

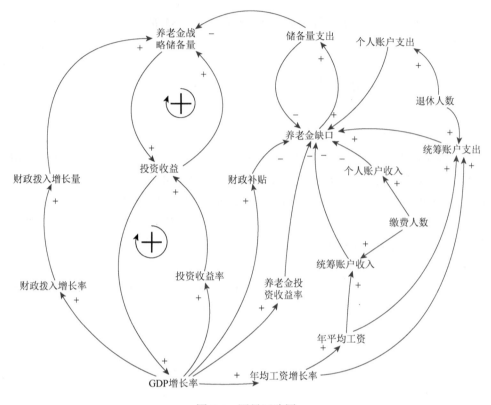

图 5-4　因果回路图

养老金战略储备量与投资收益呈同向变化趋势，而投资收益作为 GDP 来源的一部分，会影响到经济的增长。进而会通过五条途径影响到养老保险制度运行安全。

（1）通过平均工资直接影响统筹账户支出。当退休人口一定时，年平均工资越高，统筹账户支出越多，进而导致养老金缺口增大，养老金战略储备量也进一步减少。

（2）统筹账户收入同样与年平均工资密切相关，当缴费人数一定时，统筹账户收入水平与年平均工资同向变化。统筹账户收入增多，养老金缺口将随之减少，养老金战略储备量则会增多。

（3）GDP 增长直接关系到政府对养老保险的财政补贴。财政补贴增多则养老金缺口会减小，由于储备量的支出就是为了弥补养老金缺口，所以储备量支出与养老金缺口同向变化。

（4）经济的发展水平会直接影响到中央政府对全国社会保障基金的财政拨入，而财政拨入作为全国社会保障基金的重要资金来源，它的增加或减少将直接导致养老金战略储备量的增加或减少。

（5）经济的发展水平会直接影响养老金的投资收益，基金的投资收益的增加会减少养老金缺口，从而养老金战略储备量的支出随之减少。

3. 存量流量图

存量流量图不仅能够描述存量与流量之间的逻辑关系，还能够直观地反映系统的动态累积效应，具体可以根据基础假设和因果回路图进行绘制。模型中主要包含养老金战略储备量、财政拨入量、GDP、当年社会平均工资四个状态变量，财政拨入增长量、资金投入、养老金战略储备投资收益、储备量支出、GDP 增长量、工资增长量、人口出生率七个速率变量，还包括财政拨入增长率、养老金投资收益率、参保率等外生变量，养老金缺口、统筹账户支出、统筹账户收入等内生变量。

4. 主要参数设定

在模拟养老保险运行安全之前，需要对构建的系统动力学模型中各子系统中的变量进行初始状态参数设定。在宏观经济模块，需要对初始 GDP、经济增长率、初始平均工资和平均工资增长率进行设定；在人口模块，需要对适龄人口、参保率、就业率、出生率和退休"老人"/"中人"/"新人"人口数进行设定；在城镇职工基本养老保险方面，需要对统筹账户缴费率、个人账户缴费率、收缴率、养老金随工资增长的调整比例等参数进行设定；在养老金战略储备方面，需要对财政拨入增长率、养老金战略储备投资收益率、资金投入等参数进行设定。初始状态参数设定完成之后，按照各参数所对应的方程代入系统动力学仿真软件系统中，就可以仿真出各年的养老保险基金收入、养老保险基金支出以及养老金投资收益，用养老保险基金收入与投资收益之和减去养老保险基金支出即为养老金缺口，进而进一步度量养老保险运行安全状况。

5.3　本 章 小 结

本章首先简要介绍了养老保险运行安全相关的大数据形成，并针对其进行数据仓库的构建以及典型数据挖掘方法的介绍。其次，介绍了大数据融合过程中常见的四类难题，针对四类难题，介绍了主成分分析法、MIDAS 以及系统动力学模型三种解决方法。5.2 节结合养老保险运行安全研究主题，重点介绍了包含人口、宏观经济、基本养老保险和养老金战略储备四个子系统的系统动力学模型的构建，具体包括模型框架图、因果回路图、存量流量图的构建以及主要参数的设定，通过上述步骤完成养老保险安全大数据的融合。

第6章 大数据背景下养老保险制度运行安全的实证评价

目前我国部分地区出现的养老金收不抵支的困境,是"一时之急、一地之难"的暂时局部现象,还是会演化为整体性系统风险?这需要针对更多的区域,通过系统的养老保险运行安全评价指标体系对其运行安全状况做出综合、科学的判断。本章将开展基于大数据环境的养老保险运行安全实证评价研究。首先进行基于大数据的高频舆情指数构建并进一步基于高频舆情指数开展影响养老保险安全的关键基础变量预测;其次进行基于大数据的养老保险财务可持续性的预测工作,对全国城镇职工基本养老保险的收支缺口和整体安全状况进行评价;最后选取安徽省和辽宁省为典型代表省份,从养老保险制度收支自平衡度、外部环境可支持度和养老保险制度可调节度三个维度分别对其城镇职工基本养老保险制度的安全状况进行实证评价。

6.1 基于大数据技术的关键变量预测

6.1.1 养老保险运行安全关键基础变量确定

本节以全国城镇职工基本养老保险为例,通过分析影响城镇职工基本养老保险收支缺口的不同因素,以及各个不同因素的单位变动对城镇职工基本养老保险收支缺口的影响程度,从而确定这些因素中的关键基础变量。根据第2章中养老保险运行安全的机理分析可知,影响养老保险运行安全的因素主要有社会平均工资增长率、缴费率、人口出生率、遵缴率、人口死亡率、就业率和参保率等。下面首先运用定性分析方法,分析上述各因素对城镇职工基本养老保险财务收支缺口影响的机理;然后从养老保险收入和支出的角度,通过弹性分析法分析养老保险财务收支缺口对上述不同因素的敏感程度;最后根据分析结果确定影响城镇职工基本养老保险财务可持续性的关键基础变量。

1. 养老保险财务可持续性影响因素的定性分析

下面将依次针对社会平均工资增长率、人口出生率、缴费率、遵缴率、人口死亡率、就业率与参保率对城镇职工基本养老保险的财务可持续性的影响机理展开定性分析。

1）社会平均工资增长率

从 2.1.1 节和 2.1.2 节中介绍的养老保险收支模型可知，从养老保险的财务收入角度来看，城镇职工的平均工资增长率提升可以增加养老金的收入，缓解养老金的支付压力；但从养老保险财务支出的角度来看，它同样会增加养老金财务支出，即社会平均工资增长率从正反双向对养老保险的收支平衡产生影响。从国民经济收入法核算视角来看，GDP 包括工资、利息、租金、利润、间接税和企业转移支付以及折旧等，工资收入只是 GDP 的一个组成部分，即城镇在职职工工资的增长受经济增长水平的制约，养老保险的收支水平直接与工资增长率挂钩，相应地也受制于经济增长水平。从另一方面来看，城镇在职人员平均工资的快速增长，以及相应的企业养老保险缴费随之增加会给企业带来巨大的压力，进而影响企业的利润水平和再投资水平，从而进一步影响经济的增长水平。从上述分析可知，社会平均工资水平与经济增长之间是相辅相成、相互反馈的关系，两者需要保持协同发展才有利于养老金的收支平衡。社会平均工资增长率对城镇职工基本养老保险的财务可持续性的影响需要放到具体的情景中进行分析。

2）人口出生率

中国是人口大国，社会经济发展伴有人口优势和红利，即拥有丰富的低价劳动力，对经济发展起到了非常重要的推动作用，同时社会保障也具有较强的活力。但近年来，我国的人口老龄化和人口出生率断崖式下降给我国的人口结构带来了极大的冲击，人口老龄化意味着老年人口的比例增加，自然会引发医疗、养老金支付的增加。生育率的下降会引发 0～20 岁的青年人逐渐减少，进而导致劳动力人口的降低。相关数据显示，2017～2020 年我国新生儿数量从 1723 万人降到 1003.5 万人，下降的趋势非常明显。这对于养老保险财务收支最直接的影响是后续城镇职工的适龄就业人口数量的减少，就业人数的减少意味着养老金财务收入会持续减少，这将加大中长期养老保险收支平衡的压力，对城镇职工基本养老保险的可持续性产生不利影响，因而人口出生率是后续需要重点考察的重要因素之一。

3）缴费率

缴费率是指缴费者的养老金缴费金额占缴费工资基数总额的比例。缴费率是影响养老保险财务收支平衡的重要因素。缴费率既由政策给予规定，也取决于企业和职工的经济承受能力。对于企业的养老保险缴费率，国际上将 10% 作为缴费率的最低警戒线，但是如果缴费率超过 20% 则企业将难以持续发展。缴费率较低，则缴费者的缴费经济负担较轻，有利于企业的原始积累和扩大参保人员的数量；缴费率过高，则缴费者的缴费负担偏重，不利于企业的积累和发展，企业的原始资金积累和发展受限，则国民经济的发展水平也难以提高，进而影响养老保险的长期可持续发展。

从理论上来讲，提高缴费率可增加养老金的收入，但长期而言这对养老保险财务收支平衡可能是不利的。在 2019 年初两会提出降费政策之前，我国企业的养老保险缴费率是 20%（部分地区为 19%），职工个人缴费是工资的 8%，平均企业缴费率约为职工个人缴费的 2.5 倍，企业缴费高于多数发达国家和发展中国家水平，企业承担着较大的缴费压力。曾益等（2018）研究表明，在平衡养老金收支、保持中短期养老金待遇不变的基础上，我国城镇职工基本养老保险基本费率仍有进一步降低的空间。张艳萍（2012）通过研究发现，缴费率和缴费基数过高，会导致养老保险的制度覆盖率过低，征缴难度会变大。2019 年国务院办公厅印发《降低社会保险费率综合方案》，自 2019 年 5 月 1 日起，养老金缴费上限从 20%（19%）降至 16%，缴费基数根据社会平均工资水平合理降低，这也称为"双降"政策。"双降"政策的实施对企业进行了减负，降低了企业的用工成本。但马雯（2020）研究指出，"双降"政策的实施会进一步加剧部分地区的养老保险财务的收支失衡，但在四川等部分省份，遵缴率、就业率、制度覆盖率和经济增长率相关参数的上升效应存在完全弥补因缴费"双降"导致的养老金缺口净增加额的可能性。综合以上分析，养老保险缴费率变动对养老保险收支平衡的短期影响比较明确，但长期效应还需要结合其他制度参数如遵缴率、参保率等参数的变化进行综合研判。

4）遵缴率

遵缴率是指参保人实际缴纳的养老保险金额与按照规章应该缴纳的养老保险金额的比率。遵缴率的提升意味着按照规定足额缴费的人群占比增加，在其他条件不变的情况下，遵缴率越高，养老保险的财务收入越高，反之，则收入越少。参保人员的遵缴率和缴费率之间存在一个制约关系，一般来讲，养老保险的遵缴率和缴费率成反比，缴费率越高，遵缴率相应就会越低。王瑞雪和陈茹（2021）采用双重差分模型考察遵缴率与缴费率之间的关系，发现基本养老保险缴费率的降低会促进遵缴率提升，缴费率降低 1 个百分点，遵缴率会提高约 3 个百分点。在实践中，遵缴率与实际的政策执行过程有关，并不是一个固定值，因此在养老保险的财务收入测算中，遵缴率是一个不可忽视的因素。

5）人口死亡率

人口死亡率是一定时期内某一地区死亡人数占该时期平均总人数的比例。由于我国医疗水平的进步和人民生活质量的大幅度改善，我国人口平均寿命在不断提高。按照我国现行的养老保险支付制度，退休后按月给退休人员发放基本养老金。根据计发月数，部分长寿者个人账户用尽后将由统筹基金继续支付个人账户养老金。随着人口死亡率的降低和人口预期寿命的提高，基本养老金给付制度与死亡率变化之间将出现不平衡，导致个人账户养老金的缺口逐渐增大，政府需要继续对这一部分个人账户养老金缺口进行支付，从而影响养老保险的财务收支平衡。

此外，针对老龄化程度加深的问题，已有研究利用队列要素法测算人口数量，通常假设历史的人口死亡率保持不变，从而对后续的城镇职工适龄人口数和缴费人口数的测算产生偏差。针对上述问题，李爱华和王迪文（2021）对队列要素法进行了改进，假设男性和女性的死亡概率以一个速度 g_x 逐年递减，从而对人口的预测做出改进，提升了预测的精度。因而，人口数量的预测精度提升对于养老金财务收支测算缺口的影响程度，也是一个需要考量的问题。综上所述，人口死亡率是影响养老保险参保人数的重要因素，进而对养老金的财务收支产生重要影响。

6）就业率与参保率

城镇职工基本养老保险参保人数由城镇职工适龄人口、就业率和参保率共同决定。就业率是反映劳动力就业程度的指标，指在业人员占在业人员与待业人员之和的百分比，它反映全部可能参与社会劳动的劳动力中，实际被利用的人员比重。参保率为城镇职工基本养老保险人口占政策规定应参保人口的比例。就业率和参保率指标会直接影响城镇职工的参保人数，进而对养老保险的收支平衡产生影响，是影响养老保险的收支平衡的重要因素。

2. 养老保险财务可持续性影响因素的定量分析

6.1.1 节的定性分析部分从影响机理方面分析了社会平均工资增长率、人口出生率、人口死亡率、缴费率、遵缴率、就业率与参保率对城镇职工基本养老保险收支平衡的影响，考虑到我国城镇职工基本养老保险的参保率已达到较高水平，会在较长时间内稳定在当前水平，不会对参保人数造成显著影响，因此在分析中对该变量进行忽略。根据收支两条线的原则，可以把上述剩下的 6 个影响变量因素分为经济因素、人口因素和政策因素，具体如图 6-1 所示。在这些因素中，有些因素只影响养老保险的收入，有些因素只影响养老保险的支出，有些因素同时影响养老保险的收入和养老保险的支出。

为了确定影响养老保险收支平衡的关键变量，下面分别对上述 6 个因素进行微小变动，分析其变化对养老保险收支和结余的影响。现假定在基准情形下社会平均工资增长率 g 增加 1 个百分点、人口出生率 RATE 增加 1 个千分点、缴费率 j 增加 1 个百分点、遵缴率 h 增加 1 个百分点、人口死亡率 mx 增加 1 个千分点和就业率 Em 增加 1 个百分点，分别测算各因素变动对养老保险收支和结余的影响。

表 6-1 给出了在 7 种情形下全国城镇职工基本养老保险在 2014～2020 年的基金收支缺口的变化，其中基准情形为对照情形。从表 6-1 可以看出，与基准情形相比，人口出生率单位变动对短期的养老保险收支缺口没有产生影响，这是因为

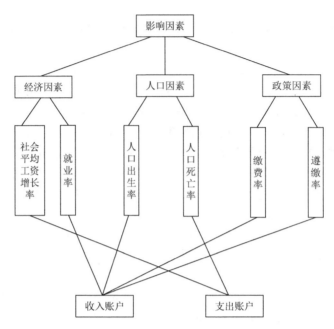

图 6-1　养老保险收支影响因素路径图

自然人从出生到参加工作缴纳社会保险有 20 余年的时间延迟，人口出生率的变动需要经过一定时间对就业人口和参保人口产生影响，才会影响养老保险的财务收支。其余 5 种情形下，各影响因素的变动均对短期的养老保险财务收支缺口产生影响，其中，就业率的微小变化带来的影响最大，然后依次是遵缴率、社会平均工资增长率、缴费率和人口死亡率。

表 6-1　各因素单位变化对养老金财务收支结余的影响　　（单位：亿元）

年份	基准情形	g 变化情形	RATE 变化情形	j 变化情形	h 变化情形	mx 变化情形	Em 变化情形
2014	14 830	15 110	14 830	15 040	15 170	14 810	15 210
2015	16 130	16 260	16 130	16 370	16 510	16 090	16 560
2016	17 750	17 960	17 750	18 030	18 190	17 690	18 250
2017	19 570	19 870	19 570	19 890	20 080	19 480	20 140
2018	19 810	20 220	19 810	20 170	20 390	19 680	20 470
2019	21 970	22 490	21 970	22 380	22 630	21 800	22 720
2020	23 480	24 100	23 480	23 940	24 220	23 260	24 310

为了更加精确地分析各影响因素的变化对养老保险收支结余的影响，在此参

考邓大松和刘昌平（2001）的做法，对养老保险收支缺口做其影响因素的弹性分析，研究基期为 2001 年，研究报告期为 2045 年。表 6-2 是测算得到的报告期养老保险结余对 6 个影响因素基期微小变化的弹性分析结果。

表 6-2 养老保险财务收支影响因素弹性分析

影响因素	收入变化 ΔR/亿元	支出变化 ΔE/亿元	结余变化 $\Delta M = \Delta R - \Delta E$/亿元	影响因素变化率 x' /%	结余变化率 $y' = \Delta M/M$/%	弹性 $\dfrac{y'}{x'}$
社会平均工资增长率$\Delta g = 1\%$	316.5	179.3	137.2	$\Delta g/g = 9.90$	0.85	0.86
缴费率 $\Delta j = 1\%$	241.9	0	241.9	$\Delta j/j = 6.25$	1.50	0.25
遵缴率 $\Delta h = 1\%$	387.1	0	387.1	$\Delta h/h = 1.11$	2.40	2.16
就业率 $\Delta Em = 1\%$	435.3	0	435.3	$\Delta Em/Em = 1.24$	2.70	2.18
人口出生率 $\Delta RATE = 1‰$	650.0	120.0	530.0	$\Delta RATE/RATE = 7.23$	3.29	0.45
人口死亡率 $\Delta mx = 1‰$	−67.9	−27.4	40.5	$\Delta mx/mx = 5.55$	0.25	−0.05

资料来源：由国家统计局的统计年鉴数据推算所得。

工资增长率的弹性系数为 0.86，表明职工的工资增长率每增长 1%，养老保险结余会增长 0.86%。从养老保险收入和支出两个方面来说，工资增长率增加，会提高城镇职工基本养老保险的缴费基数进而增加养老保险的财务收入，但工资增长率增加，另一方面会同时增加基础养老金的支出，上述两个方面影响的综合是社会平均工资增长率对养老保险结余的最终影响。

缴费率和遵缴率的弹性系数分别是 0.25 和 2.16，遵缴率的弹性系数远高于缴费率的弹性系数。通过 6.1.1 节的定性分析可知，降低养老保险缴费率可以在一定程度上提升养老保险的遵缴率，可见，维持合理负担水平的养老保险缴费率，促进更多参保群体合规足额缴费是维持养老保险财务可持续性的有效政策之一。

在分析的 6 个因素中，就业率的弹性系数最高，为 2.18，即就业率每提升 1%，最终会带来养老保险财务结余提升 2.18%。就业率提升的前提是良好的经济增长，相应带来的是更多的就业人口，进而增加养老保险的参保人数量，从而改善养老保险的财务可持续性。

人口出生率的弹性系数为 0.45，即人口出生率每增加 1%，养老金的结余会增加 0.45%，受研究区间的限制，研究结果反映的只是中期的影响，人口出生率的变化还会对长期的养老保险财务收支产生更为深远的影响。人口死亡率的弹性系数是

–0.05，是分析的 6 个因素中唯一与养老保险结余方向呈反方向变化的因素。

综合以上分析，根据养老金结余对各变量弹性系数的绝对值大小，可以判断出各变量对养老保险收支影响的重要程度，依次顺序是：就业率＞遵缴率＞社会平均工资增长率＞人口出生率＞缴费率＞人口死亡率。就业率和社会平均工资增长率是与宏观经济形势较为密切的因素，遵缴率也会受到经济发展的影响；人口出生率和就业率是与人口、经济均有密切关联的重要因素，因此本章将社会平均工资增长率和人口出生率作为养老保险财务收支测算的关键基础变量。

6.1.2 基于大数据的高频舆情指数构建

根据第 5 章的养老保险安全大数据来源分析可知，关联养老保险安全的大数据主要包括基于网络搜索引擎的数据、基于电商平台的用户消费数据、基于网络的社交媒体数据以及有关人口和经济的历史常规数据，本节将针对上文确定的养老保险运行安全关键基础变量，开展基于网络搜索数据的高频舆情指数构建，为关键基础变量的预测做准备。

1. 基于百度搜索的人口出生率高频舆情指数构建

1）关键词选取及数据预处理

百度指数是公众对于某产品或生活事件的搜索频次，体现的是一种关注度，可以解释公众对某件事的情感态度。因此，网络搜索数据不仅可以用于预测生育行为，也可以用来解释生育意愿，是衡量生育意愿的有效途径。利用百度搜索构建人口出生率高频舆情指数首先需要选取关于研究主题的搜索关键词。基于本书第 5 章的百度搜索关键词挖掘方法介绍，以及对主观选词法、模型选词法和范围选词法三种选词方法的比较，本章选用范围选词法对与人口相关的关键词进行筛选。依据相关因素对人口出生的影响方向，本章将影响人口出生率的因素归为新生人口正向和新生人口负向两类，再在两个大类下分别选出核心关键词，最终共选取了 19 个初始核心关键词，具体如表 6-3 所示。

表 6-3 人口相关的初始关键词

人口正向因素	新生儿、婴儿、新生儿用品、新生儿育儿、怀孕、怀孕检查、孕妇食谱、产妇食谱、孕妇注意事项、月子食谱
人口负向因素	丁克、房贷、车贷、性取向、产后抑郁、住房问题、教育问题、就业问题、职场压力

为了使选取的关键词信息更加全面，在此对初始关键词进行了拓展，即由初始关键词扩充一系列相关关键词，形成拓展关键词库。本章采用百度指数官

网的需求图谱拓展法对初始关键词进行扩充。通过对初始关键词的拓展，最终形成 60 个关键词构成的高频舆情关键词库，其中描述对新生儿关注度的关键词 34 个，反映育龄妇女、孩子抚养成本、丁克等生儿育女相关因素状况的关键词共 26 个。考虑数据的可比性和全面性，关键词搜索量为个人计算机（personal computer，PC）端、移动端趋势之和，数据频率为周，样本跨度是 2011 年 1 月 1 日至 2020 年 12 月 26 日。相关研究表明，模型的精确预测并不是一定要穷举所有的关键词，当关键词达到一定数量后，进一步增加关键词的数量对预测结果的改善效果甚微，因此能够筛选出反映人口出生状况的核心关键词至关重要。通过剔除在样本期间内缺失数据较多的关键词，最终筛选出 36 个与人口出生相关的关键词。

为了获取指定关键词的百度指数数据，本章借助 Python 编程软件中的 requests、urllib 模块包对数据进行爬虫之后保存，检查之后确保数据无误差后进一步使用。

2）基于主成分分析法的人口出生率高频舆情指数构建

通过爬虫软件获得各关键词的百度指数后，需要将各关键词的搜索指数进行合成，形成反映人口出生综合状况的舆情指数。通过 5.1.2 节的大数据挖掘方法介绍可知，主成分分析法不仅可以有效减少数据的维度，去除各变量间的重叠冗余信息，而且能够综合利用变量的主要成分信息来确定各分变量的权重，将各分变量合成为一个综合变量。下面将运用主成分分析法构建基于百度搜索的人口出生率高频舆情指数。

首先将各关键词的周百度搜索量原始数据降频为月度数据，通过增广迪基-富勒（augmented Dickey-Fuller，ADF）稳健性检验表明，关键词搜索量均为平稳的时间序列；KMO（Kaiser-Meyer-Olkin）检验和 Bartlett 的检验结果显示 KMO 值为 0.877，接近于 1，Bartlett 检验的 P 值为 0，结果表明主成分分析法可行。表 6-4 中的主成分分析结果显示，主成分 1、2、3、4、5、6 和 7 的特征值分别为 6.511、5.020、4.559、4.402、2.745、1.934 和 1.712，各自分别解释了 36 个百度搜索指数的 18.086%、13.944%、12.665%、12.227%、7.624%、5.373%和 4.757%的方差，当提取 7 个主成分时，累计方差贡献率为 74.676%，提取的主成分解释了约 75%的原始数据信息，在一定程度上反映了实际社会公众对于人口出生相关话题的关注度。表 6-5 显示的是公共成分方差表，也称共同度（communality），表示各变量所含信息能被所提取主成分解释的程度，反映所有公共成分对该原变量的方差（变异）的解释程度。除了"出生""丁克""绝代佳人"三个关键词外，共同度均在 0.5 以上，各原变量的平均共同度为 0.747，说明平均而言，提取的公共成分已经反映了原变量约 75%的信息。

表 6-4　主成分方差贡献率（一）

成分	初始特征值			提取平方和载入			旋转平方和载入		
	合计	方差贡献率/%	累计方差贡献率/%	合计	方差贡献率/%	累计方差贡献率/%	合计	方差贡献率/%	累计方差贡献率/%
1	9.800	27.222	27.222	9.800	27.222	27.222	6.511	18.086	18.086
2	8.007	22.243	49.465	8.007	22.243	49.465	5.020	13.944	32.030
3	2.577	7.158	56.623	2.577	7.158	56.623	4.559	12.665	44.695
4	2.103	5.843	62.466	2.103	5.843	62.466	4.402	12.227	56.922
5	1.729	4.802	67.268	1.729	4.802	67.268	2.745	7.624	64.546
6	1.544	4.288	71.556	1.544	4.288	71.556	1.934	5.373	69.919
7	1.124	3.121	74.677	1.124	3.121	74.677	1.712	4.757	74.676

注：表中仅呈现了特征值大于 1 的主成分方差贡献情况。

表 6-5　公共成分方差表

关键词	初始值	共同度	关键词	初始值	共同度	关键词	初始值	共同度
孕妇食谱	1.00	0.531	女强人	1.00	0.831	婴幼儿	1.00	0.870
备孕	1.00	0.866	人口	1.00	0.690	优生	1.00	0.830
产后抑郁	1.00	0.806	人口出生率	1.00	0.876	优生优育	1.00	0.681
车贷	1.00	0.886	新生儿	1.00	0.864	月子食谱	1.00	0.732
出生	1.00	0.442	新生儿用品	1.00	0.649	孕产妇	1.00	0.778
出生证明	1.00	0.880	新生婴儿	1.00	0.802	孕妇	1.00	0.741
丁克	1.00	0.467	性取向	1.00	0.680	孕妇保健品	1.00	0.666
房贷	1.00	0.624	学区房	1.00	0.664	孕妇分娩	1.00	0.622
怀孕检查	1.00	0.829	叶酸	1.00	0.852	孕妇注意事项	1.00	0.888
教育问题	1.00	0.840	婴儿	1.00	0.796	孕前检查	1.00	0.861
就业问题	1.00	0.882	婴儿奶粉	1.00	0.596	职场压力	1.00	0.674
绝代佳人	1.00	0.439	婴儿装	1.00	0.878	住房问题	1.00	0.870

　　为了综合利用各公共因子的信息，我们以各成分的方差贡献率为权重合成综合指数，以此构建人口出生率综合舆情指数，图 6-2 为构建的人口出生率高频舆情指数与实际人口出生率的混频数据图，FM 为合成的月度人口出生率高频舆情指数，RATE 为我国 2011～2020 年的年度人口出生率数据。从图 6-2 中可以看出，2016 年的"全面二孩"政策实施前，人口出生率高频舆情指数出现了急剧的上升，提前为人口出生率的短暂上升提供了预测的有效信息和预测窗口。

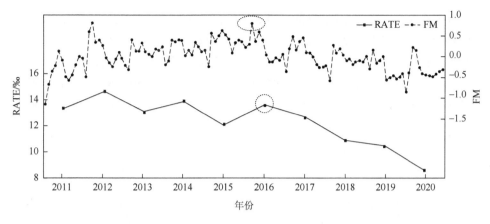

图 6-2　人口出生率高频舆情指数与实际人口出生率的混频数据图

2. 基于百度搜索的经济增长率高频舆情指数构建

1）舆情关键词库构建及数据预处理

参照上文构建人口出生率高频舆情指数的做法，在此以百度搜索引擎为对象，搜索量为 PC 趋势和移动趋势的总和，数据频率为周度，时间范围为 2012 年 1 月 1 日到 2021 年 9 月 30 日，关键词也采用范围选词法来选取。对于 GDP 增长的舆情关键词库，当社会经济现状和前景良好时，相应的产品产量增加、生产增加、销售额增加和利润上升等关键词的搜索量会随之增加；同样，当社会经济发展萧条时，上述关键词搜索量会相应地减少。最终形成 124 个关键词构成的关键词库，其中描述宏观经济状态前景的关键词共 42 个，反映投资、消费、出口、物价、就业、居民生活、国际贸易、生产、经济政策等宏观经济各维度发展状况的关键词共 82 个。

为了筛选核心关键词，首先将各关键词的周度搜索量数据降频为月度数据，参考徐映梅和高一铭（2017）的数据处理方法，计算得到每个关键词的搜索热度数据，以消除互联网本身的发展对网络搜索热度的影响，进而计算关键词搜索热度，最后以国家统计局发布的宏观经济一致景气指数为基准指标，计算各个关键词搜索量与基准指标的相关系数，筛选出最具代表性的 19 个核心关键词，具体如表 6-6 所示。

表 6-6　选取的经济核心关键词

经济政策类	经济危机、预算赤字、财政政策、财政赤字、通货紧缩、汇率、利率、货币升值
金融贸易类	货币贬值、对外贸易、物价、价格、贷款、收入、股票价格
主观预期类	消极、泡沫、就业、环境保护

图 6-3 展示了基于百度引擎的经济危机搜索量与宏观经济一致景气指数在同一时间内变化趋势的对应关系。从图中可以看出，2020 年 3、4 月的宏观经济一致景

气指数达到谷值，分别为 78.67 和 76.39，针对"经济危机"关键词的搜索热度达到 2311 和 1743，达到历史以来的峰值，这与实际的新冠疫情对经济发展产生的影响密切相关；同样，在 2021 年 1~4 月的宏观经济一致景气指数达到峰值，分别为 114.91、117.59、117.31 和 115.22，正好与经济危机搜索热度量 578.8、509.75、651.25 和 609.25 的谷值相对应。其他关键词的走势与"经济危机"关键词类似，在此不再一一列举。

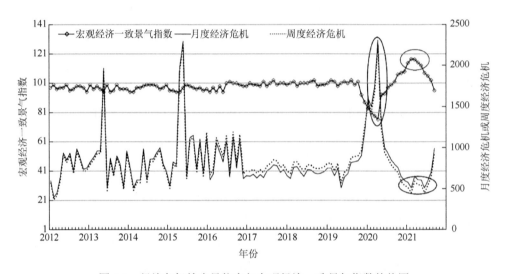

图 6-3　经济危机搜索量热度与宏观经济一致景气指数趋势图

2）基于主成分分析法的经济增长率高频舆情指数构建

本节与上文的处理方法一致，首先采用主成分分析模型将各核心经济关键词数据进行降维，并合成综合舆情指数。KMO 和 Bartlett 的检验结果显示 KMO 值为 0.796，比较接近于 1，Bartlett 检验的 P 值为 0，主成分分析法可行。

表 6-7 显示，当提取 5 个主成分时，成分 1、2、3、4 和 5 的特征值分别为 3.571、2.852、2.852、2.852 和 1.111，各自分别解释了 19 个经济增长核心关键词的 18.795%、15.011%、14.839%、13.243%和 5.849%的方差，这五个主成分累计方差贡献率为 67.737%，提取的主成分包含了约 70%的原始数据信息，提取的主成分在较大程度上反映了实际经济增长舆情信息。

表 6-7　主成分方差贡献率（二）

成分	初始特征值			提取平方和载入			旋转平方和载入		
	合计	方差贡献率/%	累计方差贡献率/%	合计	方差贡献率/%	累计方差贡献率/%	合计	方差贡献率/%	累计方差贡献率/%
1	4.680	24.634	24.634	4.680	24.634	24.634	3.571	18.795	18.795
2	3.375	17.762	42.396	3.375	17.762	42.396	2.852	15.011	33.806

续表

成分	初始特征值			提取平方和载入			旋转平方和载入		
	合计	方差贡献率/%	累计方差贡献率/%	合计	方差贡献率/%	累计方差贡献率/%	合计	方差贡献率/%	累计方差贡献率/%
3	2.294	12.071	54.467	2.294	12.071	54.467	2.852	14.839	48.645
4	1.464	7.706	62.173	1.464	7.706	62.173	2.852	13.243	61.888
5	1.057	5.562	67.735	1.057	5.562	67.735	1.111	5.849	67.737

注：表中仅呈现了特征值大于 1 的主成分方差贡献情况。

　　为了构建经济增长率高频舆情指数，以各提取成分的方差贡献率为权重合成综合指数，以此来表示基于百度搜索大数据的经济增长率高频舆情指数。图 6-4（a）、

(a) 经济增长率高频舆情指数与GDP同比增长率走势对比图

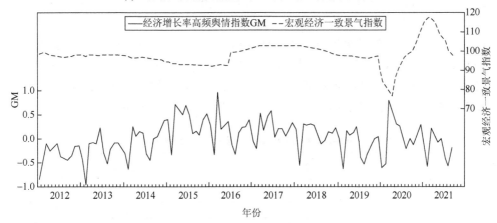

(b) 经济增长率高频舆情指数与宏观经济一致景气指数走势对比图

图 6-4　经济增长率高频舆情指数 GM 与 GDP 同比增长率以及 GM 和宏观经济一致景气指数的变化趋势图

图 6-4（b）分别是经济增长率高频舆情指数 GM 与 GDP 同比增长率以及 GM 和宏观经济一致景气指数的变化趋势图，由图可知，经济增长率高频舆情指数和两个经济变量均呈现负向关系。

6.1.3 基于高频舆情指数的关键基础变量预测

1. 基于人口出生率高频舆情指数的人口出生率预测

人口出生率是反映一个国家或地区人口自然动态的基本指标，对我国人口出生率开展有效预测对了解我国未来自然人口动态和预测养老保险可持续性具有重要的科学意义。目前用于预测人口出生率的模型主要有自回归积分移动平均（autoregressive integrated moving average，ARIMA）模型、灰色模型、残差自回归模型和趋势外推模型，但这些模型并未考虑外在影响因素。此外，目前已有研究主要利用的是同频率数据，对现阶段如互联网产生的海量高频数据信息没有充分有效地加以利用。基于以上不足，本节尝试在现有研究的基础上使用 MIDAS 和基于大数据的人口出生率高频舆情指数来预测人口出生率，混频数据预测模型中人口出生率 RATE 变量为被解释变量，基于百度大数据构建的月度人口出生率高频舆情指数 FM 为主要解释变量；模型估计样本区间为 2011～2020 年，预测区间为 2021～2025 年。使用的 MIDAS 具体详见本书 5.1.3 节的介绍。

1）MIDAS 的建立

利用 EViews 10 对人口出生率 RATE 和人口出生率高频舆情指数 FM 进行 ADF 平稳性检验，RATE 单位根检验的统计量 $ADF = -2.1587$，$P = 0.0374 < 0.05$，FM 单位根检验的统计量 $ADF = -5.5421$，$P = 0.000 < 0.01$，结果表明人口出生率 RATE 和人口出生率高频舆情指数 FM 为平稳的时间序列，可直接进行时间序列的模型拟合。考虑到人口出生率自身内在规律的影响，在式（5-9）的基础上引进自回归（autoregressive，AR）模型，利用 AR-MIDAS（m, K, h）模型来对人口出生率 RATE 进行拟合预测。对于 AR-MIDAS（m, K, h）模型的被解释变量人口出生率的滞后阶数选择的具体结果如表 6-8 所示，根据三种不同的准则均选择滞后期为二阶。

表 6-8　AR-MIDAS（m, K, h）模型滞后阶数选择（一）

滞后阶数	AIC	BIC	HQC
1	3.8485	3.8923	3.7539
2	3.2837*	3.3135*	3.0828*
3	3.6702	3.6393	3.2882
4	4.0636	3.8900	3.3689

注：AIC 为赤池信息量准则（Akaike information criterion），BIC 为贝叶斯信息量准则（Bayesian information criterion），HQC 为汉南-奎因准则（Hannan Quinn criterion）；

*表示根据评价指标的标准选择的滞后期。

2）模型预测结果分析

图 6-5 为以 RATE 自身历史数据加入人口出生率高频舆情指数与未加入人口出生率高频舆情指数的人口出生率预测效果对比图。图 6-5（a）为未加入人口出生率高频舆情指数的 RATE 的 AR 的拟合效果图，拟合误差在 2016 年出现波峰，在 2020 年出现波谷，且误差范围为–1.91‰～1.49‰；图 6-5（b）为加入人口出生率高频舆情指数后的拟合效果图，误差范围变成了–0.94‰～0.72‰，预测效果得到显著改善。特别是针对 2016 年二孩政策冲击的影响，加入人口出生率高频舆情指数后的预测误差接近于 0，这说明舆情指数捕获到了这一政策对于人口出生率 RATE 的影响。

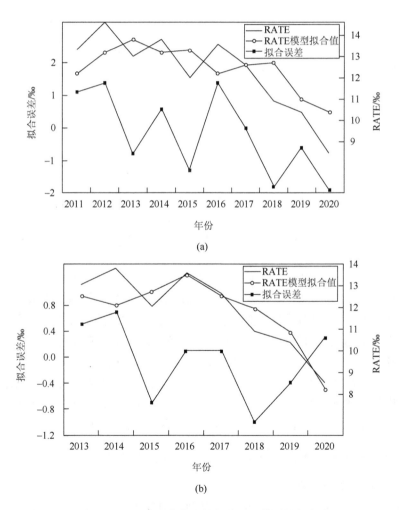

图 6-5　加入人口出生率高频舆情指数前后模型的拟合度对比

　　人口出生率 RATE 的建模样本数据区间是 2011～2020 年，最新的预测是 2021 年的人口出生率，为了实现对城镇职工基本养老保险财务可持续性的中长期预测，本节将预测区间扩大到 2021～2025 年共 5 个年度，最新的预测均是通过更新上一年度的样本进行的。例如，为了预测 2022 年的人口出生率，先通过已有样本预测 2021 年的人口出生率，将 2021 年的预测值作为 2022 年预测时的已知值。当最新的互联网数据或者人口出生率数据更新时，我们可以通过重新爬虫构建人口出生高频舆情指数来对已有的预测值进行更新改进。基于 2011～2020 年的人口出生率数据 RATE 和人口出生率高频舆情指数 FM 对 2021～2025 年的人口出生率 RATE 进行模型拟合和预测，具体结果如图 6-6 所示。

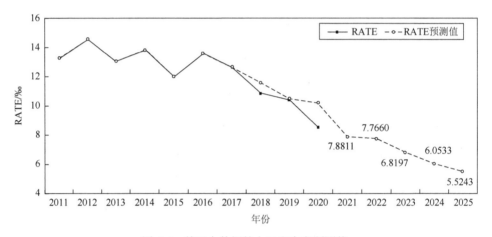

图 6-6　基于大数据的人口出生率预测值

　　从图 6-6 的模型预测结果可以看出，未来几年的人口出生率呈现较大幅度的下降趋势，这与较低的生育意愿背景是一致的。从预测误差的结果来看，通过用 2021 年人口出生率预测值与其实际值对比，得到其预测的均方根预测误差、平均绝对误差、平均绝对百分比误差、对称平均绝对百分比误差分别为 0.357、0.271、2.473% 和 2.439%，模型短期预测效果良好。但对于长期预测而言，由于利用的真实样本信息会越来越少，预测的误差会加大，因此需要通过实时爬取网络舆情信息来对模型的预测进行实时更新迭代，才能够准确把握人口出生率未来变化趋势以及人口因素对城镇职工基本养老保险财务可持续性的影响。

2. 基于经济增长率高频舆情指数的经济增长率预测

1）预测方法与数据

　　经济增长一直是备受专家学者关注的热门研究主题之一，经济学家和国家宏观经济管理部门已经开发出较为成熟的经济预测模型。关于经济增长预测方面的研究主要关注两个方面的问题：一是选择合理恰当的预测因子；二是是否充分有效地利用了混合频率数据（Armesto et al.，2010；Andreou et al.，2010）。经济总体波动是一系列经济活动综合影响的结果，Stock 和 Watson（2002）认为经济增长的过程涵盖了宏观经济的所有方面，宏观经济预测应该充分利用涉及广泛信息的经济变量，包括工业生产总值、人均收入水平、利率、汇率以及股票收益率等。考虑到影响 GDP 增长的因素众多，GDP 增长预测要综合利用各种经济信息，因此需要从众多的经济变量中来合理确定预测因子，同时又不能丢失这些经济变量中蕴含的主要信息。因子分析法是近年来被用作短期经济预测的便捷工具，因子分析法可以将大量的经济变量分解为共同成分和异质成分，然后从共同成分中提取少量的共同因素作为公共因子。利用因子分析法确定的预测因子不仅可以有效地减少大量数据的维度，解决因模型纳入较多的变量而造成的过度细分和过度参数化问题，还可以避免出现预测模型结构不稳定的问题。因此本书将因子分析法和 MIDAS 结合起来用于经济增长率的预测。具体的思路为：首先选取一定数量的宏观经济月度指标作为原始变量，再通过因子分析法来提取宏观公共因子，同时结合上文基于百度大数据构建的经济增长率高频舆情指数，通过 MIDAS 预测我国季度 GDP 增长率。

通过分析梳理，最终选取了 18 个宏观经济月度指标，样本区间是 2012 年 1 月至 2021 年 9 月，数据来自国家统计局、中华人民共和国海关总署、上海证券交易所、深圳证券交易所、中华人民共和国对外贸易部和中国人民银行。经过数据预处理，并对非平稳的时间序列进行差分处理获得平稳的时间序列。KMO 和 Bartlett 的检验结果显示 KMO 值为 0.713，比较接近于 1，Bartlett 检验的 P 值为 0，结果表明因子分析法可行。按照提取公因子的原则，我们最终提取了 5 个公共因子，结果如表 6-9 所示。因子 1、2、3、4 和 5 的特征值分别为 5.198、3.829、3.185、1.589 和 1.183，各自分别解释了 18 个宏观经济月度指标的 28.878%、21.273%、17.692%、8.828% 和 6.574% 的方差，这五个因子累计方差贡献率为 83.244%，提取的公共因子包含了 80% 以上的原始数据信息。

表 6-9　因子方差贡献率

因子	初始特征值			提取平方和载入			旋转平方和载入		
	合计	方差贡献率/%	累计方差贡献率/%	合计	方差贡献率/%	累计方差贡献率/%	合计	方差贡献率/%	累计方差贡献率/%
1	6.223	34.570	34.570	6.223	34.570	34.570	5.198	28.878	28.878
2	3.974	22.078	56.648	3.974	22.078	56.648	3.829	21.273	50.150
3	2.303	12.797	69.445	2.303	12.797	69.445	3.185	17.692	67.842
4	1.381	7.671	77.116	1.381	7.671	77.116	1.589	8.828	76.670
5	1.103	6.128	83.244	1.103	6.128	83.244	1.183	6.574	83.244

注：表中仅呈现了特征值大于 1 的因子方差贡献情况。

表 6-10 呈现的是因子载荷情况。如果一个共同的因素与 18 个经济变量之间的相关性为 0.1 或以上，则记录为 1，否则为 0。从表 6-10 中可以看出，F1 与绝大多数经济变量都呈现出较强的相关性；F2 与投资、消费和出口类变量具有较强的相关性；F3 与大部分金融类变量有较强的相关性；F4 与大部分价格类变量有很大的相关性；F5 与政策类变量有较强的相关性。因此，我们把这五个公共因子分别表示为全局因子（F1）、拉动因子（F2）、金融因子（F3）、价格因子（F4）和政策因子（F5）。

表 6-10 提取的公因子与因子载荷

经济相关指数	频率	全局因子（F1）	拉动因子（F2）	金融因子（F3）	价格因子（F4）	政策因子（F5）	类型
固定资产投资（不含农户）-累计同比增速	M	1	1	1	0	0	固定资产投资
社会消费品零售总额当期值（亿元）-当期同比增长	M	1	1	0	0	1	价格
进出口总额-当期同比增速	M	1	1	1	1	0	对外贸易与投资
居民消费价格指数（上年同期＝100）-当期	M	1	1	1	0	1	对外贸易与投资
进出口商品价格指数（上年同期＝100）-当期	M	1	1	1	1	1	价格
财政收入-当期同比增长率	M	0	1	1	1	1	财政政策
税收收入-当期同比增长率	M	0	1	0	1	1	财政政策
工业生产者出厂价格指数（上年同期＝100）	M	1	1	1	1	0	价格
货币和准货币供应量同比增长率	M	1	1	1	0	0	金融
上证综合指数-收盘-当期同比增长率	M	1	0	1	1	0	金融
深证综合指数-收盘-当期同比增长率	M	1	0	1	1	0	金融
一致指数	M	1	1	0	0	0	景气调查
先行指数	M	1	1	0	1	0	景气调查
滞后指数	M	1	0	1	1	1	景气调查
消费者信息指数-当期	M	1	0	0	0	0	景气调查
消费者预期指数-当期	M	1	0	0	0	0	景气调查
国房景气指数-当期	M	1	0	1	0	0	景气调查
人民币汇率	M	1	1	1	1	0	金融
GDP 当期同比增长率	Q	1	0	0	0	0	国民经济

注：其中 M 表示月度，Q 表示季度；数字 1 表示此行数据因子载荷在 0.1 以上，0 表示因子载荷在 0.1 以下。

为了对 GDP 增长率做出预测，现将从宏观经济变量中提取的 5 个公共因子，以每个因子的方差因子贡献率为权重合成一个宏观综合公共因子 GFM，图 6-7 呈现的是预测模型中涉及的主要变量的混频数据图，可以看出经济增长率高频舆情指数能够对经济的增长做出较好的捕获。

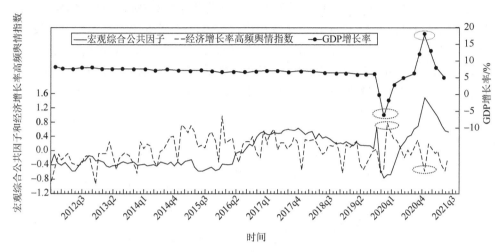

图 6-7 经济增长率高频舆情指数、宏观综合公共因子和 GDP 混频图形

2012q3 表示 2012 年第 3 季度，其余参数的含义可以此类推

2）MIDAS 的建立

下面将通过构建 MIDAS 对 GDP 增长率进行拟合预测，模型中解释变量为通过大数据构建的月度经济增长率高频舆情指数 GM 和以提取的 5 个宏观公共因子 F1、F2、F3、F4 和 F5 合成的宏观综合公共因子 GFM，每一季度 GDP 预测均是通过更新上一季度的样本信息进行的。模型拟合样本区间为 2012 年 1 月至 2021 年 9 月，预测样本区间为 2021 年第 4 季度至 2023 年第 4 季度。

首先利用 EViews 10 对宏观综合公共因子 GFM、经济增长率高频舆情指数 GM 和 GDP 当期同比增长率进行 ADF 平稳性检验，结果表明三个变量均为平稳的时间序列。其次利用式（5-10）的 AR-MIDAS(m, K, h) 模型对 GDP 当期同比增长率进行拟合预测。对于 AR-MIDAS(m, K, h) 模型的被解释变量 GDP 当期同比增长率的滞后阶数选择，综合考虑表 6-11 的结果最终选取滞后期为 1 阶。

表 6-11 AR-MIDAS(m, K, h) 模型滞后阶数选择（二）

滞后阶数	AIC	BIC	HQC
1	5.100	5.187*	5.131
2	5.181	5.311	5.227
3	5.260	5.436	5.321
4	5.025*	5.248	5.102*

*表示根据评价指标的标准选择的滞后期。

3）模型预测结果分析

图 6-8 为 MIDAS 预测模型加入经济增长率高频舆情指数 GM 前后的拟合效果对比图。图 6-8（a）为解释变量为宏观综合公共因子 GFM 的 AR-MIDAS 的拟合效果图，拟合误差在 2021 年第 1 季度出现波峰，在 2016 年第 3 季度出现波谷，误差范围为–3.2～5.4；图 6-8（b）为模型中加入经济增长率高频舆情指数后的拟合效果图，误差范围变成–3.2～4.4，模型效果得到显著改善，结果表明基于百度指数大数据的舆情指数可以用于宏观经济走势的预测。

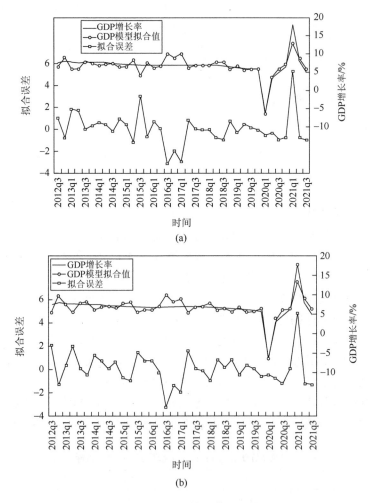

图 6-8　加入经济增长率高频舆情指数前后模型的拟合度对比

为了满足对城镇职工基本养老保险财务可持续性的中长期预测需求，在此将 GDP 增长率预测区间从 2021 年第 4 季度扩展到 2023 年第 4 季度，共 9 个季度，最新的预测均是通过更新上一期的样本滚动进行的，例如，为了预测 2022 年第 1 季度的 GDP 当期同比增长率，先通过已有样本预测 2021 年第 4 季度的 GDP 增长率，视其为已知值，继续进行 2022 年第 1 季度 GDP 增长率的预测。当最新的互联网数据或者人口出生率数据更新时，我们可以通过重新爬虫构建经济增长率高频舆情指数对已有的预测值进行更新，实现基于 2012～2021 年第 3 季度的 GDP 增长率数据、宏观综合公共因子 GFM 和经济增长率高频舆情指数 GM 对 2021 年第 4 季度～2023 年第 4 季度的 GDP 增长率的滚动预测。在通过 MIDAS 进行具体预测时，月度宏观综合公共因子 GFM 和月度经济增长率高频舆情指数 GM 相对于 GDP 增长率是高频数据，GFM 和 GM 的样本区间是 2012 年 1 月至 2021 年 9 月，GDP 的样本区间是 2012 年第 1 季度至 2021 年第 3 季度。因此，基于 MIDAS 的设定，式（5-10）中的 h 代表预测步长，可以根据提前预测的时期长短，对其进行相应调整。为了预测 2021 年第 4 季度的 GDP 增长率，需要设定参数 $h=3$；预测 2022 年第 1 季度的 GDP 增长率，需要设定参数 $h=6$；预测 2022 年第 2 季度的 GDP 增长率，需要设定参数 $h=9$；以此类推即可预测到 2023 年第 4 季度的 GDP 增长率，预测的具体结果如图 6-9 所示。从预测的效果来看，通过用 2021 年第 4 季度 GDP 增长率的预测值与其实际值对比，得到其预测的均方根预测误差、平均绝对误差、平均绝对百分比误差、对称平均绝对百分比误差分别为 0.061、0.061、1.239% 和 1.247%，模型短期预测效果良好。但对于长期预测而言，可以预计，随着步长的逐渐加大，预测的精度会逐步降低，更长期的预测需要及时更新高频数据来进行实时预测。

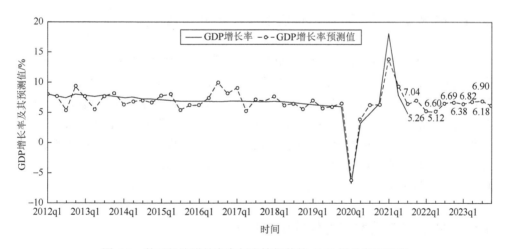

图 6-9　基于经济增长率高频舆情指数的 GDP 增长率预测值

4）通过 GDP 增长率预测社会平均工资增长率

研究养老保险的财务可持续性发展，还需在 GDP 增长率的基础上进一步预测社会平均工资增长率。从图 6-10 可以清楚地看出，GDP 增长率与社会平均工资增长率两者在历史上呈现出高度的正相关，预计将来两者会继续保持这种密切的正相关关系。通过构建普通最小二乘回归模型，预测出 2021～2023 年社会平均工资增长率分别为 7.59%、6.89%和 7.01%。

图 6-10　基于 GDP 增长率对社会平均工资增长率的预测值

6.2　基于大数据信息的养老保险财务收支缺口预测

6.2.1　养老保险财务可持续性实时预测的方法和路径

6.1 节通过 Python 爬虫和清洗模块提取大数据池中的信息构建了人口出生率高频舆情指数和经济增长率高频舆情指数，然后基于 MIDAS 实时预测出养老保险运行安全的关键变量人口出生率和经济增长率以及社会平均工资增长率。本节在上述研究的基础上，将预测的关键基础变量适时纳入养老保险收支测算模型中，同时将除关键变量外的其他变量通过历史数据预测或根据实际情形进行假设得到的信息一并纳入养老保险财务收支缺口测算模型，实现养老保险基金缺口实时预测。具体的养老保险财务可持续性实时预测路径图如图 6-11 所示。

6.2.2　城镇职工基本养老保险财务收支缺口预测

1. 基本变量设定

本节的预测对象为城镇企业职工养老保险收入，下面将对模型中涉及的相关变量进行假定。

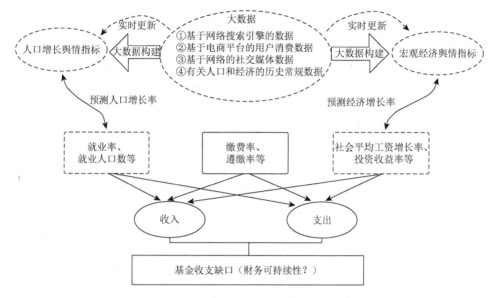

图 6-11　养老保险财务可持续性实时预测路径图

（1）养老保险缴费适龄人口数。根据性别和职业身份将研究对象中的参保职工分为男性、女干部和女工人三类，为了计算方便，假设职工 20 岁开始工作，城镇职工基本保险养老金从工作第一年开始缴纳，三类职工的对应退休年龄分别为60 岁、55 岁和 50 岁，退休当年开始不再进行城镇职工基本养老保险缴费。具体养老保险年龄人口数据基于 2010 年人口普查数据，利用队列要素法对 2021 年～2045 年城镇就业人口进行预测。

（2）就业率。本节假设就业率在短期内（2021～2025 年）保持不变，中长期就业率维持在 80%。

（3）养老保险制度覆盖率，假定维持在 80%不变；养老保险遵缴率，维持在90%不变。

（4）各类型退休人口在退休当年开始领取城镇职工基本养老保险。根据《中国从业人口生命表 1989—1990》，90 岁为生命极限，同时考虑到 90 岁以上的人口数较少以及生命表中没有公布 90 岁以上各岁数人口的死亡率数据，因此我们在研究中将 90 岁以及 90 岁以上的人数统一划入 90 岁的队列中，最终假设享受养老金职工的最长生存年龄为 90 岁。具体的 2021～2045 年养老保险领取适龄人口数利用队列要素法进行预测。

（5）"老人"基础养老金的发放比例。按照《国务院关于建立统一的企业职工基本养老保险制度的决定》文件中的规定，"老人"基础养老金按 20%的比例进行发放，以后养老金的待遇随社会平均工资增长而增长。

（6）基础养老金随社会平均工资的调整系数。假定基础养老金与社会平均工资同步增长，调整系数为 0.75。

（7）养老金计发月数。根据《国务院关于完善企业职工基本养老保险制度的决定》文件的规定，60 岁退休的养老金个人账户计发月数为 139 个月，55 岁退休的为 170 个月，50 岁退休的为 195 个月。

（8）过渡性养老金的计发系数。国家规定标准为 1%～1.4%，本节取中间值 1.2%。

以上是对模型中基本变量参数的设定。针对影响养老保险收支平衡的两个关键基础变量人口出生率和社会平均工资增长率，6.1 节通过融合百度搜索大数据和部分变量历史数据在模型中进行了短期实时预测，其中人口出生率的实时预测区间是 2021～2025 年，人口出生率预测值分别是 7.88‰、7.77‰、6.82‰、6.05‰和 5.52‰，对于中长期预测，参考马雯（2020）的做法，将近 5 年的均值作为以后年度的人口出生率预测值。社会平均工资增长率的预测区间是 2021～2023 年，社会平均工资增长率的预测值分别是 7.59%、6.89% 和 7.01%，同样将近三年的社会平均工资增长率作为后续年度的预测值，同时考虑到通货膨胀的因素，假定从 2025 年开始，每年递减 0.5 个百分点直至 5% 左右的增长速度，具体参数假设如表 6-12 所示。

表 6-12　关键基础变量参数设定

年份	人口出生率/‰	社会平均工资增长率/%	年份	人口出生率/‰	社会平均工资增长率/%
2010	11.90	8.00	2019	10.41	6.60
2011	13.27	7.50	2020	8.52	6.50
2012	14.57	7.50	2021	7.88	7.59
2013	13.03	7.50	2022	7.77	6.89
2014	13.83	7.50	2023	6.82	7.01
2015	11.99	7.00	2024	6.05	6.91
2016	13.57	6.90	2025	5.52	6.41
2017	12.64	6.80	2026	6.81	5.91
2018	10.86	6.70	2027	6.81	5.41

资料来源：国家统计局和基于百度大数据的模型预测得出。

待人口统计数据和百度大数据更新后，可根据最新的数据资源，对已有的人口出生率数据和社会平均工资增长率数据进行更新预测，替换已有的预测值，从而对养老保险的财务收支缺口进行实时滚动预测和中长期预测。

2. 城镇职工基本养老保险财务收支短期实时预测

根据本书第 2 章介绍的养老金收入和支出模型，以及上述模型参数的设定，在此对城镇职工基本养老保险财务收支进行短期实时预测，时间区间为 2021～2025 年，具体预测结果如表 6-13 所示。从预测结果来看，短期内我国整体的养老金财务收入大于财务支出，收支在 5 年内不会出现负向缺口，但从 2021 年开始到 2025 年，养老金结余整体上是减少的，养老金收入和养老金支出整体上呈现逐年递增的趋势，且养老金支出的增加幅度要远大于养老金收入的增加幅度。

表 6-13　基于大数据对养老金收支短期实时预测　　（单位：万亿元）

年份	养老金收入	养老金支出	养老金收支结余
2021	7.42	4.95	2.47
2022	8.15	5.59	2.56
2023	8.86	6.44	2.42
2024	9.66	7.31	2.35
2025	10.44	8.27	2.17

3. 城镇职工基本养老保险财务收支中长期预测

这里采用与短期预测相同的方法，继续对城镇职工基本养老保险财务收支进行中长期预测，预测区间为 2026～2046 年，具体预测结果如表 6-14 所示。从表中可以清晰地看出，养老保险基金收入和基金支出整体上呈现逐年递增的趋势，2026～2046 年基金支出的增加幅度为 365.29%，远大于相同区间养老保险基金收入的增加幅度 151.96%。从中长期逐年来看，全国养老保险基金在 2035 年首次出现缺口，随后基金缺口逐年增加。

表 6-14　基于大数据信息的养老金收支短期实时和中长期预测　　（单位：万亿元）

年份	基金财务收入	基金财务支出	养老金收支结余	年份	基金财务收入	基金财务支出	养老金收支结余
2026	11.24	9.19	2.05	2031	15.68	14.38	1.30
2027	12.04	10.12	1.92	2032	16.37	15.48	0.89
2028	12.79	11.17	1.62	2033	17.07	16.61	0.46
2029	13.60	12.19	1.41	2034	17.93	17.78	0.15
2030	14.28	13.31	0.97	2035	18.89	18.96	−0.07

年份	基金财务收入	基金财务支出	养老金收支结余	年份	基金财务收入	基金财务支出	养老金收支结余
2036	19.80	20.22	−0.42	2042	25.30	33.82	−8.52
2037	20.78	21.24	−0.46	2043	26.13	35.97	−9.84
2038	21.79	22.63	−0.84	2044	26.88	38.27	−11.39
2039	22.74	27.88	−5.14	2045	27.58	40.69	−13.11
2040	23.73	29.61	−5.88	2046	28.32	42.76	−14.44
2041	24.57	31.56	−6.99				

4. 城镇职工基本养老保险累计缺口预测

上文对城镇职工基本养老保险收支中长期预测时，没有考虑养老金历史结余以及养老金投资收益因素。作为基本养老保险基金重要组成部分的结余养老金，出于安全性和收益性综合考虑，历史上各统筹单位主要采用"国债-银行"的投资模式，将结余养老金主要投向短期低风险品种。但从 2016 年 12 月开始，全国社会保障基金理事会开始接受全国各省的委托，开始结余基本养老保险基金的委托投资运营，全国社会保障基金理事会公布的《基本养老保险基金受托运营年度报告（2021 年度）》的数据显示，2021 年末受托运营的基本养老保险基金资产总额为 16 898.52 亿元，负债总额为 2293.79 亿元，权益总额为 14 604.73 亿元；基本养老保险基金自 2016 年 12 月受托运营以来，累计投资收益额为 2619.77 亿元，年均投资收益率为 6.49%。而《2021 年度人力资源和社会保障事业发展统计公报》显示，2021 年末城镇职工基本养老保险基金累计结余 52 574 亿元。通过上述两组数据对比可知，虽然基本养老保险基金委托运营的投资收益率非常可观，但委托投资规模较小，委托投资只占基本养老保险基金累计结余总额的 27.78%。而根据中国人民银行公布的存贷款利率数据，2000～2021 年，中国一年期存款平均利率约为 2.20%，如果以基本养老保险基金各自的投资的占比为权重，综合收益率可达 3.39%，但实际上，由于基本养老保险基金需要满足养老金支付的流动性需求，较大比重的养老金投资于收益率更低的活期存款，另外，近年来，我国的存款利率呈下降趋势，综合上面的考虑，在此将养老保险结余基金的投资收益率 r 设定为 3%，2020 年全国城镇职工基本养老金累计结余为 3.8 万亿元，在 2020 年的基础上分析 2021 年及以后的养老金财务累计结余，具体测算结果如表 6-15 所示。从表中可以看出养老保险基金累计结余将在2042 年耗尽。

表 6-15　基于大数据信息养老金累计结余表　（单位：万亿元）

年份	当期财务结余	累计财务结余	年份	当期财务结余	累计财务结余
2021	2.47	6.38	2034	0.15	27.25
2022	2.55	9.01	2035	−0.06	27.18
2023	2.42	11.50	2036	−0.42	26.76
2024	2.35	13.92	2037	−0.46	26.30
2025	2.17	16.16	2038	−0.84	25.46
2026	2.05	18.27	2039	−5.14	20.32
2027	1.92	20.25	2040	−5.89	14.44
2028	1.62	21.92	2041	−6.99	7.45
2029	1.41	23.37	2042	−8.51	−1.07
2030	0.97	24.37	2043	−9.84	−10.90
2031	1.30	25.70	2044	−11.39	−22.29
2032	0.89	26.63	2045	−13.11	−35.41
2033	0.46	27.09	2046	−14.44	−49.85

5. 城镇职工基本养老保险安全状况整体评价

本书第 4 章中构建了包括养老保险制度收支自平衡度、外部环境可支持度以及养老保险制度可调节度三个维度的评价养老保险安全状况的指标体系。我国城镇职工基本养老保险实行的是省级统筹，当某一地区养老保险出现收支缺口时，地方政府是弥补缺口的第一责任人，而各个地区用于弥补缺口的财政状况存在着显著的差异，相应地，用于养老金支出的最优财政支出规模也存在较大的不同，因此难以从全国整体上测算出外部环境可支持度等指标。受上述因素的制约，本章在针对养老保险安全状况进行整体评价时，只对养老保险制度收支自平衡度以及考虑养老金累计结余支持后的养老保险制度收支自平衡度进行分析，而针对典型地区分析时将依据第 4 章中构建的各个维度指标对养老保险安全状况进行详细分析。

依据上文测算的基于大数据信息的养老金收支短期实时和中长期预测结果，以及基于大数据信息的养老金累计结余数据，可以分别测算出养老保险制度收支自平衡度和考虑养老金累计结余支持后的养老保险制度收支自平衡度，具体结果如图 6-12 所示。从图 6-12 可以看出，从 2035 年开始，整体上我国城镇职工基本养老保险制度收支自平衡度开始小于 1，但在 2035~2038 年，养老保险制度收支自平衡度维持在 0.96 之上，也就是说养老金的收入与养老金的支出相差不大。从 2039 年开始，养老保险制度收支自平衡度急剧下降，直接下降到 0.8 附近，到 2041 年直接下降到 0.8 之下，之后一直呈缓慢下降趋势。如果考虑养老金累计结余对养老保险收支自平衡的支持，养老金收支平衡状况有较大的缓解。具体来说，通过养老金累计结余的支持可以使养老保险收支出现缺口的时间推迟到 2042 年，也就是说，历年的养老金累计结余可以弥补 2035～2041 年出现的养老金收支缺口，2042 年以后，由于养老金累计结余消耗殆尽，考虑养老金累计结余支持的养老保险制度收支自平衡度与养老保险制度收支自平衡度趋于等同。

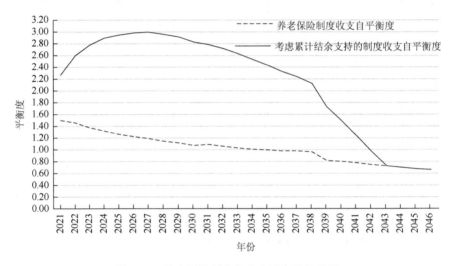

图 6-12　养老保险制度收支自平衡度趋势图

需要强调说明的是，一方面，上述评价从某一时点看是一个静态的过程，但当人口统计数据和百度大数据更新后，可根据最新的数据资源，滚动更新养老保险的财务收支缺口的中长期预测，结合构建的养老保险安全状况的评价指标体系，实现养老保险安全状况的动态评价。另一方面，正如前文所提，我国城镇职工基本养老保险实行的是省级统筹，各省份之间人口和经济状况相差甚大，养老金结余的地区失衡十分严重，在没有实行全国统筹的前提下，进行养老金结余的省级调剂渠道并不通畅，因此上述评价主要是从宏观整体上对我国城镇职工基本养老保险收支平衡做一个大概了解，测算的情况与实际安全状况存在着一定的差异，更为精确和贴合实际情况的评价需要区分统筹地区单独进行评价。

6.3　典型地区养老保险制度运行安全状况实证评价

6.3.1　安徽省城镇职工基本养老保险安全状况实证评价

本节按照上文对全国城镇职工基本养老保险收支缺口预测的思路，基于现行的城镇职工基本养老保险制度，结合安徽省的人口与经济等实际基础数据，在开放人口环境下，对安徽省 2023～2050 年的城镇职工基本养老保险收支缺口进行预测，并基于本书第 4 章构建的养老保险安全状况评价指标体系，包括养老保险制度收支自平衡度、外部环境可支持度以及养老保险制度可调节度三个维度对其安全状况做出实证评价。养老金缺口测算的基础假设与上文对全国城镇职工基本养老保险收支缺口预测的假设相同。

1. 城镇职工基本养老保险资金缺口的测算

根据养老保险资金缺口测算的前提假设和本书第 2 章介绍的养老保险收支模型公式，测算出 2023～2050 年安徽省城镇职工基本养老保险的年度收入、年度支出及其当年收支缺口，如表 6-16 所示。

表 6-16　安徽省城镇职工基本养老保险年度收入、年度支出及其当年缺口预测

年份	养老金年度支出/亿元	养老金年度收入/亿元	养老金当年缺口数/亿元	年份	养老金年度支出/亿元	养老金年度收入/亿元	养老金当年缺口数/亿元
2023	1 887.75	1 798.85	88.90	2037	7 256.43	4 984.12	2 272.31
2024	2 181.53	1 929.78	251.75	2038	7 654.01	5 210.55	2 443.46
2025	2 515.33	2 063.40	451.93	2039	8 061.91	5 444.78	2 617.13
2026	2 868.18	2 523.38	344.80	2040	8 463.02	5 697.22	2 765.80
2027	3 246.05	2 704.80	541.25	2041	8 892.25	5 955.69	2 936.56
2028	3 684.14	2 888.76	795.38	2042	9 380.81	6 201.97	3 178.84
2029	4 127.67	3 091.49	1 036.18	2043	9 865.55	6 462.29	3 403.26
2030	4 579.66	3 266.92	1 312.74	2044	10 410.68	6 714.16	3 696.52
2031	4 952.88	3 451.94	1 500.94	2045	10 983.93	6 963.01	4 020.92
2032	5 389.17	3 583.26	1 805.91	2046	11 490.43	7 644.09	3 846.34
2033	5 760.85	3 728.42	2 032.43	2047	12 178.64	7 933.90	4 244.74
2034	6 165.83	3 885.19	2 280.64	2048	12 863.58	8 214.92	4 648.66
2035	6 495.57	4 057.22	2 438.35	2049	13 632.12	8 489.60	5 142.52
2036	6 872.94	4 768.72	2 104.22	2050	14 487.39	8 766.40	5 720.99

由表 6-16 可知，在测算期间，安徽省城镇职工基本养老保险年度收入和支出逐年增加，在没有财政补贴的前提下，在 2023 年当年就会出现收不抵支的状况。从收支分项来看，测算期间养老保险年度支出迅速增长，从 2023 年的 1887.75 亿元上升到 2050 年的 14 487.39 亿元，增长十分明显，这表明安徽省参保退休人口规模不断加大，老龄化程度逐步加深；而养老保险年度收入从 2023 年的 1798.85 亿元上

升到 2050 年的 8766.40 亿元，低于年度养老保险支出的增长。并且，从 2023 年开始，除个别年份以外，各年养老金缺口规模逐年加大，这意味着必须动用更多的内、外部资源才能维持养老保险的财务可持续性。

2. 城镇职工基本养老保险安全状况评价

1）养老保险制度收支自平衡度评价

从图 6-13 显示的结果来看，安徽省城镇职工基本养老保险部分积累制自平衡度和现收现付制自平衡度指标在测算期整体上均呈现出逐步下降的趋势，指标值绝大多数时间处于 1 之下。部分积累制自平衡度指标从测算初期的 2022 年就小于 1，即在不挪用个人账户的情况下，养老金收支出现缺口；而养老保险现收现付制自平衡度指标也将在随后的 2023 年开始小于 1，结果意味着在没有外部资源的支持下，即使透支当年个人账户收缴的基金，仍然收不抵支。也就是说，在未来年份，当测算初期 2022 年之前积累的个人养老金结余用完之后，安徽省城镇职工基本养老保险个人账户"空账"运行将是常态化现象，必须依赖外部资源的支持才能实现城镇职工基本养老保险财务的收支平衡。

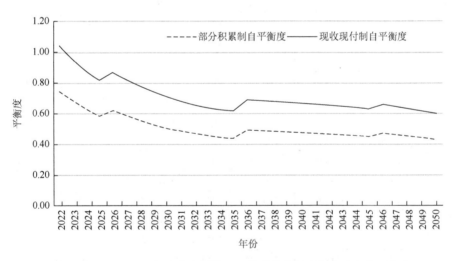

图 6-13　2022～2050 年安徽省城镇职工基本养老保险制度收支自平衡度

2）外部环境可支持度评价

由表 6-17 可知，安徽省城镇职工基本养老保险的养老金累计支持度呈现逐年下降的趋势。从 2022 年的 213.44%，逐步下降并于 2032 年归零，即在没有财政支持的情况下，养老保险累计结余将在 2031 年末彻底用完。也就是说剔除财政补贴，到 2031 年末个人账户之前年份累计的养老金将完全处于"空账"状态。

表 6-17　安徽省城镇职工基本养老保险外部环境可支持度

年份	养老金累计支持度/%	财政可支持度/%	年份	养老金累计支持度/%	财政可支持度/%
2022	213.44	11.69	2037	0.00	7.03
2023	195.60	10.69	2038	0.00	7.12
2024	174.43	9.92	2039	0.00	7.21
2025	149.88	9.21	2040	0.00	7.34
2026	123.76	8.63	2041	0.00	7.45
2027	106.36	8.15	2042	0.00	7.54
2028	86.20	7.67	2043	0.00	7.66
2029	64.51	7.31	2044	0.00	7.75
2030	42.11	7.04	2045	0.00	7.84
2031	18.94	6.95	2046	0.00	8.00
2032	0.00	6.82	2047	0.00	8.05
2033	0.00	6.81	2048	0.00	8.14
2034	0.00	6.80	2049	0.00	8.20
2035	0.00	6.89	2050	0.00	8.23
2036	0.00	6.95			

在通过构建时间序列模型对财政支出做出预测的基础上，根据本书第 4 章中的式（4-3），求出安徽省可用于养老保险支出的最优财政规模占当年财政支出的比例为 2.14%，根据预测的养老金支出可进一步求得财政可支持度。从表 6-17 显示的财政可支持度指标来看，安徽省可用于养老金支出的财政规模相对于养老金总支出的比例呈现出先下降后上升的态势。从财政可支持度具体数值上，在研究期间，安徽省可用于养老金支出的财政支出占养老金总支出的比例在 2034 年之前呈现下降趋势，由 2022 年的 11.69% 下降至 2034 年的 6.80%，此后稳步回升，到 2050 年升至 8.23%。

3）养老保险制度可调节度评价

人力资源和社会保障部在 2016 年提出将在我国实施渐进式延迟退休年龄方案，留出数年过渡期逐步实施。2022 年 1 月 30 日，江苏省人力资源和社会保障厅印发的《江苏省企业职工基本养老保险实施办法》明确提到，经本人申请、用人单位同意，报人力资源和社会保障行政部门备案，参保人员可推迟退休，推迟退休的时间最短不少于一年。上述文件实施标志着渐进式延迟退休方案在我国正式开始破冰试点。在此本节假设安徽省在 2023 年正式实施渐进式延迟退休政策；男性每 5 年推迟一岁，女性每 3 年推迟一岁，直至达到极限退休年龄。同时假定参保人可以承受的极限收益率为安徽省人力资源和社会保障厅规定的养老保险的个人账户的记账利率（即商业银行居民一年期整存整取存款利率）。

按照一个制度"标准人"的缴费、退休收入以及缴费年限，可计算出参保人所获得的实际收益率为男性 4.36%、女性 5.27%。在保持其他参数不变的情况下，根据参保收益率极限值测算出可以延长的退休年龄极限值分别为男性 66 岁，女性 65 岁。通过极限退休年龄可测算出各年养老金收入增加的程度以及养老金支出减少的数量，结合预测的每年养老金的收入和支出可以计算出安徽省的养老保险制度可调节度，结果如表 6-18 所示。

表 6-18　安徽省城镇职工基本养老保险制度可调节度

年份	收入调节度/%	支出调节度/%	年份	收入调节度/%	支出调节度/%
2022	0.00	0.00	2037	10.44	14.77
2023	5.01	13.70	2038	11.19	15.69
2024	4.77	12.43	2039	11.05	14.74
2025	5.89	15.65	2040	11.81	15.86
2026	8.19	18.33	2041	12.62	17.00
2027	7.69	16.49	2042	12.68	16.36
2028	7.28	15.12	2043	12.73	15.73
2029	8.55	17.42	2044	13.88	17.57
2030	9.44	19.38	2045	15.16	19.74
2031	8.90	17.21	2046	16.23	18.81
2032	9.50	18.19	2047	17.47	21.46
2033	8.88	16.14	2048	17.85	21.51
2034	8.37	14.96	2049	18.31	21.91
2035	10.20	18.19	2050	18.74	22.52
2036	10.89	16.32	平均	11.20	17.26

注：假设从 2023 年正式实施渐进式延迟退休政策，收入和支出调节度均值计算不包括 2022 年。

从表 6-18 可知，随着延迟退休政策的实施，养老保险制度可调节度逐步加大。总体上看，通过延迟退休年龄，可以增加 4.77%～18.74% 的养老金收入，同时减少 12.43%～22.52% 的养老金支出；同一年养老保险支出调节度高于收入调节度 2.58～10.14 个百分点，就各年平均而言，支出调节度也高于收入调节度 6.06 个百分点，延迟退休年龄对支出的调节效应要高于对收入的调节效应。并且随着时间的推移，通过延迟退休年龄对养老金收支的调节效果越来越明显，到 2050 年当年可增加的养老金收入与减少的养老金支出之和相当于原养老金支出的比例高达 41.26%。可见，逐步延迟退休年龄是解决养老保险财务可持续性的有效手段之一。

4）养老金收支综合平衡度评价

表 6-19 为综合考虑养老保险制度收支自平衡度、外部环境可支持度以及养老保险制度可调节度因素后，反映养老金收入满足养老金支出的综合平衡度指标。总体来看，安徽省城镇职工基本养老金收支综合平衡度较高，综合收支情况较为乐观。在测算期内，只在 2033 年、2034 年和 2035 年这三年出现短暂的综合平衡度小于 1 的情况，也就是说，如果没有额外的财力支持和除延迟退休政策外的参数调整措施，安徽省将在 2033 年、2034 年和 2035 年出现养老保险制度不可持续的状况。

表 6-19　安徽省城镇职工基本养老金收支综合平衡度

年份	养老金收支综合平衡度	年份	养老金收支综合平衡度
2022	3.31	2037	1.01
2023	3.55	2038	1.02
2024	3.17	2039	1.01
2025	2.93	2040	1.03
2026	2.80	2041	1.05
2027	2.46	2042	1.03
2028	2.12	2043	1.02
2029	1.88	2044	1.04
2030	1.61	2045	1.08
2031	1.26	2046	1.12
2032	1.01	2047	1.15
2033	0.96	2048	1.14
2034	0.92	2049	1.14
2035	0.97	2050	1.13
2036	1.04		

5）养老金收支安全指数评价

表 6-20 为安徽省城镇职工基本养老保险收支自平衡指数（SBIT）、外部环境可支持指数（SUIT）、养老保险收支可调节指数（IEIT）和养老保险收支综合安全指数（CSIT）。从表 6-20 中可以看出，SBIT 从 2022 年基期开始，整体上呈下降趋势，最低时下降到基期的 60% 以下；与此相反，IEIT 以 2022 年为基期，整体上呈现增长的态势，最高时上升到初期的 220% 以上；SUIT 在 2022～2032 年期间呈现直线滑落状态，到 2032 年指数只有基期的 3.03%，从 2033 年开始指数维持在 3.02～3.66 中波动。呈现上述趋势的主要原因是，从 2023 年开始安徽省城镇职工基本养老保险开始出现收支缺口，需要开始动用养老金结余进行弥补，养老

金结余的规模逐渐减小，到2032年养老金结余消耗殆尽。上述结果意味着，在没有外部资源支持的前提下，安徽省城镇职工基本养老保险收支状况不断恶化；即使考虑外部资源的支持，也只能在短期内（2032年之前）有效缓解养老金缺口危机，而长期来看不能有效弥补日益增大的养老金缺口；但是延迟退休政策则能在长期内对养老金收支不平衡的危机起到有效的缓解作用。从CSIT看，养老保险收支综合安全指数在研究期间总体上处于快速下降后小幅波动的状态，指数从基期快速下降后较长时间内围绕在30上下波动，上述结果一方面是因为基期2022年的综合安全度的值较高；另一方面，尽管城镇职工基本养老保险制度可调节度在测算期一直处于上升状态，但养老保险收支自平衡指数和外部环境可支持指数下降的速度更快，导致了在测算期间安徽省城镇职工基本养老保险收支综合安全指数出现大幅下降的态势。

表 6-20　安徽省城镇职工基本养老保险收支安全指数

年份	SBIT	SUIT	IEIT	CSIT	年份	SBIT	SUIT	IEIT	CSIT
2022	100.00	100.00	—	—	2037	65.47	3.12	193.58	28.45
2023	90.83	91.63	100.00	100.00	2038	64.89	3.16	195.21	28.73
2024	84.32	81.88	104.95	89.30	2039	64.38	3.20	205.25	28.45
2025	78.19	70.66	103.03	82.54	2040	64.17	3.26	203.79	29.01
2026	83.86	58.81	122.29	78.87	2041	63.84	3.31	203.16	29.58
2027	79.43	50.86	127.58	69.30	2042	63.02	3.35	212.00	29.01
2028	74.74	41.69	131.87	59.72	2043	62.44	3.40	221.55	28.73
2029	71.39	31.90	134.40	52.96	2044	61.47	3.44	216.13	29.30
2030	68.00	21.83	133.35	45.35	2045	60.42	3.48	210.16	30.42
2031	66.43	11.50	141.48	35.49	2046	63.41	3.55	236.22	31.55
2032	63.38	3.03	142.87	28.45	2047	62.10	3.58	222.86	32.39
2033	61.69	3.03	150.64	27.04	2048	60.87	3.62	227.03	32.11
2034	60.06	3.02	153.26	25.92	2049	59.36	3.64	228.76	32.11
2035	59.54	3.06	153.55	27.32	2050	57.68	3.66	227.70	31.83
2036	66.14	3.09	182.73	29.30					

6）安全综合评级

表6-21为2022~2050年安徽省城镇职工基本养老保险制度安全性评级。从整体来看，安徽省的安全状况相对较好，只有短暂时间落入不可持续等级。从具

体年份来看，在 2030 年之前均处于相对安全及以上等级，2031 年开始进入危险等级，并在 2033 年、2034 年和 2035 年短暂落入不可持续等级，随后又转为危险等级。

表 6-21　安徽省城镇职工基本养老保险制度安全性评级

年份	安全等级	年份	安全等级	年份	安全等级
2022	A	2032	C	2042	C
2023	B	2033	D	2043	C
2024	B	2034	D	2044	C
2025	B	2035	D	2045	C
2026	B	2036	C	2046	C
2027	B	2037	C	2047	C
2028	B	2038	C	2048	C
2029	B	2039	C	2049	C
2030	B	2040	C	2050	C
2031	C	2041	C		

注：A、B、C、D 分别表示安全等级为安全、相对安全、危险、不可持续。

6.3.2　辽宁省城镇职工基本养老保险安全状况实证评价

我国地区间经济发展不均衡，部分老工业基地省份经济发展滞后，老龄化程度十分严重。人力资源和社会保障部发布的《中国社会保险发展年度报告 2016》的数据显示，2016 年黑龙江省养老保险开始收不抵支，成为全国首个养老金结余被花光的省份。本节选择养老保险运行风险已经凸显的东北老工业基地的另一省份辽宁省为研究对象，按照上文对安徽省城镇职工基本养老保险安全状况实证评价的思路和方法，研究其城镇职工基本养老保险制度收支自平衡度、财政可用于养老金支出的可支持程度以及考虑财政补贴和制度参数可调的养老保险综合安全度，从不同层次对辽宁省城镇职工基本养老保险的运行风险进行测度和分析。

1. 城镇职工基本养老保险资金缺口的预测

根据本章前文提及的养老金缺口测算的前提假设和本书第 2 章介绍的养老保险收支精算模型，结合辽宁省的人口与经济等实际基础数据，测算出 2023～2050 年期间辽宁省城镇职工基本养老保险的年度收入、年度支出及其各年收支缺口，如表 6-22 所示。

表 6-22　辽宁省城镇职工基本养老保险年度收支及其当年缺口预测表

年份	养老金年度支出/亿元	养老金年度收入/亿元	养老金当年缺口数/亿元	年份	养老金年度支出/亿元	养老金年度收入/亿元	养老金当年缺口数/亿元
2023	3 539.40	1 925.33	1 614.07	2037	9 829.17	4 084.44	5 744.73
2024	3 946.73	2 039.76	1 906.97	2038	10 087.98	4 230.76	5 857.22
2025	4 386.82	2 157.98	2 228.84	2039	10 819.58	4 391.43	6 428.15
2026	4 740.37	2 289.08	2 451.29	2040	11 005.16	4 565.70	6 439.46
2027	5 221.08	2 439.75	2 781.33	2041	11 673.08	4 725.67	6 947.41
2028	5 610.54	2 580.99	3 029.55	2042	12 323.59	4 841.85	7 481.74
2029	6 001.37	2 738.89	3 262.48	2043	12 514.37	4 992.72	7 521.65
2030	6 683.71	2 895.21	3 788.50	2044	13 493.06	5 157.49	8 335.57
2031	6 964.32	3 263.81	3 700.51	2045	14 066.69	5 319.89	8 746.80
2032	7 464.49	3 325.62	4 138.87	2046	14 428.62	5 835.56	8 593.06
2033	7 941.60	3 516.16	4 425.44	2047	15 070.30	6 008.79	9 061.51
2034	8 338.95	3 646.08	4 692.87	2048	15 826.90	6 180.04	9 646.86
2035	8 807.27	3 794.21	5 013.06	2049	16 663.62	6 350.96	10 312.66
2036	9 163.59	3 946.84	5 216.75	2050	17 285.80	6 549.48	10 736.32

注：上述结果没有考虑通过养老保险基金的中央调剂获取的养老金净收入。据不完全统计，自 2018 年国家养老保险基金的中央调剂制度建立以来，辽宁省已累计获取超过 2000 亿元的"净收益"，因此预测的缺口数与实际缺口数存在着一定程度的差异。

由表 6-22 可知，在不考虑财政补贴和全国养老金调剂的情况下，辽宁省城镇职工基本养老保险从 2023 年就已经收不抵支，在研究测算期间虽然养老金年度支出和年度收入都呈上升趋势，但由于收入与支出的基数和增幅的差距，缺口规模几乎呈直线增加。从具体数额上来看，养老金缺口数从 2023 年的 1 614.07 亿元增加到 2050 年的 10 736.32 亿元，增幅达到近 6 倍，辽宁省社会养老保障体系将面临巨大的收支失衡风险。

2. 城镇职工基本养老保险安全状况评价

1）养老保险制度收支自平衡度评价

从图 6-14 显示的结果来看，在研究测算期间，辽宁省城镇职工基本养老保险制度收支自平衡度指标整体上呈现出逐步下降的趋势，2039 年后维持在 0.40 左右，整个测算期内均处于 1 以下。这意味着在没有财政补贴的情况下，辽宁省城镇职工基本养老保险在测算期内将一直处于收不抵支的状态，无法实现制度的收支自平衡，必须通过财政补贴或其他外部资源的支持才能维持正常运转。

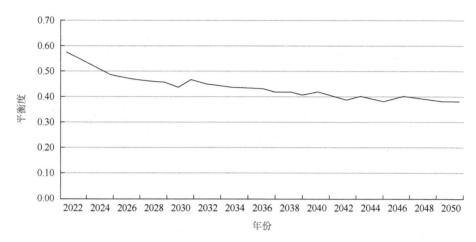

图 6-14　2022～2050 年辽宁省城镇职工基本养老保险制度收支自平衡度

2）外部环境可支持度评价

考虑到辽宁省从测算期开始就已经出现养老金收不抵支的状况，剔除养老金中央调剂金，已无养老金的累计结余，因此对养老保险产生外部支持的只有财政拨款一种方式。根据本书第 4 章中介绍的产出函数和相关变量的历史数据，求出辽宁省每年的财政支出中可用于养老保险支出的最优比例为 4.39%，进一步利用财政可支持度计算公式［式（4-5）］计算出财政对养老保险的支持度，具体数值如表 6-23 所示。从表 6-23 可以看出，辽宁省地方财政可用于城镇职工基本养老保险的支出规模逐年增加，增长速度较为平稳；可用于养老金支出的财政规模相对于养老金总支出的比例呈现出先下降后上升的态势。从财政可支持度具体数值上看，在测算期间，辽宁省可用于养老金支出的财政支出占养老金总支出的比例由 2022 年的 14.60% 下降至 2030 年的最低点 11.22%，随后围绕在 11.50% 上下小幅波动，然后开始稳步回升，到 2050 年升至 13.92%。可见，在国家经济进入新常态的宏观背景下，辽宁省可用于基本养老保险的财政支出虽然仍能逐年增加，但受经济下行压力的影响，财政支出增速较为缓慢，而在人口老龄化的冲击下，养老金支出增长迅猛，导致地方财政对城镇职工基本养老保险的支持程度逐渐减弱。随着经济增速下跌后趋于平稳，财政对城镇职工基本养老保险的支持程度开始逐渐止跌回升。

表 6-23　辽宁省财政用于养老保险的最优支出规模与财政可支持度预测表

年份	财政支出规模/亿元	财政可支持度/%	年份	财政支出规模/亿元	财政可支持度/%
2022	464.78	14.60	2024	526.58	13.34
2023	495.09	13.99	2025	559.19	12.75

年份	财政支出规模/亿元	财政可支持度/%	年份	财政支出规模/亿元	财政可支持度/%
2026	593.05	12.51	2039	1268.65	11.73
2027	628.92	12.05	2040	1344.79	12.22
2028	666.93	11.89	2041	1425.46	12.21
2029	707.20	11.78	2042	1510.95	12.26
2030	749.88	11.22	2043	1601.53	12.80
2031	795.10	11.42	2044	1697.51	12.58
2032	843.01	11.29	2045	1799.20	12.79
2033	893.78	11.25	2046	1906.96	13.22
2034	947.58	11.36	2047	2021.15	13.41
2035	1004.58	11.41	2048	2142.13	13.53
2036	1064.98	11.62	2049	2270.33	13.62
2037	1128.98	11.49	2050	2406.17	13.92
2038	1196.80	11.86			

3）养老保险制度可调节度评价

按照前面安徽省城镇职工基本养老保险制度可调节度的计算方法，首先根据一个制度"标准人"的缴费、退休收入以及缴费年限、参保收益率极限值测算出可以延长的退休年龄极限值；进一步通过极限退休年龄测算出各年养老金收入增加的程度以及养老金支出减少的数量；最后结合测算期各年养老金的收入和支出的预测值计算出辽宁省的养老保险制度可调节度，结果如表 6-24 所示。

表 6-24　辽宁省城镇职工基本养老保险制度可调节度

年份	收入调节度/%	支出调节度/%	年份	收入调节度/%	支出调节度/%
2022	0.00	0.00	2033	6.79	11.01
2023	3.13	7.54	2034	6.76	9.74
2024	2.96	6.77	2035	8.33	14.45
2025	3.89	10.53	2036	8.33	12.91
2026	4.92	10.90	2037	8.31	14.35
2027	4.54	10.51	2038	9.49	14.45
2028	4.62	8.52	2039	9.49	16.54
2029	5.75	9.93	2040	10.45	16.09
2030	6.37	13.86	2041	12.07	19.76
2031	6.35	10.59	2042	12.48	20.17
2032	7.87	11.87	2043	13.01	17.36

续表

年份	收入调节度/%	支出调节度/%	年份	收入调节度/%	支出调节度/%
2044	13.58	21.80	2048	15.71	23.58
2045	14.64	23.88	2049	15.99	24.51
2046	14.62	21.53	2050	16.46	24.83
2047	15.81	24.00	平均	9.38	15.43

注：假设从 2023 年正式实施渐进式延迟退休政策，收入和支出调节度均值计算不包括 2022 年。

从表 6-24 可知，随着渐进式延迟退休政策的实施，养老保险制度可调节度逐步加大。总体上看，通过延迟退休年龄，可以增加 2.96%～16.46%的养老金收入，同时减少 6.77%～24.83%的养老金支出，养老保险支出调节度高于收入调节度 2.98～9.24 个百分点，延迟退休年龄对支出的调节效应要高于对收入的调节效应。渐进式延迟退休年龄对养老金收支调节效果显著，在峰值年份 2050 年，通过延迟退休，可增加的养老金收入与减少的养老金支出之和相当于原养老金支出的比例高达 41.29%。各年平均而言，延迟退休年龄，在测算期内辽宁省可增加 9.38%的养老金收入和 15.43%的养老金支出。可见，对于辽宁省而言，逐步延迟退休年龄同样是维持养老保险财务可持续性的有效手段之一。

4）养老金收支综合平衡度评价

表 6-25 为综合考虑养老保险制度收支自平衡度、外部环境可支持度以及养老保险制度可调节度后的养老保险收支综合平衡度指标。从指标值来看，辽宁省城镇职工基本养老保险综合平衡度在测算期间始终小于 1，结果意味着需要额外的财力支持（超出文中测算的最优财政支出规模之外的财政支出）或者出台除延迟退休政策外的制度参数调整措施，辽宁省的城镇职工基本养老保险制度方可持续。

表 6-25　辽宁省城镇职工基本养老保险收支综合平衡度

年份	养老金收支综合平衡度	年份	养老金收支综合平衡度
2022	0.72	2031	0.72
2023	0.77	2032	0.72
2024	0.73	2033	0.70
2025	0.74	2034	0.69
2026	0.77	2035	0.73
2027	0.74	2036	0.72
2028	0.71	2037	0.72
2029	0.73	2038	0.74
2030	0.74	2039	0.74

续表

年份	养老金收支综合平衡度	年份	养老金收支综合平衡度
2040	0.76	2046	0.87
2041	0.84	2047	0.91
2042	0.83	2048	0.89
2043	0.82	2049	0.90
2044	0.85	2050	0.91
2045	0.89		

5）养老金收支安全指数评价

表 6-26 为辽宁省城镇职工 SBIT、SUIT、IEIT 和 CSIT。从表 6-26 中可以看出，SBIT 在整个研究测算期间，整体上呈下降趋势，最低时约为基期的 65%；而 IEIT 整体上呈现增长的态势，最高时为基期的 386.97%；SUIT 在整个预测期间总体上呈现先下降后上升的趋势，总体上比较稳定，维持在基期的 76.85%～95.82%。上述结果表明，在没有外部环境支持的前提下，辽宁省养老保险制度自平衡安全状况逐步降低；结合表 6-25 中的结果可知，即使考虑外部环境的支持以及制度参数的调节，在整个测算期，仍然不能有效维持养老保险的收支平衡。从 CSIT 来看，在 2040 年之前，养老保险收支综合安全指数仍然会有一定程度的下滑，约为基期的 90%，而在 2040 年之后才会有一定程度上的提升改善，安全状况超出基期的水平。

表 6-26　辽宁省城镇职工基本养老保险收支安全指数

年份	SBIT	SUIT	IEIT	CSIT	年份	SBIT	SUIT	IEIT	CSIT
2022	100.00	100.00	—	—	2032	77.40	77.33	185.00	93.46
2023	94.50	95.82	100.00	100.00	2033	76.91	77.05	166.82	90.53
2024	89.78	91.37	91.19	94.27	2034	75.96	77.81	154.64	88.58
2025	85.46	87.33	135.15	95.13	2035	74.84	78.15	213.50	94.93
2026	83.89	85.68	148.27	95.36	2036	74.82	79.59	199.06	93.55
2027	81.18	82.53	141.05	91.48	2037	72.19	78.70	212.37	92.61
2028	79.91	81.44	123.15	88.35	2038	72.86	81.23	224.37	95.64
2029	79.28	80.68	146.95	90.67	2039	70.51	80.34	243.96	95.74
2030	75.25	76.85	189.60	91.41	2040	72.07	83.70	248.73	98.85
2031	81.41	78.22	158.76	93.46	2041	70.33	83.63	298.31	104.35

续表

年份	SBIT	SUIT	IEIT	CSIT	年份	SBIT	SUIT	IEIT	CSIT
2042	68.25	83.97	306.00	103.69	2047	69.26	91.85	373.10	117.53
2043	69.31	87.67	284.63	102.79	2048	67.83	92.67	368.23	115.53
2044	66.40	86.16	331.58	106.44	2049	66.21	93.29	379.57	115.98
2045	65.70	87.60	361.01	110.82	2050	65.82	95.34	386.97	117.42
2046	70.26	90.55	338.80	112.50					

6）安全综合评级

表 6-27 为 2022～2050 年辽宁省城镇职工基本养老保险制度安全性评级。从整体来看，在研究期间辽宁省城镇职工基本养老保险的安全状况一直处于不可持续状态。研究结果与辽宁省城镇职工基本养老保险制度较高程度地依赖养老保险中央调剂金维持运转的境况相一致。

表 6-27　辽宁省城镇职工基本养老保险制度安全性评级

年份	安全等级	年份	安全等级	年份	安全等级
2022	D	2032	D	2042	D
2023	D	2033	D	2043	D
2024	D	2034	D	2044	D
2025	D	2035	D	2045	D
2026	D	2036	D	2046	D
2027	D	2037	D	2047	D
2028	D	2038	D	2048	D
2029	D	2039	D	2049	D
2030	D	2040	D	2050	D
2031	D	2041	D		

注：D 表示安全等级为不可持续。

6.4　本 章 小 结

本章开展了基于大数据环境的养老保险运行安全实证评价研究。首先开展了基于大数据的高频舆情指数构建并进一步基于高频舆情指数开展了影响养老保险安全的关键基础变量预测；其次进行了基于大数据的养老保险财务可持续性的预测工作，对全国城镇职工基本养老保险的收支缺口和整体安全状况进行了评价分析；最后选取中部地区、东北地区的安徽省和辽宁省为代表省份，将养老保险制度针对人口老龄化冲击可动用的外部环境和制度调节能力作为衡量其安全性的关键指标，从养老保险制度收支自平衡度、外部环境可支持度和养老保险制度可调节度三个维度对其城镇职工基本养老保险制度的安全状况进行了实证评价。

通过实证研究得出以下结论。

（1）针对全国整体而言，从 2035 年开始，养老保险制度收支自平衡度开始小于 1，开始不能实现制度内的财务收支自平衡；如果考虑累计结余养老金对养老保险收支自平衡的支持，可以使养老保险收支出现缺口的时间推迟到 2042 年，2042 年以后，积累的养老金将消耗殆尽。

（2）东北的代表省份，辽宁省城镇职工基本养老保险制度在 2022 年已经无法实现制度的自平衡，即使考虑可以依赖的地方财政支持以及立即实施渐进式延迟退休政策，仍然不能实现其财务的收支平衡，养老保险运行处于不可持续状况，需要额外的财力支持。

（3）剔除财政补贴，安徽省的城镇职工基本养老保险将在 2023 年出现养老金收支缺口，如果用养老金累计结余弥补未来出现的养老金缺口，制度的结余资金将会在 2031 年全部用完，届时个人账户将完全处于"空账"状态。

（4）渐进式延迟退休政策是化解人口老龄化对养老保险制度运行安全冲击的有效手段之一。通过实施渐进式延迟退休政策，安徽省可以增加 4.77%～18.74% 的养老金收入，同时减少 12.43%～22.52%的养老金支出；辽宁省可以增加 2.96%～16.46%的养老金收入，同时减少 6.77%～24.83%的养老金支出。

（5）如果没有额外的财力支持，辽宁省城镇职工基本养老保险制度在测算期一直处于不可持续状态，在 2040 年之前，养老保险收支综合安全指数仍然会有一定程度的下滑，在 2040 年之后才会有一定程度的提升改善。相对而言，安徽省城镇职工的基本养老金收支综合平衡度较高，综合收支情况较为乐观。在测算期内，只在 2033 年、2034 年和 2035 年这三年出现短暂的综合平衡度略小于 1 的状况，其他年份均位于 1 之上，即处于可持续状态。

第7章 基于战略储备的养老保险运行安全保障分析

为了应对人口老龄化冲击，世界各国如韩国、日本、挪威、爱尔兰、加拿大和新西兰等国家均建立了养老金战略储备，作为化解养老保险运行风险的重要手段。我国也早在2000年就建立了"全国社会保障基金"作为国家社会保障储备基金，专门用于人口老龄化高峰时期的养老保险等社会保障支出的补充和调剂，然而我国对养老金战略储备的规模、封闭期以及释放机制均未做明确的规定和安排。本章将通过构建的系统动力学模型对我国养老金战略储备的适度规模进行分析预测，并利用财务规划的思想，对养老金战略储备进行相应的融资规划，最后针对养老金战略储备释放调节机制给出具体的政策建议。

7.1 应对人口老龄化冲击的养老保险运行安全保障措施分析

关于如何应对人口老龄化对养老保险制度的冲击一直存在两种观点，一种观点是对原有的养老保险制度进行局部的调整，另一种观点则是对养老保险制度进行彻底改革。国际劳工组织和世界银行分别持这两种对立的观点。前者的做法包括提高养老保险缴费、降低养老金给付标准、延迟退休年龄等措施。在前文的分析中，不难看出，这些措施虽然在一定程度上能够通过增收节支来缓解人口老龄化对养老保险制度的冲击，但无法彻底解决未来可能出现的养老金支付危机问题，并且问题的解决效果还取决于诸多因素的影响，这使措施的不确定性进一步增强。后者则主要主张养老保险制度由现收现付制向基金制转变。基金制下，养老金的提前积累使其比现收现付制度更容易维持，部分人的状况也能被制度转轨所改善，但缺点在于制度转轨要以损失转轨一代人的福利为代价。

除上述措施以外，通过实施养老保险基金政府集中管理制度和养老金融改革来提高要素配置效率也是缓解人口老龄化冲击效应行之有效的措施。从精算学原理来看，在不改变养老保险制度和参保人待遇不降低的条件下，增加个人缴费和增加养老金战略储备是弥补养老保险基金缺口的两条基本出路。而我国各项社会保险的总费率峰值时期已超过40%，在我国进入经济增长新常态背景下，减轻企业负担，优化营商环境是大势所趋，增加企业缴费的空间已经十分有限。因此，通过增加养老金战略储备化解养老金缺口风险的对策逐步得到业内专家和学者的认同，增加养老金战略储备成为化解我国养老保险缺口风险的现实选择。

7.2　应对人口老龄化冲击的养老金战略储备的适度规模分析

7.2.1　我国养老金战略储备现状分析

　　我国早在 2000 年就建立了"全国社会保障基金"，全国社会保障基金是国家社会保障储备基金，用于人口老龄化高峰时期的养老保险等社会保障支出的补充、调剂。全国社会保障基金由中央财政预算拨款、国有资本划转、基金投资收益和以国务院批准的其他方式筹集的资金构成。据《全国社会保障基金理事会社保基金年度报告（2021 年度）》显示，截至 2021 年末全国社保基金权益已达到 25 980.80 亿元，已具备一定的规模，但关于养老金战略储备，我国目前仍缺少其目标规模、投入和释放机制等前瞻性问题的系统规划，这将会影响养老金战略储备的筹集，相应地进一步影响养老金战略储备对养老保险制度的保障作用。

　　从理论上说，养老金战略储备客观上存在着一个与宏观经济协调发展的适度规模，规模过大或过小均不利于我国经济持续、稳定和健康地发展。为了充分、高效地发挥全国社会保障基金作为弥补养老金缺口的战略储备基金的作用，降低过多或过少的财政拨款带来的负面影响，需要明确每年划入基金的资产数额、阶段性目标资金规模、基金的支出范围以及融资方式。这样有利于尽快完善全国社会保障基金的相关制度，合理确定全国社会保障基金的目标规模，并科学设定基金封闭期和支付期以及资金划入与支付规划，以建立全国社会保障基金筹资的长效机制。鉴于养老保险体系的影响因素非常复杂，本章将通过构建"人口老龄化—养老保险制度安全—养老金战略储备—经济发展"系统动力学模型，将养老金战略储备置于整个宏观经济系统中，仿真模拟未来情景，测算得出养老金战略储备的适度规模、释放窗口期，并设计出合理的养老金战略储备调节基金缺口的机制，前瞻性地提出应对养老金缺口风险的措施，并结合出台的相关政策和其他筹资渠道对养老金战略储备进行融资规划，为《划转部分国有资本充实社保基金实施方案》等政策的进一步落实提供政策性意见，对于促进养老保险战略储备基金的可持续发展以及应对人口老龄化危机都具有重要的现实意义。

7.2.2　研究方法与模型

　　养老金战略储备需求系统是一个复杂的社会经济系统，涉及宏观经济、人口、基本养老保险、养老金战略储备等子系统。人口是养老保险体系中至关重要的因素之一，主要体现在养老保险适龄缴费人口的多少直接决定养老保险收入的多少，而退休人口的多少又决定了养老保险支出的多少。宏观经济的影响则主要体现在通过影响职工工资水平对基本养老保险的缴费收入产生影响、通过影响国家财政收入影响基本养老保险的补贴规模水平这两方面。常用的精算模型很难反映上述各个子系统之间的反馈关系。系统动力学模型作为现实复杂系统的简单替代，能够模拟真实系统的变化行径，适合对长期性社会经济问题进行动态研究。因此本章选用系统动力学方法将人口、宏观经济、基本养老保险、养老金战略储备四个子系统（各个子系统已在第 5 章中进行了详细的介绍）纳入同一整体系统中，模拟养老金战略储备存量随 GDP 增速、养老金缺口、财政拨入、储备量支出等变量的变化而变化的趋势，从系统、科学的角度研究与养老保险基金缺口变化周期相匹配的养老金战略储备的适度规模以及相应需要的财政投入。并进一步根据预测出的城镇职工基本养老保险缺口确定养老金战略储备的需求，以确定其阶段性目标规模，并进一步探索性地研究养老金战略储备的支出规划和融资规划。

1. 基础假设

系统动力学是通过计算机仿真现实的复杂系统，为了实现研究目标，需要在现实系统的基础上，构建出简化的模型将系统的特性直观地展现出来，因此在构建养老金战略储备需求的系统动力学模型之前，做以下基础假设。

（1）不考虑通货膨胀因素。由于本系统主要研究的是城镇职工基本养老保险收支平衡及养老金战略储备的输入和输出平衡问题，为了避免系统过于复杂而难以达到预期效果，因此不考虑通货膨胀情况。

（2）测算时期设定为 2018~2065 年。以 2017 年的数据为初始值，因为其他学者通过精算模型测算得到的养老金总缺口高峰期为 2060 年，因此将测算时期定为 2018~2065 年。

（3）假设城镇职工 20 岁就业，并开始参加城镇职工基本养老保险；60 岁开始领取养老金，90 岁为人口平均极限年龄。

（4）假设测算期内每年剔除财政补贴后的养老金缺口只由养老金战略储备弥补。目前国家还未出台弥补养老金缺口的具体机制以及养老金战略储备的支出方案，本章试图探索养老金战略储备的最大需求量，因此假设该系统中的每年养老金总缺口即为每年储备量支出。

（5）养老金缺口存在期即为养老金战略储备的释放期。对于养老金战略储备的释放期，国家还未通过相关法规明确，为了简化系统，假设养老金战略储备在缺口出现年份开始释放。

2. 存量流量图

存量流量图不仅能够描述存量与流量之间的逻辑关系，还能够直观地反映系统的动态累积效应。根据基础假设和因果回路图（图 5-4），绘制出存量流量图，如图 7-1 所示。模型中主要包含养老金战略储备量、财政拨入量、GDP、当年社会平均工资四个状态变量，财政拨入增长量、资金投入、养老金战略储备投资收益、储备量支出、GDP 增长量、工资增长量六个速率变量，还包括财政拨入增长率、养老金投资收益率、参保率、适龄人口等外生变量，养老金缺口、统筹账户支出、统筹账户收入等内生变量。模型构建过程中，数据主要来源于《中国统计年鉴》、《中国人口和就业统计年鉴》、人力资源和社会保障部网站和全国社会保障基金理事会历年的基金年度报告等权威数据库。

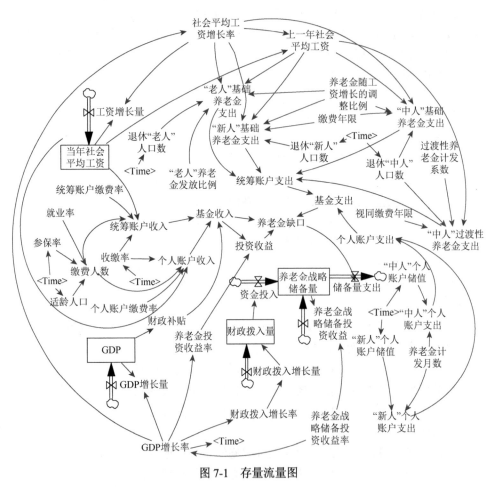

图 7-1　存量流量图

7.2.3　主要变量方程及参数设定

1. 宏观经济模块变量方程及参数设定

（1）GDP 增长率。2017 年我国 GDP 增长率是 6.9%。"十三五"规划制定

2020 年前 GDP 增长保持在 6.5%以上。因此，假设 2017～2020 年 GDP 增长率从 6.9%下降到 6.5%；2021～2065 年保持 6.5%不变。变量方程为

GDP 增长率 = WithLookup(Time)Lookup([(2017, 0)–(2065, 0.1)], (2016, 0.069), (2020, 0.065), (2021, 0.065), (2065, 0.065))

2017 年我国 GDP 总量为 82.71 万亿元，因此将 GDP 初始值设为 82.71 万亿元。测算期内每年的 GDP 存量值等于上一年 GDP 的数值加上当年的 GDP 增长量。变量方程为

$$GDP = INTEG（GDP 增长量）$$

（2）社会平均工资增长率。考虑到工资增长水平与经济发展水平密切相关，为了方便计算，假设社会平均工资与 GDP 同步增长。变量方程为

社会平均工资增长率 = GDP 增长率

（3）当年社会平均工资。《中国统计年鉴 2017》的数据显示，2016 年城镇集体单位就业人员平均工资为 50 527 元。因此，将社会平均工资初始值设为 5.0527 万元。测算期内每年的社会平均工资等于上一年社会平均工资加上当年的工资增长量。变量方程为

当年社会平均工资 = INTEG（工资增长量）

2. 人口模块变量方程及参数设定

（1）适龄人口。以《中国人口和就业统计年鉴 2014》中的全国分年龄性别城镇人口的抽样调查数据为原始数据，用队列要素法预测出 2018～2065 年的全国城镇分年龄人口数据，加总得出每年的 20～59 岁适龄人口数额，以表函数代入系统。

（2）参保率。由参保率预测模型得到 2017 年参保率为 69.32%，假设 2018～2065 年参保率按历史平均增长率每年 1.66 个百分点的速度增长，到 2031 年开始保持 90%稳定不变，以表函数代入系统。

（3）就业率。根据各年的《中国统计年鉴》数据计算得到 1997～2017 年城镇人口就业率维持在 80%左右，假设 2018～2065 年城镇人口就业率维持在 80%不变。变量方程为

就业率 = 80%

（4）缴费人数。变量方程为

缴费人数 = 适龄人口×参保率×就业率

（5）退休"老人"/"中人"/"新人"人口数。我国城镇职工基本养老保险将养老金领取人口分为"老人""中人""新人"。根据队列要素法预测的分年龄人口和退休人口年龄段的划分，并结合上面的参保率和就业率的数据，得到 2018～2065 年退休"老人""中人""新人"人口数，再以表函数代入系统。

3. 基本养老保险主要变量方程及参数设定

根据我国基本养老保险的相关规定和已有的历史数据对基本养老保险模块的主要变量进行设定，具体如表 7-1 所示。

表 7-1 基本养老保险模块参数设定及变量方程

序号	变量	参数设定/变量方程
1	统筹账户缴费率/个人账户缴费率/%	《国务院关于完善企业职工基本养老保险制度的决定》规定，我国城镇职工基本养老保险统筹账户缴费率为 20%，个人账户缴费率为 8%
2	收缴率/%	根据现有的养老金收缴状况并参考穆怀中（2008）的《养老金调整指数研究》对收缴率进行设置
3	统筹账户收入/个人账户收入/万亿元	统筹账户收入 = 缴费人数 × 统筹账户缴费率 × 收缴率 × 当年社会平均工资 个人账户收入 = 缴费人数 × 个人账户缴费率 × 收缴率 × 当年社会平均工资
4	财政补贴/万亿元	根据《人力资源和社会保障事业发展统计公报》公布的 2003～2017 年城镇职工基本养老保险基金的财政补贴数额和国家统计局公布的同期 GDP 总量数据，得到两变量间的回归方程：财政补贴 = 0.0017 × GDP$^{1.2776}$（R^2 = 0.9859）
5	基金收入/万亿元	基金收入 = 统筹账户收入 + 个人账户收入 + 财政补贴
6	养老金投资收益率/%	养老金投资收益率与 GDP 的历史数据显示，两者呈线性相关，2000～2017 年的养老金平均投资收益率约等于"GDP 增长率−5%"，因此假设测算期内，养老金投资收益率 = GDP 增长率−5%
7	"老人"基础养老金支出/万亿元	"老人"基础养老金支出 = 退休"老人"人口数 ×"老人"养老金发放比例[1] × 上一年社会平均工资 ×（1 + 养老金随工资增长的调整比例[2] × 社会平均工资增长率）
8	"中人"基础养老金支出/万亿元	"中人"基础养老金支出 = 退休"中人"人口数 × 上一年社会平均工资 ×（1 + 养老金随工资增长的调整比例 × 社会平均工资增长率）× 缴费年限[3] × 0.01
9	"中人"过渡性养老金支出/万亿元	"中人"过渡性养老金支出 = 退休"中人"人口数 × 上一年社会平均工资 × 视同缴费年限[4] × 过渡性养老金计发系数[5]
10	"新人"基础养老金支出/万亿元	"新人"基础养老金支出 = 退休"新人"人口数 × 上一年社会平均工资 ×（1 + 养老金随工资增长的调整比例 × 社会平均工资增长率）× 缴费年限 × 0.01

---

① 《国务院关于完善企业职工基本养老保险制度的决定》文件规定，"老人"仍按照国家原有规定发放基本养老金，并随以后基本养老金调整而增加养老保险待遇。即按照《国务院关于建立统一的企业职工基本养老保险制度的决定》文件中的"退休时的基础养老金月标准为省、自治区、直辖市或地（市）上年度职工月平均工资的 20%"。因此，假设"老人"退休时的基础养老金标准按照上年度社会平均工资的 20% 发放，以后的养老金待遇随社会平均工资增长而调整。

② 假设养老金水平与工资水平同步增长，养老金随工资增长的调整比例为 0.65。

③ 由于每一岁的"中人"缴费年限均不同，最多为 40 年。为了方便计算，假设缴费年限均为 35 年。

④ 40 年工龄的缴费年限标准为 40 年，由于缴费年限统一假设为 35 年，则视同缴费年限为 5 年。

⑤ 国家规定的过渡性养老金计发标准为 1%～1.4%，本章取中间值 1.2% 作为过渡性养老金计发系数。

续表

序号	变量	参数设定/变量方程
11	统筹账户支出/万亿元	统筹账户支出 ="老人"基础养老金支出 +"中人"基础养老金支出 +"中人"过渡性养老金支出 +"新人"基础养老金支出
12	"中人"个人账户储值/万亿元	借用养老金收入精算模型和 Excel 数据处理得到每年的"中人"个人账户储值的总额，以表函数的形式代入模型
13	"中人"个人账户支出/万亿元	"中人"个人账户支出 ="中人"个人账户储值×12/养老金计发月数①
14	"新人"个人账户储值/万亿元	借用养老金收入精算模型和 Excel 数据处理得到每年的"新人"个人账户储值的总额，以表函数的形式代入模型
15	"新人"个人账户支出/万亿元	"新人"个人账户支出 ="新人"个人账户储值×12/养老金计发月数
16	个人账户支出/万亿元	个人账户支出 ="中人"个人账户支出 +"新人"个人账户支出
17	基金支出/万亿元	基金支出 = 统筹账户支出 + 个人账户支出
18	养老金缺口/万亿元	养老金缺口 = 基金收入 + 投资收益−基金支出

4. 养老金战略储备主要变量方程及参数设定

根据养老金战略储备设立至今全国社会保障基金理事会公布的年报数据、历年财政拨入全国社会保障基金资金情况表以及基金历年收益情况表对养老金战略储备模块主要变量的方程及参数进行设定，具体如表 7-2 所示。

表 7-2　养老金战略储备模块参数设定及变量方程

序号	变量	参数设定/变量方程
1	财政拨入增长率/%	根据全国社会保障基金理事会公布的历年财政拨入全国社会保障基金资金情况表得到 2001~2017 年的财政拨入年均增长率为 6.65%，与当前 GDP 增速以及假设的未来的 GDP 增速基本相同，因此，假设 2018~2065 年财政拨入增长率 = GDP 同步增长率
2	养老金战略储备投资收益率/%	社保基金历年收益情况表的数据显示，养老金战略储备投资收益率和 GDP 平均增长率基本相当，在此假设养老金战略储备投资收益率 = GDP 增长率
3	养老金战略储备投资收益/万亿元	当养老金战略储备有结余时，会产生投资收益，否则收益为 0。变量方程为：养老金战略储备投资收益 = IF THEN ELSE（养老金战略储备量>0，养老金战略储备量×养老金战略储备投资收益率，0）

---

① 按照国家规定，养老金个人账户计发月数 60 岁退休的为 139 个月。

序号	变量	参数设定/变量方程
4	资金投入/万亿元	目前，我国养老金战略储备的主要资金来源为中央政府的财政拨入，在未对其进行融资规划前假设除去投资收益，其他资金全部来源于财政拨入。变量方程为：资金投入 = 财政拨入量
5	储备量支出/万亿元	假设养老金缺口均由养老金战略储备弥补，则养老金战略储备每年支出即为当年的养老金缺口，变量方程为：储备量支出 = IF THEN ELSE（养老金缺口>0，0，−养老金缺口）
6	养老金战略储备量/万亿元	将 2017 年全国社会保障基金权益数（18 302.03 亿元）设定为其初始值。变量方程为：养老金战略储备量 = INTEG（养老金战略储备投资收益 + 财政拨入−储备量支出）

7.2.4 实证模拟

1. 基于系统动力学模型的养老金战略储备需求预测

1）基于系统动力学模型的城镇职工基本养老保险财务收支分析

基于上文的基础假设和参数设定，利用系统动力学软件 Vensim 对系统进行模拟，可以得到测算期内城镇职工基本养老保险的投资收益、基金收入、基金支出以及政府财政补贴的仿真结果，具体结果如表 7-3 和图 7-2 所示。

表 7-3　城镇职工基本养老保险财务收支预测表　（单位：万亿元）

年份	投资收益	基金收入	基金支出	养老金结余	年份	投资收益	基金收入	基金支出	养老金结余
2017	0.08	4.43	2.93	1.58	2033	0.25	16.65	18.64	−1.74
2018	0.09	4.90	3.38	1.61	2034	0.27	17.67	20.52	−2.58
2019	0.09	5.41	3.81	1.69	2035	0.28	18.83	22.19	−3.08
2020	0.09	5.95	4.30	1.74	2036	0.30	20.04	24.16	−3.82
2021	0.10	6.54	4.79	1.85	2037	0.32	21.29	26.24	−4.63
2022	0.11	7.14	5.39	1.86	2038	0.34	22.65	28.43	−5.44
2023	0.12	7.72	6.20	1.64	2039	0.36	24.07	30.74	−6.31
2024	0.13	8.38	7.03	1.48	2040	0.38	25.60	33.13	−7.15
2025	0.14	9.06	7.98	1.22	2041	0.41	27.14	35.84	−8.29
2026	0.15	9.81	8.96	1	2042	0.43	28.68	38.95	−9.84
2027	0.16	10.61	10.01	0.76	2043	0.46	30.40	42.03	−11.17
2028	0.17	11.44	11.26	0.35	2044	0.48	32.18	45.38	−12.72
2029	0.19	12.34	12.54	−0.01	2045	0.51	34.06	48.94	−14.37
2030	0.20	13.29	13.99	−0.50	2046	0.54	36.12	52.22	−15.56
2031	0.22	14.77	15.49	−0.50	2047	0.57	38.25	56.48	−17.66
2032	0.24	15.69	17.02	−1.09	2048	0.61	40.55	60.56	−19.40

续表

年份	投资收益	基金收入	基金支出	养老金结余	年份	投资收益	基金收入	基金支出	养老金结余
2049	0.64	42.93	65.07	−21.50	2058	1.13	75.36	112.38	−35.89
2050	0.68	45.38	70.08	−24.02	2059	1.21	80.57	117.49	−35.71
2051	0.72	48.12	75.29	−26.45	2060	1.29	86.20	123.33	−35.84
2052	0.77	51.09	80.60	−28.74	2061	1.38	92.29	129.09	−35.42
2053	0.82	54.35	86.61	−31.44	2062	1.48	98.88	135.16	−34.80
2054	0.87	58.06	91.01	−32.08	2063	1.59	105.99	141.49	−33.91
2055	0.93	61.94	96.00	−33.13	2064	1.70	113.49	148.44	−33.25
2056	0.99	66.04	101.36	−34.33	2065	1.82	121.51	155.67	−32.34
2057	1.06	70.52	106.74	−35.16					

从表 7-3 可以看出，城镇职工基本养老保险的投资收益、基金收入和基金支出在测算期内都在逐年增加，其中，基金收入从 2017 年的 4.43 万亿元增加到 2065 年的 121.51 万亿元，基金支出从 2017 年的 2.93 万亿元增加到 155.67 万亿元。在考虑财政补贴的前提下，虽然基金收入和基金支出都呈现逐年增长的趋势，但基金收入的增长速度明显慢于基金支出，基金支出规模在 2029 年首次超过基金收入规模，城镇职工基本养老保险开始出现缺口，且在之后基金缺口数额越来越大，并在 2058 年达到最大值 35.89 万亿元。图 7-2 可以更清楚地看出养老保险基金收入和基金支出的趋势，在 2029 年之前基金收入曲线在基金支出曲线上方，之后基金支出曲线快速增长，与基金收入曲线的差距越来越大，可见，我国城镇职工基本养老保险在未来将会出现严重的财务失衡状况。

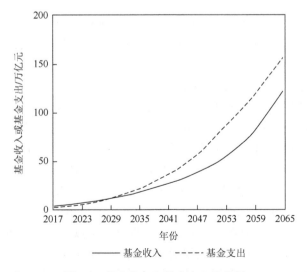

图 7-2　基金收入和基金支出趋势图

2）养老金战略储备的需求预测及资金规模分析

我国养老金战略储备设立的目的是应对人口老龄化高峰时期养老金的支付危机，因此养老金战略储备的需求量对应的就是养老金缺口额。利用 Vensim 软件模拟出养老金缺口的走势如图 7-3 所示。可以看出，城镇职工基本养老保险基金从 2029 年开始出现缺口，2029～2058 年养老金缺口迅速扩大，在 2058 年达到最大值，此后缺口逐渐减小。根据缺口的走势，将缺口最大值年份的前后三年即 2055～2061 年作为养老金支付高峰期。为了能够弥补缺口，养老金战略储备每年至少应该保有与缺口额相当的存量来满足需求。

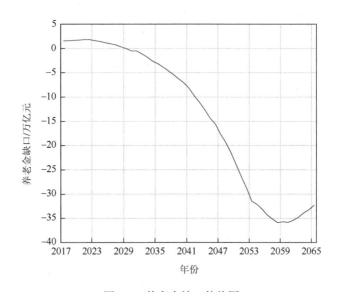

图 7-3　养老金缺口趋势图

图中以正值表示养老金结余，负值表示养老金缺口，如数值为–10 表示缺口为 10 万亿元

表 7-4 呈现的是通过 Vensim 软件模拟出的资金投入、养老金战略储备投资收益以及养老金战略储备量在测算期内的具体数额。由表 7-4 可以看出，按照基础假设的经济增速和财政拨入增速，资金投入即财政投入数额虽然逐年增加，但增幅缓慢，2034 年之前养老金战略储备的增量主要靠投资收益维持，但由于战略储备的基数少，二者为养老金战略储备带来的增量总体来说都较低。如果未来养老金缺口全部由养老金战略储备弥补，养老金战略储备量在 2017～2032 年逐年增加，但从 2033 年之后开始减少，到 2036 年养老金战略储备量便开始出现亏空，此后亏空额越来越大。从图 7-4 可以看出，2036 年后养老金战略储备量资金亏空规模几乎呈直线增加。为了探索养老金战略储备亏空局势是否会因为释放期的推迟而有所扭转，借鉴国际上关于养老金战略储备基金封闭

期设定的经验,尝试推迟我国养老金战略储备的释放期。在此设置了三种释放期,分别为 2035 年释放、2045 年释放以及养老金支付高峰期来临前的 2055 年释放,利用系统动力学模型模拟出不同释放期下养老金战略储备量的趋势如图 7-5 所示。可以看出,虽然推迟释放养老金战略储备使储备量耗尽的年份有所推迟,但最终仍不能安全度过养老金缺口的支付危机。综上可以看出,如果中央财政拨入按照当前的增速,养老金战略储备的资金规模不能够满足全额弥补养老金缺口的支付需求。

表 7-4 养老金战略储备预测表 (单位:万亿元)

年份	资金投入	养老金战略储备投资收益	养老金战略储备量	年份	资金投入	养老金战略储备投资收益	养老金战略储备量
2017	0.06	0.13	1.83	2042	0.29	0.00	−35.05
2018	0.06	0.14	2.02	2043	0.31	0.00	−44.60
2019	0.07	0.15	2.22	2044	0.33	0.00	−55.47
2020	0.07	0.16	2.43	2045	0.35	0.00	−67.85
2021	0.08	0.17	2.66	2046	0.37	0.00	−81.87
2022	0.08	0.19	2.91	2047	0.40	0.00	−97.05
2023	0.09	0.21	3.18	2048	0.42	0.00	−114.31
2024	0.09	0.23	3.48	2049	0.45	0.00	−133.29
2025	0.10	0.25	3.80	2050	0.48	0.00	−154.33
2026	0.11	0.27	4.15	2051	0.51	0.00	−177.86
2027	0.11	0.29	4.52	2052	0.55	0.00	−203.80
2028	0.12	0.32	4.93	2053	0.58	0.00	−232.00
2029	0.13	0.35	5.37	2054	0.62	0.00	−262.86
2030	0.14	0.38	5.83	2055	0.66	0.00	−294.32
2031	0.15	0.38	5.84	2056	0.70	0.00	−326.80
2032	0.15	0.38	5.88	2057	0.75	0.00	−360.42
2033	0.16	0.35	5.33	2058	0.80	0.00	−394.83
2034	0.18	0.27	4.09	2059	0.85	0.00	−429.93
2035	0.19	0.13	1.95	2060	0.90	0.00	−464.79
2036	0.20	0.00	−0.81	2061	0.96	0.00	−499.73
2037	0.21	0.00	−4.43	2062	1.02	0.00	−534.18
2038	0.23	0.00	−8.85	2063	1.09	0.00	−567.95
2039	0.24	0.00	−14.07	2064	1.16	0.00	−600.77
2040	0.26	0.00	−20.14	2065	1.24	0.00	−632.85
2041	0.27	0.00	−27.03				

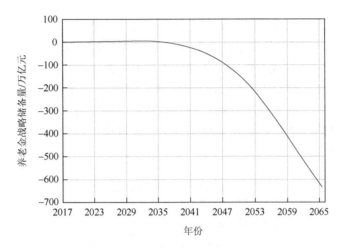

图 7-4　养老金战略储备量趋势图

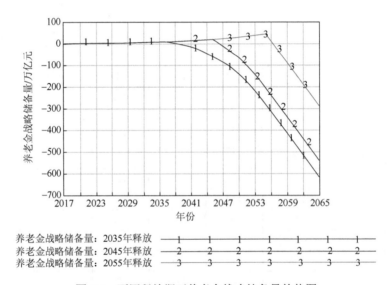

图 7-5　不同释放期下养老金战略储备量趋势图

2. 养老金战略储备的目标资金规模及支出规划

1）与养老金缺口同步增长条件下战略储备的资金规模分析

由上文的分析可知，按照目前资金投入的增长速度，养老金战略储备的资金规模满足不了全额弥补养老金缺口的资金需求，下面我们将尝试设计养老金战略储备与养老金缺口保持同步增长的增长模式，分析考察在该增长模式下，养老金战略储备适度的目标资金规模以及资金投入需要达到的增长速度。

（1）与养老金缺口同步增长的机制设计。为了使养老金战略储备与养老金缺口保持同步增长，需要按照如下规则来设计养老金战略储备的增长机制：在整个测算期内养老金战略储备的年增长量累计值与养老金缺口总额相同；养老金战略储备既能弥补养老金缺口，余额又尽可能小。由上文的仿真结果（图 7-3）可知，城镇职工养老金缺口[①]在测算期内基本呈抛物线式增长，且在 2058 年达到峰值。在两者总量相同的前提下，若使养老金战略储备年增长量累计值弥补养老金缺口后的余额尽可能小，养老金战略储备年增长量应参照养老金缺口的增长趋势，在测算期内呈抛物线式增长，并且保持两者同步达到最大值。依据上述思路，可建立养老金战略储备年增长量 y 的方程（其中 t 为时期，a、b、c 为待估计参数）：

$$y = at^2 + bt + c \tag{7-1}$$

根据前面的仿真结果还可以得出，截止到 2065 年，我国的养老金缺口累计额为 673.1051 万亿元，而 2017 年底养老金战略储备累计金额为 1.8302 万亿元，则若满足全额弥补缺口的目的，储备量还需注资约 671.2749 万亿元，即

$$S = \int_{t_1}^{t_2} (at^2 + bt + c)\mathrm{d}t = 671.2749 \ (t_1 = 17, \ t_2 = 65)^{②} \tag{7-2}$$

此外，养老金缺口最大的年份为 2058 年，则 $-\dfrac{b}{2a} = 58$；由全国社会保障基金理事会公布的年报数据可知，2017 年的财政投入和投资收益使养老金战略储备产生增量 0.2444 万亿元，即点（17, 0.2444）在式（7-1）上。根据以上信息可得，养老金战略储备年增长量的方程为

$$y = -0.0115t^2 + 1.3340t - 19.1101 \tag{7-3}$$

方程斜率 "$-0.0230t + 1.3340$" 即为养老金战略储备按缺口同步增长的速度。

（2）同步增长条件下储备量的目标资金规模分析。养老金战略储备的资金投入由每年资金投入和投资收益两个部分组成，此处的资金投入即为满足养老金缺口的支付每年需要投入的资金。由图 7-6 可以看出，若养老金战略储备和养老金缺口同步增长，2017～2065 年资金投入整体上呈增加趋势，年均增长率需维持在 23.03%左右。分阶段来看，2017～2030 年资金投入增速快于投资收益，资金投入增速需维持在 35.17%，在缺口出现之前的 2028 年，资金投入量需达到 5.85 万亿元；2031～2055 年，养老金战略储备达到一定规模后，资金投入增速有所放缓，年均增速仅需维持在 1.80%，储备量的资金增量主要靠投资收益维持，2055 年资金投入量应达到 8.95 万亿元；2055 年之后，随着养老金支付高峰期的来临，储备量存量减少，投资收益也相应减少，此时资金投入需要提高增速，2056～2065 年增速需维持在 7.51%。

---

① 此处以上文模拟的养老金缺口数据的相反数作为缺口值，2017～2029 年养老金尚有结余，在此期间的缺口值视为负的结余量。

② 为了方便计算，假设 $t = \text{Time} - 2000$，其中 Time 为系统动力学模型的测算时间。

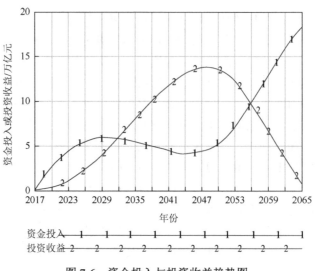

图 7-6 资金投入与投资收益趋势图

图 7-7 是在与养老金缺口同步增长的前提下养老金战略储备年增长量以及储备量支出的趋势图，图 7-8 是养老金战略储备量趋势图。可以看出，在测算期内养老金战略储备年增长量与储备量支出①变化趋势同步，养老金缺口最大的 2058 年也是储备量增长最多的年份，储备量增长总量与储备量的需求总量大致相同。在整个测算期内，养老金战略储备呈现倒 U 形的曲线，2041～2053 年为储备量最大规模区间，最大资金规模需达到 212.71 万亿元。分阶段来看，在养老金出现缺口之前的2028 年，养老金战略储备量目标资金规模需要达到 51.96 万亿元，在养老金支付高峰期来临前的 2055 年，储备量的目标资金规模需达到 161.85 万亿元，随着养老金支付高峰期到来，储备量逐渐减少，到 2065 年储备金结余 8.97 万亿元。在该增长机制下，养老金战略储备既做到了满足养老金支付高峰期需求，又没有造成过多的资金沉淀。

综上所述，如果由养老金战略储备全额弥补养老金缺口，在储备量与养老金缺口同步增长的条件下，资金投入要达到 23.03% 的年均增长率，养老金战略储备的目标资金规模在养老金缺口出现之前应达到 51.96 万亿元，在支付高峰期来临前应达到 161.85 万亿元。换而言之，如果所有的资金投入全部由中央财政拨入承担，财政拨入年均增速需达到 23.03%，而全国社会保障基金理事会公布的历年年报数据显示，2001～2017 年的中央财政拨入年均增长率仅为 6.65%，远远低于目标增速。此外，目前积累的战略储备的资金量只有 1.8302 万亿元，也与分析的各阶段的目标资金规模相差甚远。由此可见，当城镇职工基本养老缺口由养老金战

① 模型假设养老金缺口全部由养老金战略储备弥补，此处的储备量支出即为养老金缺口存在期的缺口值。

略储备全额弥补时,储备量如果按照目前的投入增长速度,在 2036 年便消耗殆尽;如果保持与养老金缺口同步增长,虽然能弥补全额的缺口,但 23.03%的财政拨入年均增长率势必会给中央财政带来巨大的压力。

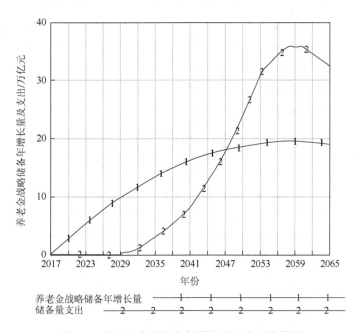

图 7-7　养老金战略储备年增长量及支出趋势图

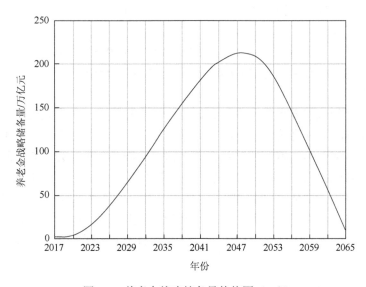

图 7-8　养老金战略储备量趋势图（一）

2）养老金战略储备的支出规划

根据上文的分析可知，当城镇职工基本养老金缺口全额由全国社会保障基金弥补时，储备量如果按照目前的投入增长速度，在2036年便消耗殆尽；如果保持与养老金缺口同步增长，虽然能弥补全额的缺口，但23.03%的财政拨入年均增长率势必会给中央财政带来巨大的压力。因此，现实可行的办法是中央和地方政府共同分担来弥补养老金缺口，既能够有效维持养老金战略储备的平稳运行，又能调动地方政府对养老金增收节支的积极性。下面将按照中央与地方政府共同分担缺口的原则来对养老金战略储备资金规模做出支出规划。

（1）养老金战略储备支出规划的依据原则。关于养老金战略储备弥补养老金缺口的支出规划原则方面的研究，目前鲜有学者涉及。根据我国分级分税预算管理体制现状和城镇职工基本养老保险基金构成等原则，本节设计出三种养老金战略储备弥补缺口的支出规划。

①依据中央和地方政府事权边界分担原则。我国城镇职工基本养老保险基金由基础养老金和个人账户基金构成。其中基础养老金由社会统筹，缴费率为20%[①]，该部分实行的是现收现付制；而个人账户基金实行的是基金积累制，缴费率为8%，个人账户基金理论上不应该出现缺口，但在实际运行中，当地方政府统筹账户养老金收不抵支时，普遍的做法是透支个人账户中的资金。社会统筹部分出现缺口，可能是制度转轨而产生隐性债务的历史原因，也可能是人口和产业变迁造成的，从公共物品的"外溢性"来看，社会统筹部分要明显强于个人账户部分，其缺口会影响到多代人之间的福利分配，按照我国分级分税预算管理体制划分的各级政府职责范围，该类职责应该由中央政府承担。而对于个人账户基金的亏空，完全是当前地方政府挪用的结果，该部分的亏空理应由地方政府承担。依据上述分析，本书提出中央和地方财政分别按照20/28和8/28的比例承担养老金缺口的分担原则，即相当于养老金战略储备弥补未来养老金缺口的5/7，其余2/7由地方财政弥补。

②依据新型农村养老保险中央和地方分担经验原则。中华人民共和国审计署发布的2012年第34号公告《全国社会保障资金审计结果》显示，2011年全国新型农村社会养老保险、城镇居民社会养老保险、城乡居民社会养老保险三项社会养老保险的财政投入中，中央和地方财政分别投入399.79亿元和479.61亿元，即所占比例分别为45.46%和54.54%；此外，边恕和孙雅娜（2015）以GDP的变动趋势来预测未来中央财政收入的趋势，并建立模型测算出中央和地方财政用于新型农村社会养老保险的适度财政支出占其收入的比重分别为4%~6%和4%~7%。

---

① 2019年，国务院颁发《降低社会保险费率综合方案》，明确从当年5月1日起，降低城镇职工基本养老保险单位缴费比例，单位缴费比例高于16%的省份可降至16%。

参照上述经验数据，假设中央财政和地方财政用于城镇职工基本养老保险的财政支出的比例相同，在此前提下，提出养老金战略储备和地方政府各承担养老金缺口 1/2 的分担原则。

③参考国际养老金储备分担经验原则。面对人口老龄化的冲击，包括我国在内的许多国家如爱尔兰、挪威、法国、新西兰、荷兰、澳大利亚等都先后建立了国家养老储备基金来缓解养老金支付高峰期的压力。上述国家中，爱尔兰国家养老储备基金与我国的全国社会保障基金几乎同期设立，虽然两国的政治体制不同，但二者在设立背景、历史使命、机构设置、筹资渠道等方面都极为相似。爱尔兰政府在 2001 年设立"国家养老储备基金"之时，就明确了基金的目标规模、基金的封闭期以及基金的收支规划，基金目标规模具体明确为承担养老金支付高峰缺口的 1/3。在此，参照爱尔兰的政策，我们提出养老金战略储备承担养老金缺口 1/3 的分担原则。

依据上述原则，对养老金战略储备的目标资金做出三种支出规划：第一，支出养老金缺口的 5/7，其余作为存量储备；第二，支出养老金缺口的 1/2，其余作为存量储备；第三，支出养老金缺口的 1/3，其余作为存量储备。

（2）三种支出规划方案下养老金战略储备的分阶段资金规模。养老金战略储备三种支出规划方案下储备量年增长量的方程如表 7-5 所示。从表中可以看出，方程各项系数的绝对值随着分担比例的减少而降低，即储备量年增长量的增长速度和规模随着分担比例的减少而逐渐降低。

表 7-5 三种支出规划方案下储备量年增长量方程

方案	承担缺口的比例	储备量年增长量
1	5/7	$-0.0081(\text{Time}-2000)^2 + 0.9396(\text{Time}-2000) - 13.3879$
2	1/2	$-0.0056(\text{Time}-2000)^2 + 0.6496(\text{Time}-2000) - 8.9360$
3	1/3	$-0.0037(\text{Time}-2000)^2 + 0.4176(\text{Time}-2000) - 5.9827$

利用 Vensim 软件模拟出不同支出规划方案下资金投入的趋势如图 7-9 所示。直观上看，三种情形下需要资金投入的变化趋势大体一致，都是在养老金缺口出现之前持续增长以达到一定规模，缺口出现后的一段时间，储备量的增长主要依靠投资收益维持，随着养老金支付高峰期的来临，资金投入需要再一次增加以保证养老金储备能够满足养老金高峰期的支付需要，弥补缺口后略有结余。分阶段而言，在养老金缺口出现之前的 2028 年，资金投入累计额需要分别达到 37.93 万亿元、28.61 万亿元、19.39 万亿元，2016～2065 年的财政拨入年均增长速度应分别维持在 18.08%、17.54%、11.09%。可见，如果养老金战略储备只负担一部分养老金缺口的支付，在不考虑其他融资渠道的前提下中央财政的投入压力明显缓解。

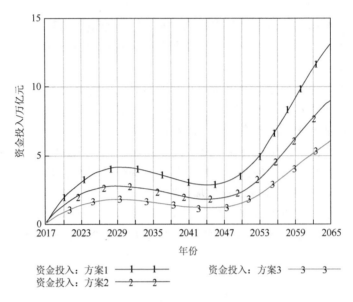

图 7-9　资金投入趋势图

　　图 7-10 为不同支出规划下养老金战略储备量的变化趋势，可以看出，按养老金缺口的 5/7、1/2、1/3 来支出养老金战略储备时，储备量都呈现倒 U 形增长，与全额弥补养老金缺口的增长趋势一样，但在具体数额上有所差距。分阶段来看，在缺

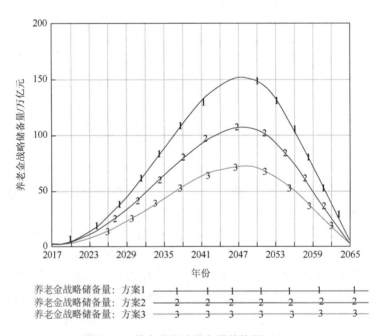

图 7-10　养老金战略储备量趋势图（二）

口出现之前的 2028 年，储备量应分别达到 37.93 万亿元、28.61 万亿元、19.39 万亿元的资金规模；三种方案下养老金战略储备都在 2048 年达到最大资金规模，分别为 151.35 万亿元、107.39 万亿元、71.76 万亿元；在支付高峰期来临前的 2055 年，储备量结余额需要分别达到 114.20 万亿元、80.32 万亿元、53.86 万亿元的资金规模；三种支出方案下，储备量在 2065 年都略有所结余，结余额分别为 3.79 万亿元、1.35 万亿元、0.87 万亿元。

7.3　养老金战略储备的融资规划

7.3.1　养老金战略储备融资渠道分析

结合我国国情，在中央财政拨入的基础上本书提出了另外两种养老金战略储备的融资渠道：国有资产划转和国有资本经营预算支出，下面对这两种渠道进行具体分析。

1. 国有资产划转

为了应对我国养老保险制度转轨成本以及资金收不抵支的局面，政府制定了放宽人口出生政策、调整缴费率、酝酿出台渐进式延迟退休政策等，但上述政策仍然不能有效解决中长期养老保险资金收不抵支的困境，每年仍然需要大量的财政资金划入养老保险的资金池中，逐年上涨的财政资金划入规模使财政支付压力不断增大。基于前文的分析可知，按照正常速度增长的养老金战略储备基金积累不能有效解决人口老龄化高峰期养老金缺口的支付危机。作为体量巨大的国有资本，所有权归全民所有，其发展红利理应为全民共享，因此通过划转国有资本弥补养老保险收支缺口成为化解养老金支付危机现实可行的选择。以国有资本及其收益注资养老保险基金以缓解其缺口压力，这不仅是国有资本的历史使命和责任，也是深化国有企业改革、推进国家治理体系和国家治理能力现代化的必然要求。

2017 年 11 月 18 日，国务院发布《划转部分国有资本充实社保基金实施方案》（下称《方案》），明确规定划转 10% 的国有股权充实社保基金，后续可以结合基本养老保险制度改革的需求和养老金缺口形势，进一步研究划转比例。本次国有股权的划转范围包括中央和地方国有及国有控股大中型企业、金融机构。按照我国的财政框架体系，中央政府和地方政府应在事权、财权和财力上做到统一，在各自权力范围内支配所管理的财力，而养老金战略储备属于中央统筹层次的基金，再结合《方案》不允许大量变现国有资本，因此，只考虑将划转的中央企业国有股权作为养老金战略储备的融资来源。此外，《方案》明确说明此次划转的款项专项用于弥补企业职工基本养老保险基金缺口，不纳入国有资本经营预算管理，因此考虑的国有股权分红去除了应上缴到国有资本经营预算部分的红利。

2. 国有资本经营预算支出

为了合理配置国有资本、增强政府的宏观调控能力，我国从 2007 年开始施行国有资本经营预算制度，对国有资本经营预算收入和国有资本经营预算支出进行监督管理。将国有资本经营预算支出作为养老金战略储备的融资渠道之一，主要考虑到以下几点：首先，基于前文的分析可知，常规增长速度的养老金战略储备基金积累不能有效解决人口老龄化高峰期养老金缺口的支付危机，而一般公共预算中已经有大量资金用于其他民生项目，作为我国政府预算资金之一的国有资本经营预算有必要安排部分资金补充养老金战略储备来拓宽其融资渠道；其次，国有企业归全民所有，国有企业的利润也应属于人民，将国有资本经营收益充实养老金战略储备，能够增强人民群众的获得感，有利于国企更好地回馈人民；最后，国有资本经营预算收入绝大部分来自中央企业的经营利润，并随着其征缴范围和征缴比例的扩大而增加，将其作为融资渠道有利于增强养老金战略储备资金来源的稳定性。

国有资本经营预算分为中央国有资本经营预算和地方国有资本经营预算，其中，地方国有资本经营预算收入是地方各级政府履行出资人职责的企业上缴的国有资本收益，属于地方所有。同样，按照我国的财政框架体系，养老金战略储备的融资来源只考虑中央国有资本经营预算支出。表 7-6 是 2011～2018 年中央国有资本经营预算支出中补充社保基金支出的占比情况。可以看出，除了 2011 年国有资本经营预算中社保基金支出超过了 5%，其他年份都在 3% 以下，国有资本经营预算支出中用于社会保障领域的资金十分有限。2008 年发布的《国务院关于试行国有资本经营预算的意见》和 2017 年第十一届全国人民代表大会常务委员会第十六次会议中均提到可将国有资本经营预算用于补充社保资金，将国有资本预算补充社保资金来源是国家政策所倡导和支持的。综上考虑，这里将中央国有资本经营预算支出中充实社保基金部分作为养老金战略储备的融资来源。

表 7-6　2011～2018 年中央国有资本经营预算支出中补充社保基金支出的占比情况

支出及占比	2011	2012	2013	2014	2015	2016	2017	2018
国有资本经营预算支出/亿元	858.56	875.07	1083.11	1578.03	1405.48	1191.23	1047.03	1068.87
补充社保基金支出/亿元	50.00	20.10	11.34	10.42	11.36	12.47	29.34	10.44
比例	5.82%	2.30%	1.05%	0.66%	0.81%	1.05%	2.80%	0.98%

7.3.2　养老金战略储备融资规划的实证模拟

1. 前提假设

由于测算期较长，为了简化过程，需要对中央企业盈利情况和国有资本预算支出做出如下假设。

（1）考虑到国有企业利润与宏观经济发展密切相关，因此假设中央企业的净利润与 GDP 同步增长。

（2）假设测算期内中央企业平均国有股权占 70%，分红率保持 30%不变。

（3）整理国务院国有资产监督管理委员会和财政部公布的历史数据可知，中央企业（非金融）母公司净利润中有 11%上缴国有资本经营预算收益中。此外，《财政部关于进一步提高中央企业国有资本收益收取比例的通知》（财企〔2014〕59 号）按照企业类型将国企（非金融）利润收取比例分为五类，其中最低比例为 10%，最高比例为 25%。综上，结合养老金缺口的预测结果，假设在 2028 年之前中央企业母公司净利润中有 15%利润上缴到国有资本预算；2029 年开始维持 25%的上缴比例。

（4）国有资本经营收入 90%以上都来源于上缴的国有企业利润，因此假设国有资本经营预算支出与上缴的利润保持同步增长。

（5）假设国有资本经营预算支出中补充社保基金部分全部用于充实养老金战略储备。

在上述假设的基础上预测如何对养老金战略储备融资渠道进行合理规划以弥补养老金缺口。本节仍然沿用之前所用到的系统动力学模型，具体模型在 5.2 节和 7.2 节中已经进行了详述。

2. 实证结果

综合上述对融资渠道的分析可知，养老金战略储备的融资来源有中央财政投入、《方案》规定的划转一定比例的国有股权分红、国有资本经营预算支出中补充社保基金部分。按照如下原则对养老金战略储备做出融资规划。

（1）融资规划的目标资金量为 7.2.4 节第 2 部分分析的与养老金缺口同步增长条件下，全额弥补缺口时养老金战略储备每年需要的资金投入量。

（2）国有股权分红的主要目的是弥补由于制度改革形成的养老金缺口，因此在划转比例设计上尽可能使分红的资金能够满足"老人"基础养老金支出和"中人"过渡性养老金支出。

（3）除去国有股权分红和国有资本经营预算支出外，其他资金投入由中央财政拨入承担，且财政拨入的年均增速能够与经济增速和历史增速相匹配。

（4）由于测算期较长，将以养老金缺口增长趋势为依据，对养老金战略储备的融资规划分为四个阶段：第一阶段为"基金安全期"（2018～2028 年），第二阶段为"缺口增长期"（2029～2054 年），第三阶段为"缺口支付高峰期"（2055～2061 年），第四阶段为"缺口增速缓和期"（2062～2065 年）。根据以上规则，探索性地设计出以下融资规划，具体方案如表 7-7 所示。

表 7-7　养老金战略储备融资规划方案

融资规划	国有股权划转比例				国有资本预算支出中充实比例			
	第一阶段	第二阶段	第三阶段	第四阶段	第一阶段	第二阶段	第三阶段	第四阶段
规划方案	维持10%不变	从10%逐年增加到35%	从35%逐年增加到40%	维持40%不变	维持10%不变	从10%逐年增加到35%	从35%逐年增加到40%	维持40%不变

基于以上对中央企业和国有资本经营预算支出的假设以及融资规划原则，以历史数据为基础得出全额弥补养老金缺口下各融资来源应该承担的资金投入量，融资规划结果如表 7-8 和图 7-11 所示。

表 7-8　各融资来源年资金投入额　　　　　　（单位：万亿元）

年份	中央财政投入	国有股权分红	国有资本经营预算支出	年份	中央财政投入	国有股权分红	国有资本经营预算支出
2017	0.8470	0.0682	0.0009	2035	5.0634	0.2780	0.1200
2018	0.9609	0.0736	0.0010	2036	4.8571	0.3107	0.1341
2019	1.7732	0.0768	0.0187	2037	4.6369	0.3473	0.1499
2020	2.5214	0.0818	0.0200	2038	4.4081	0.3881	0.1675
2021	3.1842	0.0871	0.0213	2039	4.1717	0.4338	0.1872
2022	3.7676	0.0928	0.0226	2040	3.9315	0.4849	0.2093
2023	4.2729	0.0988	0.0241	2041	3.6868	0.5420	0.2339
2024	4.7017	0.1052	0.0257	2042	3.4572	0.6058	0.2615
2025	5.0553	0.1121	0.0273	2043	3.2703	0.6771	0.2922
2026	5.3354	0.1193	0.0291	2044	3.1119	0.7568	0.3266
2027	5.5432	0.1271	0.0310	2045	2.9952	0.8459	0.3651
2028	5.6804	0.1354	0.0330	2046	2.9281	0.9454	0.4081
2029	5.7235	0.1426	0.0615	2047	2.8797	1.0567	0.4561
2030	5.7123	0.1593	0.0688	2048	2.9089	1.1811	0.5098
2031	5.6643	0.1781	0.0769	2049	2.9917	1.3202	0.5698
2032	5.5482	0.1991	0.0859	2050	3.1501	1.4756	0.6369
2033	5.4046	0.2225	0.0960	2051	3.4103	1.6493	0.7119
2034	5.2387	0.2487	0.1073	2052	3.7652	1.8434	0.7957

续表

年份	中央财政投入	国有股权分红	国有资本经营预算支出	年份	中央财政投入	国有股权分红	国有资本经营预算支出
2053	4.2037	2.0604	0.8893	2060	8.6169	3.7486	1.6180
2054	4.7503	2.3030	0.9940	2061	9.1402	4.0833	1.7624
2055	5.4529	2.4444	1.0550	2062	9.7268	4.3412	1.8737
2056	6.0859	2.6626	1.1492	2063	10.2203	4.6233	1.9955
2057	6.7417	2.9003	1.2518	2064	10.6141	4.9239	2.1252
2058	7.3965	3.1593	1.3636	2065	10.9219	5.2439	2.2634
2059	8.0416	3.4413	1.4854				

　　表 7-8 是各融资来源年资金投入额，图 7-11 是各资金来源分担资金投入比例的趋势图。由表 7-8、图 7-11 可知，在设计的融资规划方案下，中央财政拨入仍是补充养老金战略储备主要的资金来源，但随着时间的推移，其他两种渠道的资金投入总量能够分担近一半的压力。分阶段来看，"基金安全期"内由于国有股权划转比例和国有资本经营预算支出补充战略储备的比例都较低，90%以上的资金来源于中央财政拨入，到 2028 年共需要资金投入量为 5.85 万亿元，其中中央财政拨入 5.68 万亿元，占总需求量的 97%；"缺口增长期"内，随着国企利润的增长和各项比例的调整，国有股权分红和国有资本经营预算支出承担的资金投入逐渐增多，2054 年的资金投入中，中央财政拨入资金量为 4.75 万亿元，国有股权分红资金量为 2.30 万亿元，国有资本经营预算支出提供的资金量为 0.99 万亿元；在"缺口支付高峰期"以及"缺口增速缓和期"内，各渠道提供的资金增速趋于稳定，中央财政投入分担的资金比例维持在 60%左右，国有股权分红和国有资本经营预算支出分担的比例分别维持在 28%左右和 12%左右。

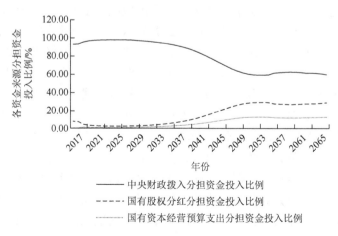

图 7-11　各资金来源分担资金投入比例趋势图

　　就整个测算期而言，中央财政拨入在该融资规划方案下年均增速为 6.12%，与历史增速以及经济增速相当，在中央财政的可承受范围内。为了探究划转的国有股权分红能否弥补制度转轨形成的缺口，这里利用前文的系统动力学模型模拟出"中人"过渡性养老金支出和"老人"基础养老金支出及融资规划中的国有股权分红资金量，得出国有股权分红弥补制度转轨形成缺口的比例如图 7-12 所示。由图 7-12 可以看出，国有股权分红弥补制度转轨形成缺口的比例从 2062 开始超过 100%，此后维持在 100%以上。可见该融资规划方案下划转的国有股权分红能够满足弥补由于制度改革形成的养老金缺口的需求。

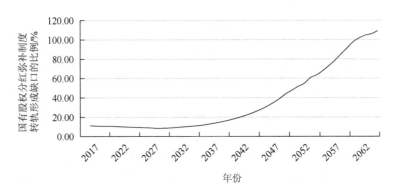

图 7-12　国有股权分红弥补制度转轨形成缺口的比例

7.4　养老金战略储备释放调节机制政策建议

　　根据上述研究分析可知，虽然 2029 年之前全国整体养老保险的各年收入尚大于当年的养老金支出，但从中长期来看，我国城镇职工基本养老保险的状况不容乐观。《中国养老金发展报告 2013》等数据显示，部分省份的城镇职工基本养老保险已出现收不抵支的问题，未来养老金支付缺口将成为一个巨大的难题。全国社会保障基金无疑是未来养老金缺口支付的重要保障，但储备金究竟如何释放、释放多少、释放前应该储备多少规模，目前并没有正式的政策出台。因此，国家的人力资源和社会保障部门应联合全国社会保障基金理事会组织相关力量开展我国基本养老保险收支状况的中长期预测研究，尽快建立全国社会保障基金释放和调节机制，设定储备金的适度规模。在养老金战略储备释放模式选择上，可以根据预测的未来养老金缺口数据，按缺口占支出的适当比例释放，低于这个比例的由地方财政自行承担养老金缺口弥补责任，超出这个比例的则由全国社会保障基金支付；也可以选择只在养老金缺口高峰期释放的模式，根据上文所预测的支付高峰期的储备金需要，养老金战略储备承担高峰期的支付责任；也可以按照养老金缺口自身的比重释放，例如，全国社会保障基金只承担每年养老金缺口的 1/3，其余支付责任由地方政府财政承担。所有释放方案和参数设定均应随着方案的完善和经济发展状况进行实时调节，使储备基金得到最佳利用。

本章认为建立养老金战略储备转移支付地区养老金缺口的调节机制，其原则应该以各统筹单位存在的财政能力差异为基础，设计既能够有效维持养老保险制度整体平稳运行，又能调动各统筹单位增收节支积极性的调节机制，消除养老金积累的地区失衡。在上述原则的指导下，地区在面临养老金缺口时，各统筹单位所属的地方政府要建立本级缺口支付基金，此基金原则上由本级财政在年初预算中足额安排，并与拨付的战略储备基金合并一起使用，专款专用。t 期养老金战略储备向地方转移支付的基金数量可按照式（7-4）划拨：

t 期对地方转移支付的养老金战略储备量

= (t 期统筹单位的养老金支出−t 期统筹单位的养老金收入)×调整系数　　（7-4）

同时，地方财政按照式（7-5）建立 t 期本级缺口支付基金：

t 期地方配套缺口支付基金

= (1.1−调整系数)×t 期对地方转移支付的养老金战略储备量/调整系数　　（7-5）

式中，调整系数根据统筹单位 t−1 养老金缺口数、财政收入、支出情况等参数确定，原则上该地区财政收入用于支付养老金支出的比重越高，调整系数就相应越高，反之，则越低。

综合式（7-4）和式（7-5）可以看出，中央和地方在 t 年初将按照上年地区基金缺口数的 110%来准备储备基金应对当年的养老金支付缺口，并且专款专用。基金即使有结余也不得挪用，这样可以确保有充足的储备基金用于养老金缺口增加时的支付。

此外，触发养老金战略储备向地方转移支付需要满足一定的条件。触发条件设定如下：统筹单位当年的养老金收不抵支；统筹单位历年累计的养老金结余已经用完（不包括养老金战略储备拨付和地方配套的缺口支付基金的结余）；统筹单位内正常财政支付已经无法弥补当年的养老金缺口。满足上述条件的地区可以向全国社会保障基金理事会申请养老金战略储备的转移支付。以上机制设计既能有效防止养老金支付风险在部分地区率先爆发，维持养老保险制度整体平稳地运行，又能调动各统筹单位增收节支的积极性，当然上述只是宏观层面的设想，进入实际操作层面需要进行进一步的深入和细化。

7.5　本章小结

本章围绕养老金战略储备保障养老保险安全问题进行了研究，具体利用系统动力学建模的方法和财务规划的思想对我国养老金战略储备的适度规模进行了财务预测分析，并开展了相应的融资规划。首先通过构建的系统动力学模型，模拟出城镇职工基本养老保险基金收支缺口数额；其次设计出养老金战略储备弥补缺口的增长机制，分析养老金战略储备的目标资金规模；最后对养老金战略储备进行支出规划和融资规划。研究得出以下结论：其一，我国城镇职工基本养老保险基金将会在 2029 年出现缺口，2029～2058 年养老金缺口迅速扩大，2055～2061 年为养老金缺口支付高峰期；按照当前的融资渠道和财政拨入增速，养老金战略储备将在 2036 年消耗殆尽，不能够满足全额支付养老金缺口的需求；其二，养老金战略储备在与养老金缺口同步增长的机制下，年均资金投入增速需要维持在 23.03%，缺口出现之前的 2028 年，储备量的目标资金规模应达到 51.96 万亿元，养老金缺口支付高峰期来临前的 2055 年，需达到 161.85 万亿元的规模；其三，为了全额弥补养老金缺口，将中央财政拨入、国有股权分红和国有资本经营预算支出作为养老金战略储备三种融资渠道。具体融资规划结果如下：在"基金安全期"（2018～2028 年），中央财政拨入承担 90%以上的年资金投入量；"缺口增长期"（2029～2054 年），国有股权分红和国有资本经营预算支出每年提供的资金量逐渐增多，中央财政拨入量逐渐减少，2054 年资金投入中中央财政拨入资金量为 4.75 万亿元，国有股权分红资金量为 2.30 万亿元，国有资本经营预算支出提供的资金量为 0.99 万亿元；随着"缺口支付高峰期"（2055～2061 年）和"缺口增速缓和期"（2062～2065 年）的来临，中央财政拨入分担的资金比例维持在 60%左右，国有股权分红和国有资本经营预算支出分担的比例分别维持在 28%左右和 12%左右。

根据上述分析结果，本章进一步以"考虑各统筹单位存在的财政能力差异"为前提基础，在既能够有效维持养老保险制度整体平稳地运行，又能调动各统筹单位增收节支的积极性的原则下，研究建立了养老金战略储备转移支付地区养老金缺口的调节机制，防范养老金积累的地区失衡。

第8章　研究结论与政策建议

人口老龄化给我国养老保险制度的运行安全造成了巨大的冲击。本书在对养老保险运行安全机理分析的基础上，结合中国若干重要制度的变化，分析了制度参数调整对养老保险制度运行安全的影响。在上述基础上，利用互联网环境下的大数据资源，构建了综合考虑养老金缺口规模、可动用的外部环境程度以及制度调节能力的养老保险运行安全状况评价模型，并进一步针对全国整体和部分代表性省份开展了养老保险运行安全状况的实证评价，获得了一些有意义的结论，通过对这些结论进行总结和提炼，本章给出提升我国养老保险制度运行安全的若干政策建议。

8.1　研　究　结　论

8.1.1　人口老龄化将对我国养老保险中长期运行安全造成重大冲击

人口老龄化是社会发展的重要趋势，也是今后较长一段时期内我国的基本国情。联合国将 65 岁及以上老年人口占比超过 7%或 60 岁及以上人口占比超过 10%作为进入老龄化社会的标准，按照上述标准，我国自 2000 年就开始进入老龄化社会。"十三五"时期，我国老龄化程度不断加深，60 岁及以上老年人口在 2018 年首次超过 0~15 岁少儿人口；2019 年末我国 60 岁及以上人口为 25 388 万人，占总人口的 18.1%，65 岁及以上人口为 17 603 万人，占总人口的 12.6%。从目前的趋势来看，未来中国老龄化速度将会以较高的斜率上升，预计"十四五"末期 60 岁及以上人口将突破 3 亿人，占总人口比重超过 20%，由轻度老龄化转入中度老龄化，在 2035 年前后 60 岁及以上人口将突破 4 亿人，进入重度老龄化阶段。

人口预期寿命延长是人口老龄化重要的微观基础之一。《国务院关于完善企业职工基本养老保险制度的决定》规定，城镇职工缴费年限（含视同缴费年限）累计满 15 年的人员，退休后按月发给基本养老金。根据计发月数，部分长寿者个人账户用尽后将由统筹基金继续支付个人账户养老金。这样，统筹基金不仅要继续支付长寿者的统筹账户养老金，还要支付其个人账户养老金，形成个人账户长寿支出风险。

按照我国城乡居民养老保险制度的相关规定，年满 60 岁且累计缴费 15 年的参保者，按月领取养老金，不同地区每月发放基本养老金的标准不同，个人账户养老金的月计发标准为个人账户全部储存额除以 139。《2021 年我国卫生健康事业发展统计公报》的数据显示，2021 年中国人口预期寿命已经达到了 78.2 岁。按照 78.2 岁的预期寿命计算，城镇职工不同退休年龄的参保者个人账户支付完后，需要由统筹账户代为支付，即个人账户长寿风险支出年限将达到 6.62～15.20 年；而针对城乡居民养老保险制度平均而言，个人账户发放 11.58 年，也就是老人到 71.58 岁后，个人账户资金将全部发完，与预期寿命 78.2 岁相比，两者相差 6.62 年，即为个人账户长寿风险支出年限。而且可以预计，随着我国人民生活和医疗条件的改善，人口预期寿命会进一步增加，如果养老保险制度维持不变，无论是城镇职工基本养老保险还是城乡居民基本养老保险，其个人账户长寿风险支出的压力都将会进一步增大，对我国养老保险制度财务的可持续性构成威胁。

　　人口出生率的下降是人口老龄化的另一个重要微观基础。人口出生率下降影响了我国原有的人口结构，导致养老保险制度中在职缴费人口占总人口的比重下降。而人口预期寿命的延长同时增加了领取养老金的退休人口数，其结果导致人口老年抚养系数大幅上升。《社会保障绿皮书：中国社会保障发展报告（2019）》显示，我国劳动年龄人口每年以三四百万人的速度下降，而每年达到退休年龄的新增人口近千万，由此可见，人口出生率下降和退休人口预期寿命的延长共同引发了统筹账户基金的财务收支失衡，这将对我国养老保险的运行安全造成持续冲击。

　　在上述理论分析的基础上，本书开展了基于大数据环境的养老保险运行安全实证评价研究。针对全国城镇职工基本养老保险进行了基于大数据的养老保险财务可持续性的预测工作，对其收支缺口和整体安全状况进行了评价分析。研究发现，从 2035 年开始，全国城镇职工基本养老保险制度收支自平衡度开始小于 1，开始不能实现制度内的财务收支自平衡；如果考虑累计养老金对养老保险收支自平衡的支持，可以使养老保险收支出现缺口的时间推迟到 2042 年，2042 年以后积累的养老金将会消耗殆尽。

　　针对具体地区，本书进一步选取安徽省和辽宁省为代表省份，将养老保险制度针对人口老龄化冲击可动用的外部资源和制度调节能力作为衡量其安全性的关键指标，从养老保险制度收支自平衡度、外部环境可支持度和养老保险制度可调节度三个维度对其城镇职工基本养老保险制度的安全状况进行了实证评价。研究发现：不考虑财政补贴，安徽省城镇职工基本养老保险将在 2023 年出现养老金收支缺口，如果动用养老金累计结余弥补未来出现的养老金缺口，结余资金将会在 2031 年全部用完，届时个人账户将完全处于"空账"状态。如果综合考虑可动用的外部资源和制度调节能力因素，安徽省城镇职工的基本养老金收支综合平衡度较高，综合收支情况较为乐观。在测算期内，只在 2033～2035 年这三年出现短暂的综合平衡度略小于 1 的状况，其他年份均位于 1 之上，即处于可持续状态。

　　针对东北的代表省份，实证研究发现辽宁省城镇职工基本养老保险制度在2022 年已经无法实现制度的自平衡，即使考虑可动用的外部资源和制度调节能力因素，仍然不能实现其财务的收支平衡，在测算期间养老保险运行一直处于不可持续状态；且在 2040 年之前，养老保险收支综合安全指数仍然会有一定程度的下滑，在 2040 年之后安全指数才会有一定程度的提升改善。

　　综上可以得出，人口老龄化将对我国养老保险中长期运行安全造成重大冲击，风险将在部分人口老龄化程度严重、经济增长缓慢等养老基础薄弱的省份率先凸显。

8.1.2　实施渐进式延迟退休政策可以有效缓解养老金缺口危机

　　退休年龄是养老保险制度的关键参数之一，通过延迟退休年龄可以同时从增加养老保险收入和减少养老保险支出两个方面提升养老保险制度的可持续性。为了缓解人口老龄化对养老保险的冲击，2016 年中国劳动和社会保障科学研究院院长在中国养老金融 50 人论坛首届峰会上首次提出将在我国实施渐进式延迟退休方案[①]。《中华人民共和国国民经济和社会发展第十四个五年规划和2035 年远景目标纲要》明确提出，按照小步调整、弹性实施、分类推进、统筹兼顾等原则，逐步延迟法定退休年龄。

　　本书从两个方面分析了渐进式延迟退休政策对我国养老保险制度的可持续性的影响。一方面，在对生育政策调整和养老保险缴费"双降"对养老保险缺口的影响进行分析的基础上，叠加考虑延迟退休年龄对养老保险可持续性的影响。实证研究发现，在实施"全面二孩"政策背景下，当其他条件不变的情况下，退休年龄的变化不仅会减少每年的退休人口，同时也会相应地增加每年的参保职工人口，延迟退休对养老金缺口有较大程度的改善，实施渐进式延迟退休政策可以使我国城镇职工基本养老保险出现缺口的时间从 2037 年推迟到 2049 年，延迟职工退休年龄对养老金缺口的弥补作用明显且在短期内就能起效。在我国实施"双降"政策的背景下，实证研究发现延迟退休同样对全国城镇职工基本养老保险的基金缺口有立竿见影的显著改善。针对全国而言，延迟退休政策可以将原本应在 2025 年出现的养老金缺口延迟两年后至 2027 年出现，且养老金缺口规模大幅度下降。针对具体省份而言，延迟退休年龄政策的实施可使四川省原本在2023 年出现的财务收支失衡推迟一年至 2024 年出现；延迟退休年龄政策的实施可分别减少安徽省、黑龙江省年均 35.65% 和 26.82% 幅度的养老保险基金缺口，

---

　　① 人社部:延迟退休方案明年出台 会有 5 年过渡期.[2016-02-29]. https://country.cnr.cn/gundong/20160229/t20160229_521494743.shtml.

但是延迟退休年龄政策不能完全化解未来养老金缺口危机。

另外，本书从养老保险制度可调节度的视角测算了延迟退休年龄政策对养老保险收支的可调节程度。具体按照一个制度"标准人"的缴费、退休收入、缴费年限以及设定的参保收益率极限值，测算出可以延迟的退休年龄极限值；再通过极限退休年龄测算出各年养老金收入增加的程度以及养老金支出减少的数量，并进一步结合测算省份当年养老金的收入和支出计算出各省延迟退休年龄对其养老金收支的可调节度。在上述工作的基础上，选取辽宁省和安徽省为代表省份，通过实证研究发现，通过实施渐进式延迟退休政策，辽宁省可以增加 2.96%～16.46% 的养老金收入，同时减少 6.77%～24.83% 的养老金支出；安徽省可以增加 4.77%～18.74% 的养老金收入，同时减少 12.43%～22.52% 养老金支出。综上所述，实施渐进式延迟退休政策是化解人口老龄化对养老保险制度安全冲击的有效手段。

8.1.3　养老金战略储备是有效化解养老金缺口危机的重要手段

面对未来人口老龄化背景下巨大的养老金缺口危机，业界专家、学者提出扩大养老金覆盖面、提高养老金统筹层次、延迟职工退休年龄等政策建议，但意见并未统一。相对而言，通过建立养老金战略储备化解养老金缺口风险的对策，逐步得到业内专家和学者的认同。为了应对人口老龄化高峰时期的养老保险支付需要，我国早在 2000 年就建立了"全国社会保障基金"作为国家社会保障储备基金。根据全国社会保障基金理事会公布的 2021 年社保基金年度报告显示，2021 年末我国社保基金资产总额已达 3.02 万亿元。

作为国家重要的养老金战略储备，目前业内对于我国养老金战略储备的目标规模、投入和支出机制以及释放窗口等问题尚缺乏前瞻性规划。实际上，过少、过多的养老金战略储备均不利于我国经济持续、稳定和健康地发展。养老金战略储备规模过小难以抵御人口老龄化高峰期支付风险；由于我国养老金战略储备主要来源于财政拨款，过大的规模又会挤压财政在其他方面的支出，在缺乏合适投资渠道的情况下，养老基金也存在着贬值的风险。

针对上述问题，本书将养老金战略储备置于整个宏观经济系统中，仿真模拟未来情景，测算得出养老金战略储备的适度规模、需要释放的窗口期，并设计出合理的养老金战略储备调节基金缺口的机制。研究得出以下结论。

（1）我国城镇职工基本养老保险基金将会在 2029 年出现缺口，2055～2061 年为养老金缺口支付高峰期；如果用养老金战略储备全额弥补养老金缺口，按照当前的融资渠道和财政拨入增速，养老金战略储备将在 2036 年消耗殆尽，不能够满足全额支付养老金缺口的需求。

（2）养老金战略储备在与养老金缺口同步增长的机制下，年均资金投入增速需要维持在 23.03%，缺口出现之前的 2028 年，储备量的目标资金规模应达到 51.96 万亿元，养老金缺口支付高峰期来临前的 2055 年，需达到 161.85 万亿元的规模。

（3）如果中央与地方政府共同分担来弥补养老金缺口，按照设计的三种方案中养老金战略储备分担缺口最小比例 1/3 计算，分阶段来看，在缺口出现之前的 2028 年，储备量应达到 19.39 万亿元的资金规模；在 2048 年养老金战略储备应达到最大资金规模 71.76 万亿元；在支付高峰期来临前的 2055 年，储备量结余额需要达到 53.86 万亿元的资金规模。

8.1.4 "双降"政策背景下制度参数改善效应存在着较大的不确定性

面对人口老龄化对养老保险制度的冲击，相关专家、学者提出诸多化解养老保险缺口风险的政策，其中一类是通过调节养老保险制度参数，如调整养老保险缴费率、提高制度覆盖率、提高制度遵缴率、延迟参保人群的退休年龄等，促进养老金收入增加或者养老金支出减少达到化解养老金收支失衡风险的目的。

2019 年初，中美贸易摩擦进一步增加了企业出口和经济发展的不确定性。为了进一步对企业减负，优化营商环境，国务院颁发《降低社会保险费率综合方案》，明确从 2019 年 5 月 1 日起，降低城镇职工基本养老保险的单位缴费比例，单位缴费比例高于 16% 的省份可降至 16%；同时该方案提出，各省应根据全口径城镇单位就业人员平均工资，核定社保个人缴费基数上下限，合理降低部分参保人员和企业的社保缴费基数，以上两个措施我们通常称为养老保险"双降"政策。"双降"政策的实施从理论上说短期可以减轻企业负担，但同时也会加剧原本就已存在的养老保险基金收支失衡问题。但长期来看，"双降"政策实施后可激发企业的市场活力，通过降低企业负担，增强企业的活力，提高企业和职工的参保积极性，将更多的职工纳入养老保险制度体系中来，形成企业发展与养老保险制度发展的良性循环，即通过提高社会的就业率、养老保险的覆盖率和遵缴率而提高养老保险的收入水平。

在经济进入新常态和养老保险财务可持续性受到人口老龄化冲击的宏观背景下，本书以全国、安徽、四川和养老保险运行安全薄弱地区黑龙江省为研究对象，在分析"双降"措施对养老保险遵缴率、制度覆盖率、就业率和经济增长率等变量影响程度的基础上，通过队列要素法构建精算模型以及使用因素分析法分析了"双降"措施及其引发的相关变量变化对城镇职工基本养老保险财务可持续性的短期和长期影响。

通过实证分析得出如下研究结论。

（1）对于全国而言，不考虑其他积极效应，只考虑对养老金收支平衡的影响，"双降"政策的实施可能会增加全国城镇职工基本养老保险财务收支缺口的规模。

短期内遵缴率的上升效应可略微弥补全国养老金缺口，但不能完全弥补"双降"政策实施引发的养老金缺口净增加额。长期而言，在本书假定的参数情形下，"双降"政策的实施也会增加养老金的缺口规模。"双降"政策的养老保险收支平衡改善效应还需要在较长时间内且有条件地显现。

（2）对于安徽省来说，短期内"双降"政策的实施也会增加养老金缺口的规模，其遵缴率的上升效应可对缺口起到一些弥补作用，但不可完全弥补因为缴费率和缴费基数下调引发的养老金缺口的净增加额。长期内，安徽省城镇职工基本养老保险制度遵缴率、就业率和制度覆盖率的上升效应可分别弥补养老金缺口净增加额的 19.11%、18.59% 和 5.23%，但相关参数带来的上升效应不能完全弥补养老金缺口净增加额。

（3）对于四川省和黑龙江省而言，短期内，"双降"政策下，因为缴费率和缴费基数下调引起的养老金缺口的增加额要大于因为养老保险遵缴率增加而引发的养老金缺口改善量。但从长期平均来看，四川省城镇职工基本养老保险制度遵缴率、就业率和制度覆盖率的上升效应可分别弥补养老金缺口净增加额的 36.82%、56.15% 和 9.88%，从 2030 年开始，遵缴率、就业率和制度覆盖率的综合上升效应可完全弥补养老金缺口的净增加额；黑龙江省城镇职工基本养老保险制度遵缴率、就业率和制度覆盖率的综合上升效应可分别弥补养老金缺口净增加额的 29.97%、46.15% 和 8.67%。从 2032 年起遵缴率、就业率和制度覆盖率的综合上升效应可完全弥补养老金缺口的净增加额。

上述研究结果表明，"双降"措施下，短期而言，因为养老保险制度遵缴率的提升引发的养老金增加量难以弥补因为缴费率和缴费基数下降而引发的养老金收入的减少量，即"双降"政策会在短期内加大养老金财务收支的不平衡。但长期而言，对于特定地区，若政策的实施能大幅度地提高就业人数和参保人数并增加养老保险制度的覆盖面，则遵缴率、就业率和制度覆盖率的上升效应存在完全弥补养老金缺口净增加额的可能。由上可知，"双降"政策背景下养老保险制度参数调整带来的养老保险收支平衡改善效应存在着较大的不确定性，需要在较长时间内且有条件地显现。

8.2　政　策　建　议

8.2.1　定期开展养老保险安全评估，提前准备应对风险的措施

针对人口老龄化冲击，世界银行鼓励世界各国对养老保险制度的安全性进行周期性评估，建议评估最好是每年一次，至少三年进行一次。从前瞻性着眼，定期对养老保险运行动态做出事前预测和安全评估，并及时采取有效措施对制度做

出相应调整是保持养老保险运行安全的关键。然而我国对养老保险制度的安全性
认识还不充分，尚未建立系统评估养老保险制度运行安全的系统指标体系及相应
的评价制度。为此，我们提出以下几点建议。

（1）构建系统测度养老保险制度运行安全指标体系和综合评价方法。开展养老
保险制度运行安全评价的前提是构建科学评价养老保险制度运行安全测度指标体
系和综合评价方法。养老保险制度运行安全评价指标体系构建不仅要考虑各个统筹
单位的养老金缺口的规模，还要综合考虑面对人口老龄化冲击的制度参数的调节能
力和外部环境的可支持程度以及各个统筹单位之间养老金的可调剂规模。

（2）定期分统筹地区开展养老保险制度安全状况的实时评价。提前预判风险、
提前做好应对措施是保持养老保险制度可持续性的关键。为此，要充分利用新一代
信息技术，探索将互联网环境下海量信息实时融入评价结果的关键技术，通过定期
开展分统筹地区的养老保险制度运行安全评价，实时反映出养老保险运行安全状况
以及制度运行中的薄弱环节和薄弱地区，并提前做好应对风险的准备措施。

8.2.2　尽快实施渐进式延迟退休政策，缓解养老金缺口危机

实证研究结果表明，延迟职工退休年龄对养老金缺口的弥补作用明显且在短
期内就能起效。我国现行的退休年龄远低于发达国家，随着人口预期寿命的逐步
延长，延迟退休年龄具有很大的政策操作空间，我国可以考虑将延迟退休年龄作
为应对养老保险基金收支失衡的重要举措，但同时也应考虑到这项政策涉及的覆
盖面较广，所以应鼓励实行渐进式延迟退休政策，小步伐地逐渐延迟我国男女在
岗职工的退休年龄。

（1）分地区、分行业实施渐进式延迟退休政策。由于延迟退休是一项系统性
工程，相关的各项配套措施，包括针对大龄劳动者的职业培训、医疗保障以及托
育等公共服务必须跟进作为支撑。这一改革必然要在完善全方位的社保政策中才
能顺利实施，不可能一蹴而就。而我国不同地区、不同行业之间的公共服务水平
存在着巨大差异，具体国情决定了在我国实施延迟退休政策不能采用一刀切的方
式。退休制度改革一方面需要实施小步伐渐进式延迟退休政策，每年只延迟几个
月的退休时间，直到达到延迟后的退休年龄；另一方面需要根据不同地区的劳动
力供给、就业情况以及相应的公共服务水平，在部分地区和行业开展试点工作，
待条件相对成熟后逐步全面铺开。

（2）建议实施指数化退休年龄制度。指数化退休年龄是指根据人口预期寿命
的变动，对退休年龄进行动态化调整，维持参保人口的缴费年数与领取养老金年
数的动态平衡。实行指数化退休年龄制度可以从根本上解决人口老龄化引起的养老
金收支失衡问题，解决人口老龄化引起的工作一代人口担负退休人口统筹账户基金

支出负担的增加问题。实行指数化退休年龄制度，一种方式是面对人口预期寿命的延长，采用简单的方式推迟退休年龄，维持退休年龄余寿保持不变；另一种方式是按照缴费年数与领取养老金的年数比值不变的原则推迟退休年龄。前一种方式，简单地将人口预期寿命的延长转化为参保人口的工作时间；后一种方式使每一代人的缴费期在整个参保期的占比保持恒定不变，可以使养老保险制度收支平衡状况不受预期寿命延长的影响，相对公平。面对我国人口预期寿命的延长，逐步实行指数化退休年龄能够降低制度赡养率，有效化解人口老龄化对养老保险制度的冲击。

8.2.3　提前做好养老金战略储备规划，确保其安全保障作用

针对人口老龄化冲击，通过建立养老金战略储备提前积累基金应对人口老龄化高峰时期的养老金支付需要是世界各国的通行做法，如韩国、日本、挪威、爱尔兰、加拿大和新西兰均建立了养老金战略储备，这些国家对养老金战略储备的缴费、规模、封闭期及如何释放均做出了比较详细的计划安排。虽然我国早在2000年就建立了"全国社会保障基金"作为国家重要的养老金战略储备，但是目前业内对于我国养老金战略储备的目标规模、投入机制、支出机制以及释放窗口等问题尚缺乏前瞻性系统规划。因此，我们提出以下几点建议。

（1）尽快确定养老金战略储备基金的适度目标规模和投入机制。过少、过多的养老金战略储备均不利于经济持续、稳定和健康地发展。养老金战略储备规模过小难以抵御人口老龄化高峰期支付风险；由于我国养老金战略储备主要来源于财政拨款，过大的规模又会挤压财政在其他方面的支出，在缺乏合适投资渠道的情况下，养老储备基金也存在着贬值的风险。因此，我们需要在科学测算养老金逐年缺口的前提下，明确养老金战略储备的适度目标规模以及分阶段目标规模，在上述基础上，明确各渠道对养老金战略储备的投入责任。

（2）设计出与养老金缺口同步增长的养老金战略储备的增长机制。保持养老金战略储备基金的规模与养老金缺口规模同步增长，可以最大限度地发挥养老金战略储备的保障作用和效果。为此需要结合国家经济发展和养老金缺口变化的动态规律，科学合理地安排全国社会保障基金的筹资速度和积累规模，确保全国社会保障基金的持续高效运行。

（3）研究确定养老金战略储备的释放和支出责任分担机制。针对即将出现的养老金缺口，养老金战略储备何时释放、如何释放我国尚缺乏明确的规划。建议按照中央和地方财权和事权对等的总体原则，科学确定养老金战略储备基金与地方政府分担弥补养老金缺口的比例，明确压实地方政府的支出责任。同时设计出既能维持养老保险制度整体平稳运行又能调动各统筹单位增收节支积极性的养老金战略储备基金释放调节机制。

8.2.4　建立多渠道养老保险风险化解机制，确保养老保险运行安全

本书的实证研究结果表明，生育政策调整、实施渐进式延迟退休政策、建立养老金战略储备措施每一项单一政策均不能完全有效化解我国人口老龄化带来的养老金缺口危机，需要建立多渠道养老保险风险化解机制，确保养老保险运行的安全。

面对人口老龄化对我国养老保险制度的冲击，相关专家、学者从不同视角提出了促进养老保险运行安全的建议。政策建议大致可以分为三类：第一类是通过调节养老保险制度参数，即通过增加养老金收入、减少养老金支出来化解养老金收支失衡风险；第二类是通过养老保险制度外的资源支持，增加可以用于养老保险支付的资金规模，如增加财政用于养老保险的投入、通过国有资产划拨充实养老金以及建立养老金战略储备等缓解养老保险的运行风险；第三类是站在全国的视角，通过互济调节如提高养老保险的统筹层级、建立中央养老金调剂制度等措施，提升养老保险制度的整体抗风险能力。结合我国养老保险制度的特点和具体国情，建议采用如下措施维持我国养老保险制度的运行安全。

（1）建立指数化养老金化解个人账户长寿支出风险。人口预期寿命的延长是人民生活水平不断提高、医疗卫生保障体系逐步完善的必然结果。解决人口预期寿命延长带来的个人账户长寿支出风险，一种可行的办法就是建立指数化个人账户养老金，即建立个人账户养老金支付随着人口预期寿命动态调节的制度。具体可采用保持个人账户养老金支付与参保人口余寿变动的百分比一致的方法。这种方法下，平均而言，不管人口预期寿命如何变动，参保人口个人账户的资金正好能够支付其个人账户的支出，理论上建立指数化养老金能够有效化解因为人口预期寿命的延长而带来的个人账户长寿支出风险。

（2）增加财政支出中用于养老金补贴的规模。增加财政支出中养老金补贴规模是财政"兜底"弥补基本养老保险基金赤字的重要有效途径。为了弥补养老金收支赤字缺口，除了加快健全完善养老保险财政补助保障机制外，还可以通过灵活多样的方式筹措财政资金，如变现或划拨部分国有资产、国有土地批租、公有住房出售以及从国债发行收入中筹集部分资金等多渠道筹集财政资金，保证对基本养老保险账户资金的有效补充，及时弥补养老金赤字，有助于社会基本养老保险制度的平稳运行、健康发展。

（3）逐步提高养老金中央调剂金比例。我国地区间经济发展不均衡，部分老工业基地省份经济发展滞后，老龄化程度十分严重。在我国养老保险尚未实现全国统筹的背景下，养老保险的风险会在部分地区率先凸显，对基本养老保险制度的可持续性构成威胁。

　　本书的实证研究发现，针对辽宁和黑龙江两省而言，假设通过适度财政补贴、延迟退休措施后的养老金缺口完全由中央调剂金弥补，社保部门的短期和中长期改革目标应该将中央调剂金的比例分别提高到10%和15%左右，才能维持养老保险的财务可持续性。因此，在我国短期内不能实现养老保险全国统筹的情况下，应逐步提高养老保险基金中央调剂金比例，进一步均衡各省之间的养老保险基金负担，确保制度薄弱环节地区企业离退休人员基本养老金按时足额发放，维持我国养老保险制度的可持续性。

参 考 文 献

艾慧，张阳，杨长昱，等. 2012. 中国养老保险统筹账户的财务可持续性研究——基于开放系统的测算[J]. 财经研究，38（2）：91-101.

边恕. 2007. 基于消费水平稳定的养老金适度缴费率研究[J]. 理论界，（8）：79-80.

边恕，孙雅娜. 2015. 农村基础养老金调整与财政负担水平研究[J]. 北京航空航天大学学报（社会科学版），28（1）：7-12.

蔡向东. 2009. 统账结合的中国城镇职工基本养老保险制度可持续性研究[D]. 长春：吉林大学.

曹信邦，王建伟. 2004. 风险：我国社会保障面临的挑战[J]. 税务与经济，（1）：19-23.

常根发. 2001. 人口老龄化冲击下的我国养老机制及其再造[J]. 市场与人口分析，7（3）：12-20.

陈迪红，郑婉仪. 2016. 城镇职工基本养老保险隐形债务的精算分析——以深圳经济特区为例[J]. 保险职业学院学报，30（2）：79-84.

陈曦. 2017. 养老保险降费率、基金收入与长期收支平衡[J]. 中国人口科学，（3）：55-69，127.

陈友华，张子彧. 2020. 延迟退休对老年人口福利水平的影响研究[J]. 现代经济探讨，（12）：24-32.

邓大松，刘昌平. 2001. 中国养老社会保险基金敏感性实证研究[J]. 经济科学，（6）：13-20.

封进. 2013. 养老保险制度改革的方向[J]. 中国经济报告，（9）：82-85.

封铁英，李梦伊. 2010. 新型农村社会养老保险基金收支平衡模拟与预测——基于制度风险参数优化视角[J]. 公共管理学报，7（4）：100-110，127-128.

高建伟，丁克诠. 2006. 中国基本养老保险基金缺口模型及其应用[J]. 系统工程理论方法应用，15（1）：49-53.

顾海兵，刘杨. 2012. 国家经济安全指标应增加养老金缺口[J]. 财政研究，（3）：50-53.

郭颖. 2013. 养老保险基金安全评价研究[D]. 武汉：武汉大学.

何军耀，陈孟婷. 2017. 基于不同退休年龄的我国城镇职工基本养老保险收支缺口的测算与分析[J]. 重庆理工大学学报（社会科学版），31（2）：32-41.

何文炯，张奕，徐林荣，等. 2002. 企业职工基本养老保险预警系统初探[J]. 浙江社会科学，（4）：179-181.

胡亚谦. 2016. 大数据预测能力对公共决策的影响[J]. 东北大学学报（社会科学版），18（3）：281-287.

黄专专. 2022. 基于大数据的城镇职工养老金财务可持续性研究[D]. 合肥：合肥工业大学.

姜向群. 2006. 人口老龄化对退休金负担影响的量化研究[J]. 人口研究，30（2）：51-55.

姜增明，单戈. 2016. 长寿风险对基本养老保险影响的测度[J]. 经济与管理研究，37（11）：30-38.

金刚，刘钰彤，李永涛. 2019. 东北地区城镇职工基本养老保险基金收支缺口与地方财政补助压力研究[J]. 财政科学，（1）：41-53.

靳文惠. 2018. 预期寿命、生育率变动与基本养老保险统筹账户调整[J]. 南方经济，（6）：25-45.

景鹏，胡秋明. 2016. 生育政策调整、退休年龄延迟与城镇职工基本养老保险最优缴费率[J]. 财经研究，42（4）：26-37.

景鹏，胡秋明. 2017. 企业职工基本养老保险统筹账户缴费率潜在下调空间研究[J]. 中国人口科学，（1）：21-33，126.

康传坤，楚天舒. 2014. 人口老龄化与最优养老金缴费率[J]. 世界经济，37（4）：139-160.

李爱华，王迪文. 2021. 队列要素法在人口预测中的应用[J]. 统计与决策，37（22）：36-40

李汉东，赵茜，王然. 2014. 新视角下的中国老龄化趋势及退休年龄测算[J]. 老龄科学研究，2（1）：51-62.

李红岚，武玉宁，汪泽英. 2003. 养老保险基金收支预警系统简介[J]. 中国社会保障，（11）：20-21.

梁君林，蔡慧，宋言奇. 2010. 中国养老保险隐性债务显性化研究[J]. 中国人口科学，（5）：36-47，111.

刘昌平，殷宝明. 2011. 中国基本养老保险制度财务平衡与可持续性研究基于国发[2005]38 号文件形成的城镇基本养老保险制度[J]. 财经理论与实践，32（1）：19-24.

刘长庚，张松彪. 2014. 我国企业职工基本养老保险制度中企业缴费率应降低[J]. 经济纵横，（12）：112-115.

刘海宁. 2018. 城镇职工基本养老保险企业费率调整——基于合意替代率的研究视角[J]. 财会月刊，（20）：149-154.

刘伟兵. 2011. 从墨尔本美世全球养老金指数看我国养老保险制度[J]. 社会保障研究，（2）：6-10.

刘学良. 2014. 中国养老保险的收支缺口和可持续性研究[J]. 中国工业经济，（9）：25-37.

刘颖颖. 2010. 基于 SD 的上海城镇职工养老保险基金可持续发展研究[D]. 上海：上海工程技术大学.

柳清瑞，王虎邦，苗红军. 2013. 城镇企业基本养老保险缴费率优化路径分析[J]. 辽宁大学学报（哲学社会科学版），41（6）：99-107.

鲁蓓. 2016. 二孩政策、人口老龄化和财政社会福利支出预测[J]. 劳动经济研究，4（3）：103-118.

路锦非. 2012. 从国际养老金制度评价体系看中国养老金制度的问题及对策[J]. 华东经济管理，26（3）：42-45.

路锦非. 2016. 合理降低我国城镇职工基本养老保险缴费率的研究——基于制度赡养率的测算[J]. 公共管理学报，13（1）：128-140.

骆勤. 2006. 人口老龄化与社会保障制度可持续发展[J]. 财经论丛（浙江财经学院学报），（6）：29-34.

马雯. 2020. 企业缴费“双降”对城镇职工养老金财务可持续性的影响及应对方案研究[D]. 合肥：合肥工业大学.

米海杰，王晓军. 2014. 养老保险可持续发展调整机制研究[J]. 统计研究，31（5）：54-60.

穆怀中. 2008. 养老金调整指数研究[M]. 北京：中国劳动社会保障出版社.

彭张林，张强，杨善林. 2015. 综合评价理论与方法研究综述[J]. 中国管理科学，2015，23（S1）：245-256.

钱振伟，卜一，张艳. 2012. 新型农村社会养老保险可持续发展的仿真评估：基于人口老龄化视角[J]. 经济学家，（8）：58-65.

乔晓春. 2014. 实施“普遍二孩”政策后生育水平会达到多高？——兼与翟振武教授商榷[J]. 人口与发展，20（6）：2-15.

邱爽，赵康.2014.大数据对保险公司风险识别能力的提升及影响[J].现代交际，（11）：107-108.

邱玉慧，吕天阳，杨蕴毅.2014.基于大数据的企业基本养老保险待遇调整绩效审计分析——以
　　X省为例[J].审计研究，（3）：106-112.

石晨曦，曾益.2019.破解养老金支付困境：中央调剂制度的效应分析[J].财贸经济，40（2）：
　　52-65.

宋安.2006.我国社会保障制度的风险研究[J].生产力研究，（7）：127-129.

宋晓梧.2001.我国社会保障制度面临的严峻形势[J].经济与管理研究，22（3）：3-8，14.

孙雅娜，边恕，穆怀中.2009.行业收入差异的养老保险最优企业缴费率的分析[J].人口与
　　经济，（5）：91-96.

孙永勇，李娟涵.2014.从费率看城镇职工基本养老保险制度改革[J].中国人口科学，（5）：67-78，
　　127.

唐运舒，李凤菊.2017.养老保险制度安全的测度方法及实证评价[J].人口与经济，（3）：98-108.

唐运舒，马红鹃.2012.养老金投资与资本市场互动发展研究综述——兼论对中国基本养老金
　　市场化投资的启示[J].华东经济管理，26（8）：131-133.

唐运舒，吴爽爽.2016."全面二孩"政策实施能有效破解城镇职工养老保险基金支付危机
　　吗——基于不同人口政策效果情景的分析[J].经济理论与经济管理，（12）：46-57.

唐运舒，吴爽爽，李凤菊.2016.人口老龄化影响养老保险制度安全的机理及应对机制——基于
　　统计学视角的分析[J].经济统计学（季刊），（1）：126-134.

唐运舒，徐永清.2018.安徽省城镇职工基本养老保险运行风险研究[J].华东经济管理，32（10）：
　　27-33.

汪泓.2008.社会保险基金的良性运营：系统动力学模型、方法、应用[M].北京：北京大学出
　　版社.

汪泓，李红艳，范君晖.2011.基于人口结构优化的上海城镇养老保险基金可持续发展对策[J].
　　上海工程技术大学学报，25（1）：80-86.

汪然.2016.人口老龄化背景下的养老金危机——基于四维的视角[J].西北人口，37（2）：75-81.

汪润泉，鲁於，杨翠迎.2019.养老保险降费何以可能？——基金平衡视角下的精算分析[J].人
　　口与发展，25（4）：23-33.

王和，鞠松霖.2014.基于大数据的保险商业模式[J].中国金融，（15）：28-30.

王平.2012.基于系统动力学的中国城镇职工基本养老保险可持续运营研究[D].长春：吉林
　　大学.

王瑞雪，陈茹.2021.缴费率下调对城镇职工养老保险征缴率影响的研究[J].财讯，（3）：189.

王晓军.2012.公共养老金体系偿付能力评估方法评析[J].保险研究，（10）：95-102.

王晓军，任文东.2013.我国养老保险的财务可持续性研究[J].保险研究，（4）：118-127.

王宇熹，汪泓，肖峻.2010.养老保险体系可持续发展路径分析与政策选择——以上海为例[J].
　　中南财经政法大学学报，（2）：45-53.

王增文，邓大松.2009.基金缺口、缴费比率与财政负担能力：基于对社会保障主体的缴费能力
　　研究[J].中国软科学，（10）：73-81.

吴宾，唐薇.2018.基于知识图谱的国内养老政策研究热点主题与演化路径（2005—2016）[J].人
　　口与发展，24（2）：101-112.

吴爽爽. 2017. 养老保险财务收支失衡情景下全国社会保障基金释放机制及适度规模研究[D]. 合肥：合肥工业大学.

吴永求，冉光和. 2014. 养老保险制度公平与效率的测度及权衡理论[J]. 数理统计与管理，33（5）：761-769.

武萍. 2009. 社会养老保险危机预警警兆指标体系探讨[J]. 哈尔滨工业大学学报（社会科学版），11（4）：54-59.

肖严华. 2004. 人口老龄化冲击下最优社会保障基金的确定模型[J]. 数量经济技术经济研究，29（12）：131-138.

肖严华，张晓娣，余海燕. 2017. 降低社会保险费率与社保基金收入的关系研究[J]. 上海经济研究，12：57-65.

徐梅，黄雯. 2014. 对我国社会养老保险制度的评价——基于公平性视角[J]. 技术经济与管理研究，（9）：61-65.

徐婷婷. 2018. 福建省基本养老保险基金收支平衡现状、预测及影响因素分析[J]. 社会保障研究，（1）：42-49.

徐映梅，高一铭. 2017. 基于互联网大数据的 CPI 舆情指数构建与应用——以百度指数为例[J]. 数量经济技术经济研究，34（1）：94-112.

徐永清. 2019. 养老金战略储备的财务预测及融资规划[D]. 合肥：合肥工业大学.

薛新东. 2012. 我国养老保险支出水平的影响因素研究——基于 2005—2009 年省级面板数据的实证分析[J].财政研究，（6）：7-10.

杨翠迎，汪润泉，沈亦骏. 2018. 政策费率与征缴水平：中国城镇职工社会保险缴费背离性分析[J]. 公共行政评论，11（3）：162-177，213.

杨凤娟，王梦珂. 2019. 养老金支出水平测算及其影响因素实证研究[J]. 经济经纬，36（6）：157-164.

杨妮，王艳. 2014. 基于 OLG 模型的公共养老金最优企业缴费率研究[J]. 中国人口·资源与环境，24（S1）：159-162.

杨学理，朱衡，杨一帆. 2016. 养老保险基金风险预警指标体系研究——基于神经网络思想的分析[J]. 西南交通大学学报（社会科学版），17（3）：72-77.

杨再贵，许鼎. 2017. 机关事业单位统筹账户养老金的财政负担[J]. 武汉大学学报（哲学社会科学版），70（5）：52-65.

杨再贵，许燕，何琴. 2019. 城乡居民基本养老保险的精算模型及应用[J]. 中央财经大学学报，（2）：31-42.

于宁. 2017. 基本养老保险基金支出绩效：评价标准设计研究[J]. 上海经济研究，29（7）：69-80.

曾益，凌云. 2017. 中国社会保险缴费率的降低空间与方案模拟——以城镇企业职工基本养老保险为例[J]. 财经论丛，（6）：50-59.

曾益，刘凌晨，高健. 2018. 我国城镇职工基本养老保险缴费率的下调空间及其财政效应研究[J]. 财经研究，44（12）：70-84.

张瑾，黄志龙. 2014. 我国人口发展趋势及对策研究[J]. 宏观经济管理，（1）：59-61，72.

张宁. 2014. 大数据背景下寿险产品定价与创新[J]. 贵州财经大学学报，（2）：36-42.

张鹏轩. 2016. 大数据在保险公司的应用研究——以 A 人寿保险公司为例[D]. 济南：山东大学.

张锐，刘俊霞. 2018. 职工基本养老保险缴费率下调空间研究——基于省级面板数据[J]. 经济经纬，35（1）：138-145.

张心洁，曾益，石晨曦，等. 2018. 可持续视角下城镇职工基本养老保险的财政兜底责任评估——对"全面二孩"和延迟退休政策效应的再考察[J]. 财政研究，（12）：97-113.

张艳萍. 2012. 中国基本养老保险单位缴费基数缴费比例探索[J]. 学习与探索，（6）：116-118.

张玉洁. 2013. 城乡养老保险制度结构的仿真研究[D]. 上海：上海工程技术大学.

赵斌，原浩爽. 2013. 我国基础养老金财务平衡与可持续性分析——基于财政合理支付视角[J]. 财经科学，（7）：38-46.

赵健航. 2016. 大数据对互联网保险的影响研究[D]. 成都：西南财经大学.

郑秉文. 2012. 中国养老金发展报告 2012[M]. 北京：经济管理出版社.

郑秉文. 2019. 社会保险缴费与竞争中性偏离——对征收体制改革过渡期政策的思考[J]. 中国人口科学，（4）：2-16，126.

郑功成. 1996. 中国社会保障体系的发展与框架设计[J]. 武汉大学学报（哲学社会科学版），49（1）：19-23.

郑功成. 2013. 深化中国养老保险制度改革顶层设计[J]. 教学与研究，（12）：12-22.

朱博兰. 2018. 人口老龄化、税收负担与财政可持续性的研究[J]. 中外企业家，（28）：65.

朱青，刘洋. 2019. 我国基本养老保险财务可持续性面临的挑战和应对措施[J]. 财政研究，（4）：75-78.

庄众. 2009. 基于系统动力学的老龄化下养老保险问题研究[D]. 北京：北京交通大学.

Andreou E，Ghysels E，Kourtellos A. 2010. Should macroeconomic forecasters use daily financial data and how？[J]. SSRN Electronic Journal.

Armesto M T，Engemann K M，Owyang M T. 2010. Forecasting with mixed frequencies[J]. Review，92（6）：521-536.

Blei D，Ng A，Jordan M. 2003. Latent Dirichlet allocation[J]. Journal of Machine Learning Research，3：993-1022.

Cerda R A. 2005. On social security financial crisis[J]. Journal of Population Economics，18（3）：509-517.

Deerwester S，Dumais S T，Furnas G W，et al. 1990. Indexing by latent semantic analysis[J]. Journal of the American Society for Information Science，41（6）：391-407.

Diamond P. 1965. National debt in a neoclassical growth model[J]. American Economic Review，55（5）：1126-1150.

Echevarria C A，Iza A. 2006. Life expectancy，human capital，social security and growth[J]. Journal of Public Economics，90（12）：2323-2349.

Ghysels E，Santa-Clara P，Valkanov R. 2004. The MIDAS touch: Mixed data sampling regressions[J]. Cirano Working Papers，5（1）：512-517.

Gruber J，Wise D. 1999. Social Security and Retirement Around the World[M]. Chicago：University of Chicago Press.

Hagemann R P，Nicoletti G. 1989. Population ageing: Economic effects and some policy implications for financing public pensions[J]. OECD Economic Studies，12（12）.

Hofmann T. 2001. Unsupervised learning by probabilistic latent semantic analysis[J]. Machine

Learning，42（1-2）：177-196.

Holzmann R. 1998. Financing the transition to multipillar[R]. Washington D C：World Bank.

Holzmann R，Hinz R. 2005. Old age income support in the 21st century：An international perspective on pension systems and reform[R]. Washington D C：World Bank.

Holzmann R，Palacios R，Zviniene A. 2004. Implicit pension debt：Issues，measurement and scope in international perspective[R]. Washington D C：World Bank.

Kane C，Palacios R. 1996.The implicit pension debt[J]. Finance & Development，7：36-38.

OECD-European Commission. 2008. Handbook on Constructing Composite Indicators：Methodology and User Guide[M]. Paris：OECD Publication.

Saisana M，Tarantola S. 2002. State-of-the-art report on current methodologies and practices for composite indicator development[R]. Italy：European Commission，Joint Research Centre，Institute for the Protection and the Security of the Citizen，Technological and Economic Risk Management Unit：4-15.

Sievert C，Shirley K E .2014. LDAvis：A method for visualizing and interpreting topics[C]//Sievert C，Shirley K E.Workshop on Interactive Language Learning，Visualization，and Interfaces at the Association for Computational Linguistics. Maryland：63-70.

Stock J H，Watson M W. 2002. Macroeconomic using forecasting diffusion indexes[J]. Journal of Business & Economic Statistics，20（2）：147-162.

Tang Y，Ma W，Zhou Q. 2023. "Double-Drop" of contributions：Can enterprise employees' basic endowment insurance plan in China be sustainable？[J]. Journal of Aging&Social Policy，35（1）：20-36.

Wigger B U. 2001. Productivity growth and the political economy of social security[J]. Public Choice，106（1/2）：53-76.